ローマ帝国の食糧供給と政治

―― 共和政から帝政へ ――

宮嵜 麻子

九州大学出版会

目　次

注　記

序　論 …………………………………………………………… 1

第Ⅰ章　ローマ共和政研究の展開と問題点 ……………………… 7
　第1節　ローマ共和政の構造と変質に関する諸学説 ………… 7
　　(1)　共和政の権力構造に関する定説の形成 ……………… 8
　　　(i)　モムゼンの方法と理論 …………………………… 8
　　　(ii)　ゲルツァーの方法と理論 ………………………… 10
　　　(iii)　定説の展開 ……………………………………… 13
　　(2)　定説批判 ………………………………………………… 19
　　　(i)　方法論上の問題 …………………………………… 19
　　　(ii)　ノービリタース概念の有効性 …………………… 20
　　　(iii)　実態に関する批判から歴史把握に関する批判へ …… 25
　第2節　ローマ共和政史研究の現状と展望，そして本研究の課題 …… 26

第Ⅱ章　アウグストゥス期における都市ローマの穀物供給制度 …… 47
　はじめに ………………………………………………………… 47
　第1節　アウグストゥスのクーラ・アノーナエ ……………… 50
　第2節　生産，調達，確保 ……………………………………… 53
　第3節　輸送，備蓄 ……………………………………………… 55
　第4節　ローマでの供給──市場と配給── ……………… 56

第5節　食糧供給長官 …………………………………………… 62
　　おわりに ………………………………………………………… 66

第Ⅲ章　ローマ末期共和政の穀物供給政策 …………………… 71
　　はじめに ………………………………………………………… 71
　　第1節　センプロニウス法以前の穀物供給 ── 共和政の特質 ── …… 75
　　第2節　穀物供給機構の形成 …………………………………… 82
　　第3節　統治階層と穀物供給政策 ── 末期共和政の政治 ── ………… 85
　　おわりに ………………………………………………………… 89

第Ⅳ章　ポンペイウスのクーラ・アノーナエ ………………… 109
　　はじめに ………………………………………………………… 109
　　第1節　前57年の命令権 ……………………………………… 111
　　第2節　クーラ・アノーナエ委託の経緯 ……………………… 119
　　第3節　キケロー，クロディウス，ポンペイウスそして元老院 … 127
　　おわりに ………………………………………………………… 130

第Ⅴ章　ローマ共和政末期の「異例の命令権」 ……………… 139
　　　　　── ガビニウス法（前67年）の検討 ──
　　はじめに ………………………………………………………… 139
　　第1節　Imperium extra ordinem ……………………………… 142
　　第2節　ガビニウス，ポンペイウス，元老院 ………………… 145
　　第3節　ガビニウス法の背景 …………………………………… 148
　　　(1)　前75年以降の海賊問題 ………………………………… 148
　　　(2)　前70年代以降の穀物供給 ── 前2世紀後半以降の経緯を前提に ── … 151
　　おわりに ………………………………………………………… 153

第Ⅵ章　ローマ共和政中期の政務職関連諸法 ………………… 163
　はじめに ……………………………………………………………… 163
　第1節　前2世紀前半の政務職関連諸法 ……………………………… 166
　　　　　── ウィッリウス法を軸に ──
　第2節　アエリウス＝フフィウス法をめぐる学説史 ………………… 170
　第3節　前157年および前156年：マルキウス・フィグルスと
　　　　　スキーピオ・ナーシカー ………………………………………… 177
　第4節　前153年：クラウディウス・マルケッルス …………………… 181
　第5節　前148年：スキーピオ＝アエミリアーヌス …………………… 193
　おわりに ……………………………………………………………… 197

第Ⅶ章　スキーピオ＝アエミリアーヌスの
　　　　　モーレース・マーイオールム ……………………………… 219
　はじめに ……………………………………………………………… 219
　第1節　プーブリウス・コルネリウス・スキーピオ＝
　　　　　アエミリアーヌス ……………………………………………… 221
　第2節　スキーピオのケーンソル職 …………………………………… 225
　第3節　前2世紀中葉の危機 …………………………………………… 230
　第4節　Satis bonae et magnae ………………………………………… 234
　おわりに ……………………………………………………………… 239

結　論 ……………………………………………………………………… 249

　主要参考文献 ………………………………………………………… 257
　あとがき ……………………………………………………………… 267
　索　引 ………………………………………………………………… 269

注　記

1. 初出一覧
- 本書を構成する各章のうち，序論，結論以外の章は，以下の学術雑誌に発表した論文を，加筆，修正したものである。

　　第Ⅰ章　ローマ共和政研究の展開と問題点
　　　　　「ローマ中期共和政の権力構造(1)」『西洋史学論集』26, 1989, 43-54 頁。
　　第Ⅱ章　アウグストゥス期における都市ローマの穀物供給制度
　　　　　「アウグストゥス期における都市ローマの穀物供給制度」『古代文化』
　　　　　51-9, 1999, 19-31 頁。
　　第Ⅲ章　ローマ末期共和政の穀物供給政策
　　　　　「ローマ共和政末期の穀物供給政策」『西洋史学』193, 1999, 23-44 頁。
　　第Ⅳ章　ポンペイウスのクーラ・アノーナエ
　　　　　「ポンペイウスのクーラ・アノーナエ」『西洋史学論集』31, 1993,
　　　　　15-27 頁。
　　第Ⅴ章　ローマ共和政末期の「異例の命令権」── ガビニウス法（前 67 年）の検討 ──
　　　　　「ローマ共和政末期の「異例の命令権」── ガビニウス法（前 67 年）の検討 ──」『法政研究』70-4, 2004, 481-501 頁。
　　第Ⅵ章　ローマ共和政中期の政務職関連諸法
　　　　　「ローマ共和政中期の政務職関連諸法 ── アエリウス・フフィウス法の再検討 ──」『史淵』134, 1997, 21-39 頁。
　　第Ⅶ章　スキーピオ＝アエミリアーヌスのモーレース・マーイオールム
　　　　　「スキーピオ＝アエミリアーヌスのモーレース・マーイオールム」『西洋史学論集』33, 1995, 44-47 頁。

2. ラテン語表記について
- 固有名詞，古代ローマ期に用いられた用語，概念等は，基本的にラテン語を表記し，原語を付記する。
- 発音の長短はラテン語の原則に沿う。ただし，慣例的に長音が省略されることが多い語については，その限りではない。

序　論

　この研究は古代ローマ帝政とはいかなるものであったのか，という問いから始められたものである。だが，実際には収められている論考の大部分は，共和政期を対象としている。その理由も含めて，最初にこの研究で筆者が何を目指そうとしたのか述べておきたい。
　西洋古代史が古典古代史でなくなって久しいが，そのことは無論古代ローマ史研究の意義が失われたとか弱まったということではない。むしろこのことは，古代の多様な文化世界と関連づけながら西洋文明の本質を探る可能性を伴って，古代ローマ史研究の視野が大きく広がったという意味で，古代ローマ史研究者にとっても歓迎すべき事態である。その根源部分を規定する決定的要素をもたらしたという意味において，古代ローマを含む古代地中海文明が，西洋文明を理解するために重要であること自体は否定されえないからである。
　さて西洋文明の根源部分に決定的要素をもたらしたのが，最も直接的にはローマ帝国による地中海世界の統合であったことも，その程度について諸説あることは措くとしても，万人の共通理解であろう。このローマ帝国が国家としての一つの理想像として掲げられ，とりわけ帝政初期，所謂パクス・ローマーナの時代が，人類史上最も幸福な時代と讃えられたのは遠い過去のことかもしれない。しかし古代ローマ帝国の研究自体が時代の要請に応じて必要であり続けることは，このことから自明であろう。実際，近年ローマ帝国の研究を通して，現在の世界をより鮮明に理解するためのなんらかの示唆を得ようとする試みは従来なかった問題関心をも含んで熱心に，しかも西洋世界に限らず行われている。

こうした古代ローマ帝国についての多様な問題関心と，その答えを見いだすための多様な試みの一つとして，筆者が興味を抱いたのは古代ローマ帝国の政治のありかたであった。より具体的に言うと，それは古代ローマについておそらく最も単純な問い，それだけに誰でもが一度は持つであろう問いに還元される。つまりこのような（単純に，空間的に見ても）広大な，そして（これもまた単純に，軍事的にも，政治的にも，また文化的影響力という点でも）強大な大帝国を統治するローマ皇帝とは一体いかなる存在であったのか，いかなる権力を持ち，いかなるシステムでもってそれをなしえたのか，そしてなによりも，いかなる社会がそのような統治者を生み出したのか，ということであった。そしてそれはまた，現在に至るまで世界のそこここに存在した，あるいは存在している「皇帝」の本質を問うことでもある。少なくとも西洋世界に関しては，後世の皇帝達――シャルルマーニュであれ，神聖ローマ帝国の皇帝達であれ，ナポレオンであれ，ヴィクトリアであれ――および皇帝権が，なんらかの意味で（その意味は無論それぞれにおいて多様なわけだが）ローマ皇帝のアナロジーとして表象されていたことが夙に指摘されているからである。にもかかわらず同時にまた，ローマ皇帝と我々が呼ぶ存在が，こうした後世の皇帝とは著しく異なる性格を備えていたこともしばしば指摘されることである。この共通性と相違性は，古代ローマ皇帝の本質を際だたせると同時に，西洋世界における（そして間接的にその外の世界における）政治のあり方を際だたせることになるだろう。

　実際，ローマ皇帝の特質については，枚挙に暇ない研究・論考がある。そこでは上に述べたようなローマ帝政の固有性と普遍性とがそれぞれのやり方で究明され，それぞれの見解が示されている。それらについてはこの先必要に応じて取り上げ，それに対する筆者の考えを示したいと思うが，ここであらかじめ述べておきたいのは，これらの研究・論考が一致して筆者に示したのは次の二点であったということである。第一点は，ローマ皇帝の（少なくとも，一般的には「元首政」なる表現で説明される初期段階での）本質を問う研究とは，古代ローマ社会の固有性，つまりローマに帝政と呼ばれる政体が出現する以前の，ローマ社会の本源的な性質を論ずることであるということであった。それは最も端的には「皇帝」と我々が訳す Imperator の起源

が，ローマ共和政ないしはそれ以前の王政の社会に遡及する（用語の成立，用法は無論のこととして，その権限，声望，軍事力，宗教的性格，それを生み出す前提としての社会的，政治的状況，それを支える理念あるいは社会的諸関係といったどの要素に重点を置いてそう考えるかは，研究者によって差異があるとしても）と考えられるからである。

　先行研究が筆者に示唆した第二点は，思えば自明のことであった。たしかに皇帝権はローマの本源的性質に遡及するとしても，それだけの要因では当然，既存の共和政から帝政へという移行は起こるはずがない。こうした継続性に加えて，結局は共和政を帝政へと（少なくともなんらかの意味で）変化せしめた要因がそこに加わってこそ変化が生じるわけである。そしてその変化の前提はローマ帝国の形成という事態であった，という理解を，おそらくローマ史家達の大部分は共有しているだろう。

　この結果，ローマ皇帝への関心から始まったこの研究は，帝政以前のローマ社会へと検討対象をスライドさせることになった。ではどこまでスライドさせるべきか。無論，ローマ社会について我々が知る限り古い時代へ，考古学の成果が現在のところ一応の結論として示している前7世紀半ば頃の都市ローマ建設時代か，あるいは少なくとも文献史料がなにがしかを語っている王政期にまで遡る，という考え方もある。しかし，筆者は自分の研究テーマをそこまで遡らせるつもりはない。この古い時代については方法論上の制約（文献史料と考古学調査の絶対的な不足）から，なんらかの結論を引き出すにはあまりに大きな（以前に比べれば小さくなり，また実際優れた研究成果も上がっているにもかかわらず，やはり大きな）困難が横たわっているからだけではない。19世紀後半以降の，豊かなローマ史研究の蓄積の上に，共和政初頭から前3世紀初頭までの所謂身分闘争終結の間に，ローマ社会がその本質を最も典型的に示す局面が確立した，という理解を多くの研究者が一応共有しているからである（その理由は後述する）。

　このローマ共和政史研究上の共通理解に基づいて，上述の帝政を規定する前提条件についての研究と議論は，主にこの「古典期」の社会から出発するのである。さらに上述の第二点を踏まえて，まさにこの「古典期」以降本格化するローマの対外支配の拡大と，その結果としてのローマ帝国の形成とに

研究者の目が向き，ある者は対外支配の問題と連動させて，ある者は帝国形成後のローマ社会の変質とその後に来る混乱へと向かう内政と連動させて，共和政から帝政への傾斜の過程を論じようとしたことも蓋し当然と言えよう。都市国家としてのローマの社会のあり方が，共和政という政治のあり方を規定していた以上，従って帝国形成という事態がそれを（どのような形であるにせよ）根本的に揺るがさざるをえなかったからである。

こうしたローマ共和政史研究の地平上に，筆者の研究も立っている。ただし，帝国の形成を変化の契機と見るとは言っても，ではいつを帝国の形成と見なすのか，という困難な問いが残っている。ここでこの問いに対する多様な見解を詳しく論じることはできないが，都市国家の枠を超えた国土の膨張開始，という意味では前4世紀半ばのラテン同盟都市戦争でのローマの勝利を帝国形成の第一歩と考えることも当然できよう。また多くの研究者が考えているように（そしてその理解は様々な論証を伴いつつも，やはりポリュビオスの叙述に戻るのだが），第一次ポエニ戦争での勝利と海外支配地の獲得と考えることもできるだろう。しかし筆者は，この研究の対象を前2世紀半ば以降に据えることにした。その理由は本論の中で詳しく触れられることになるだろうが，あらかじめ一言で言っておけば，ローマ帝国をどのように考えるにせよ，国制面でも，政治面でも，対外関係においても，経済面でも，社会関係においても，従来の都市国家的性格が，対内外両面に関して，決定的に後退し始めるのは，前2世紀半ば以降であると考えるからである。筆者はこの見解に基づいて，帝国へと変貌しつつあるローマの，どの側面が，「古典的な」ローマ共和政を変質せしめたのか（あるいは変質せしめなかったのか）を論ずることにする。それも上述した筆者の関心の持ち方に従って，なによりもこの時期のローマ社会の何が，どのように変わっていったがために（あるいは変わらないでいたがために），まがりなりにも単独の者が権力を掌握し統治する状況が出現することになったのかを明らかにし，そのことによってローマ帝政の特質の解明に努めたいと思う。それが本研究の課題である。

以上，この研究の目指すところを示してきた。それではまず最初に必要となるのはいかなる作業だろうか。帝国形成期以降の権力の移行を見極めるた

めには，そもそも「古典的な」共和政の権力者達とは何者なのか，という問題を考えないわけにはいかない。そのためには，上で述べたローマ社会の本源的性質から生じ，かつ，やがては帝政のあり方を規定することになる政治的特質とは何かという問い，つまり，ローマ共和政とは何かという問いに対して，先行するローマ史研究はどう対峙してきたのか，ということを明らかにしなくてはなるまい。その過程で，そのようなものと理解されるローマ共和政の変質の理由を，先行研究がどのように把握していたのかが明らかになるであろう。既に述べたように，19世紀以来の共和政史研究には豊かな蓄積があるが，とりわけこの問題については膨大な見解と論争がある。その中のあるものは，長年ローマ共和政史研究の全体的な潮流を形成するほどの影響力を持っていた。また当然こうした定説に向けられた批判と議論──それは1980年代以降は，欧米および日本の研究者の中でローマ共和政の中に民主政的要素を認めるか否か，という論争に一つの集約を見た──をも同時に考察しておかねばならないだろう。従って本論の最初の章は，ローマ共和政史研究の現時点までの動向を整理する作業にあてられる。そうすることによって，この研究の課題に取りかかるための具体的な論点と作業が，鮮明にされるであろう。

第Ⅰ章

ローマ共和政研究の展開と問題点

第1節　ローマ共和政の構造と変質に関する諸学説

　古代ローマ社会はその長大な歴史の中で，三つの政体——王政，共和政，帝政を経験した。しかし古代ローマのこの三つの政体とはそれぞれどのようなものであったのか——具体的に言うならば，その理念，機構，権力の所在とその維持や行使の方法，権力保持者とそうでないものとの全体的ないし個別の，また制度的ないし社会的な関係，または対外関係もしくは帝国支配におけるその意義等々について説明しようとすれば大変な議論が生まれるということは，他のあらゆる社会に関してと同様に自明であろう。それは無論，個々の歴史学研究者の実証研究の帰結と，歴史学研究者の歴史認識の相違の所産であるのだが，古代ローマ史研究に関して言えば，特に後者が，ひょっとすると他の社会に関する場合より大きな役割を果たしていたかもしれない，という印象が筆者にはある。少なくとも19世紀から20世紀初頭における欧米においてはそうであったと言えるのではないだろうか。

　今日，ローマ共和政とはいかなる権力によって成り立ち，そこではいかなる統治が行われていたのか，という問いに対して，その内に多様な内容，方向性を含みながらも，大きくは20世紀初頭にゲルツァー M. Gelzerが提示した共和政理解およびそれに連なる一連の共和政政治史研究が未だ学界の共通理解をなしている。その意味で，本論ではこれらの研究に連なる学説を「定説」と呼んでおこう。

　他方ゲルツァーが1912年に「ローマ共和政のノービリタース」なる題名

の教授資格請求論文を提出したことによって[1]、ローマ共和政理解を謂わば塗り替えた時点までのローマ共和政史研究が、特に19世紀末のモムゼンTh. Mommsenに代表される、国制史的観点に基づくそれであったこともよく知られている。モムゼン等の研究は、未だローマ法が現行法としての役割を終えていなかった時点で、一貫した国制の体系を再構築しようとする意図のもとに行われたものであった。そしてその古代ローマ共和政像が、近代国家形成期にあったドイツでの国家モデルを古代世界に移入した観念的な傾向の強いものであることもまた、現在ローマ共和政研究史が取り上げられる際には必ず指摘されるところである[2]。

19世紀のこの段階では克服されていなかったこうしたアナクロニズムを排し、観念的歴史像を実像へと変換させたことが、ゲルツァーおよび20世紀初頭以降のローマ共和政史研究者の最大の功績である、と言われる[3]。にもかかわらず、後で見るように最近20年ほどの間に、共和政史研究においてはゲルツァー以来の定説に対する批判が強まり、その一方で国制面への注目は増すという傾向があった。こうした動きを一見すると、ゲルツァーの理論が世に出て以来約100年が過ぎた今、ローマ共和政理解は再び、モムゼン的なそれか、ゲルツァー的なそれかという二項対立に収斂するようにさえ受け取れるほどである。かかる印象はローマ史研究の実情を正しく表しているのであろうか。本節ではモムゼンとゲルツァーの考え方を改めて検討するところから議論を出発したい。その上で、定説における共和政の構造とその変質についての把握の中で、何が現在問題視されているのかを明確にし、そこで筆者の作業がいかなるものとなるべきかを述べてみることにする。

(1) 共和政の権力構造に関する定説の形成

(i) モムゼンの方法と理論

19世紀の所謂近代歴史学の発展の中で、ローマ史研究における、というよりは西洋古代史全般におけるモムゼンの巨大な貢献全体についてはここで詳述することはできない。さしあたっては、本研究が必要とする面に限定してモムゼンのローマ共和政理解の特質を述べることで十分であろう。彼の多くの共和政史関連諸研究の中でも、『ローマ国法』および『ローマ史』の二

著が全体的に示しているように，モムゼンはローマ法学の基盤の上に，ローマ共和政を強度に法制史的観点から理解しようとした[4]。この二著に示された彼の見解の骨子のみを述べると，民会 comitia，政務職 magistratus そして元老院 senatus という三つの機構によって構成された共和政では，全市民の総意としての決議を行う民会と，政治の実務を担当する政務職，就中，王の権力に起源を持ち，原理的には全市民を服従させえる命令権を備える政務職に統治権力が存するという理解から出発して，三機構の具体的な権限と機能および相互の関係の中での個別の事象研究によって共和政の政治像を明らかにすることができる，ということになる[5]。さらには，当然それゆえにローマの都市国家的性格が失われゆく過程において，このような法制度的構築物としての国政が機能不全を引き起こす中で三機構は権力を失いゆき，他方で，個々の有力者に従来なかった規模での政務職権限（特に命令権によって表現されるところの軍事権）が集中するというプロセスに，共和政の終焉が見いだされるのである[6]。

こうした国制史としての共和政史の把握は，一人モムゼンだけでなく 20 世紀初頭頃までのローマ史研究の主流であったと言える。こうした視角では「法的」でない事象や状況は問題関心から捨象されてしまいがちであった。たとえば夙に指摘されることだが，三機構の中で元老院が制度的に持つ主な機能は「助言」だとしても，実際にはそれは「命令」に等しい権威を備えていたこと，あるいは共和政中期以降は，ローマ社会内部のある特定の人間集団が社会の他の部分に甚大な影響力を振るいつつ，元老院を基盤として現実には共和政を主導していたこと，といったことをモムゼン自身十分に認識していながら，しかしそのことは法制度外的であるがゆえに，共和政の本質としては取り上げられない[7]。古代ローマ社会の諸側面において，現実面ではおそらく部分的な役割しか果たさなかったはずの法制度に問題関心を向けるこうした歴史認識に基づく限り，共和政を実態として把握できないという批判が，やがて生まれることになるのである。

このような批判を踏まえた形で出現したのが，ゲルツァーの上述の論文であった。19 世紀史学のアナクロニズムを排し，近代ヨーロッパとは異なる世界として，古代ローマ共和政の実態を理解しようと努めた彼の研究では，

法的観念に立脚する共和政史とは異なり，（彼が言うところの）「社会史 die Gesellschaftsgeschichte」的なアプローチが際だつことになった[8]。次にゲルツァーの方法論と共和政論を見てみよう。

(ii) ゲルツァーの方法と理論

前5世紀以来のパトリキィ，プレープス間の所謂身分闘争は，その画期的成果の一つとしてリキニウス・セクスティウス法 leges Licinia Sextia（前367年）によって，コーンスルへのプレープスの就任の承認を見た。これ以後，徐々に政治的地位を確立したプレープスの有力諸家系は，やがてパトリキィと並んで上級政務職ポストをほぼ独占することによって元老院内における恒常的な影響力を得て，パトリキィと共に新たに排他的な貴族層である「ノービリタース nobilitas」を形成した。とりわけ前3世紀末，第二次ポエニ戦争を勝利に導いた元老院が共和政における決定的指導力を確立したのとあいまって，ノービリタースによる共和政の諸権力の，事実上の掌握は決定的になった[9]。

以上がローマ共和政，とりわけ中期以降の権力構造に関する，現在のところの概ね一般の理解といって差し支えあるまい。こうした「ノービリタース概念」を中心とした理解が，ゲルツァーの「社会史的」視点に立つ諸研究によって確立されたのである。実は彼自身の問題意識は共和政末期に向けられていたのだが，その理論は共和政の本質理解に関わるが故に，共和政史全体に関して枚挙の暇なき多くの諸研究に引き継がれ，その意味で定説として今日に至っている。そこでこのゲルツァーの理論を，ノービレースが前2世紀から事実上共和政の統治を掌握し，そのノービレースの支配を支えたのは，何よりもローマ社会の独自性であったという彼の二つの論旨に沿って，いま少し詳しく見てみることにしよう。

ゲルツァーによると，ローマ市民からの「統治能力者 die Regimentsfähigen」の選び出しは，「純粋にティモクラーティッシュな」ものであった[10]。リキニウス・セクスティウス法以後，富裕層である「騎士身分 der Ritterstand」の成員は，経済的優越を基盤に「官職」に進出する可能性を得た。ローマの政務職は，それ自体ひとつの「名誉 honos」であり，それ故

にそこに到達し，その体面にふさわしい生活を維持するためには，事実上「経済的自立 die ökonomische Unabhängigkeit」を必要としたからである[11]。

この統治能力者の中から，元老院議員諸家系が突出する。前218年，クラウディウス法 plebiscitum Claudianum を契機として，彼らは一つの「身分」として固定化し，他方「資本家（後の「騎士身分」。上に挙げた本来の意味での「騎士身分」とは部分的にしか合致しない）」は，「独自の政治的意味 eine eigene politische Bedeutung」獲得の可能性を失った。元老院議員身分の成員は，大土地所有による富を基盤に「官職」をほぼ独占した。特に上級政務職経験者は，元老院議員身分内部においても優越を認められ，彼らの中から排他的グループが形成された。ノービリタース，すなわち「官職貴族 der Amtsadel」である，と[12]。

次いでゲルツァーは，キケローがその著作の中で用いた表現——nobiles, nobilitas, nobilissimus vir, clarissimus vir，また princeps civitatis ——を手がかりに，これらの言葉で表現された人物の個別の洗い出しによってノービレースの定義を導き出した[13]。プロソポグラフィと呼ばれるこの分析方法によって，モムゼンの法制史研究とは一線を画す方法を最初に共和政研究に導入したのはミュンツァー F. Münzer であるが，その手法をモムゼン学説に代わる新たな理論体系の構築に援用することによって，共和政史に新たな展望をもたらしたのはゲルツァーであった[14]。

この調査からゲルツァーは，ノービレースは全て，最上級政務職であるコーンスル（あるいはそれと同格の，独裁官 dictator, コーンスル格トリブーヌス tirbunus militum consulari potestate）を祖先に持つ家系に属していることを不可欠の条件とした，という結論に達した[15]。これに対極した位置にあるのが「新人 homines novi」である。彼らは自身の家系から最初に「官職」に到達し，それによって元老院入りした人物である[16]。だが彼らは，ほとんどコーンスル職には到達できなかった。ノービレースが，コーンスル職をほぼ完全に独占し，「自分たちの間でたらい回しにしていた（Sallust. Bell.Iug. 63, 6: "inter se per manus tradebat"）[17]」からである。この，権力の事実上の世襲化という意味で，ノービリタースによる実質的な共和政社会支配が考えられるのである[18]。

こうした見解とならんで,否,むしろそれ以上に後世の諸研究に対するゲルツァーの理論の影響を決定的にしたのはしかし,こうしたノービレースの権力が継続する最重要の前提として,彼がローマ社会の独自性を取り上げたことである。ノービレースが「官職貴族」であり,ローマの政務職が市民による選挙で選出されるがゆえに,彼らの権力基盤は何よりもローマ社会の独自性,すなわち様々な形態で現れる「親近関係 Nahverhältnisse」および「誠実関係 Treueverhältnisse」であり[19],とりわけ後者の中の「保護関係 patrocinium」であった[20]。網の目状に張り巡らされたこれら人的諸関係に支えられて,実質的に世襲的と言える権力を保持したノービリタースはまた,その内部において幾つかのグループ「党派 facito (ゲルツァー自身は当初 die Koterie なる語を用いた)」に分化していた。「党派」はその成員を政務職に選出させ,ノービリタース内部における主導権を得んと相互に競合した[21]。

ノービリタースの台頭は,こうして前3世紀以降のローマ共和政「統治身分」の構造変化を招いた。血統貴族であるパトリキィに代わり,官職貴族であるノービレースが共和政統治を掌握していったという意味で[22]。だが,ローマの支配領域拡大に伴う多様な矛盾と社会問題の顕在化,また異質な価値観の流入に伴い,ノービリタース内部においてこれらへの対応の相違から対立が生じていく[23]。ついに前133年以降,ティベリウス・グラックス Ti. Sempronius Gracchus ならびにガーイウス・グラックス C. Sempronius Gracchus の「改革」の挫折を契機に[24],そして騎士身分とノービレースとの拮抗,イタリア同盟都市市民へのローマ市民権付与問題といった多様な難題を背景に[25],事態は個々の有力政治家に個人的忠誠心を持つ軍をも巻き込んだ「党派」間の闘争から,所謂内乱へと傾斜した[26]。武力抗争と政治陰謀の中で,特権グループとしてのノービリタースは,元老院内部における指導能力を失うことになる。それに代わって,人的関係によって支えられた党派的結束を武器に,最終的にこの「内乱」を勝ち抜いた単独の有力者が,軍事力を前提に,政治権力を独占する。こうしてノービレースの「支配」は終焉する,とゲルツァーは考える。つまりこの考えに従うならば,結局のところアウグストゥスの権力と共和政期におけるノービレースの権力とは本質を同

じとし，それゆえにローマ帝政は少なくともその出発点においては共和政の延長としての性格を備えていた，ということになる[27]。

(iii) 定説の展開

　ゲルツァーによって開かれた歴史認識の新たな地平とそれに基づく理論は，上述したとおり同時代および後のローマ史研究に決定的な影響を与え，後進によって一層精密に，あるいは独自の見解を加えて展開されることになった。ただしここで注意しておかねばならないのは，ここで筆者が定説と一括りにしている，ゲルツァー後の諸研究は，実はゲルツァー理論の中核であるノービリタースそのものの実態に問題関心を置くというよりは，むしろ彼がノービリタースの権力基盤とみなした人的諸関係，特にその中でも彼自身はラテン語でパトロキニウム patrocinium なる語で表現したところの保護関係がローマ社会において果たした役割に注目したという点である。この保護関係は，後には同じくラテン語でのクリエンテーラ clientela という語で説明されるようになり，さらに 1980 年代以降は社会学との連携から，古代ローマ史に限定されない概念として，パトロネジ patronage という語が広く使用されるようになった。この経緯と問題点に関しては，既に 1991 年のシンポジウム『古典古代とパトロネジ』において活発に議論されているが[28]，その内容も踏まえて，以下，ゲルツァーが最初に注目し，やがては古代ローマ史の枠を超える形で理解され，使用されるに至る保護関係理解の，研究史上の展開を見ておこう。

　共和政史研究において，ゲルツァーの理論を取り入れつつ，さらにそこに独自の方法に基づく新たな視点を組み入れたかたちで最初に成果をあげたのはミュンツァーであった。彼は上述したように早くからプロソポグラフィ研究の方法を確立しており，これを利用してコーンスル表 fasti consulares 上に特定氏族名が表れるパターンから，選挙において影響を振るうグループを具体的に再構成した。ミュンツァーによれば，これら諸グループは固定的な「党派 die Partei」であったが，しかしその核となるのは有力な諸家系 die Herrschergeschlecht であり，それらは種々の人的結合関係を武器にノービリタース内部における他の氏族からの優越を追求した。そしてその際に，特

に彼らの権力基盤として，クリエンテーラが機能したのである。ミュンツァーのこの理解に従えば，共和政の政治は家門の利害を優先する彼らの政策 Familienpolitik によって推進されていた，ということになる[29]。

他方，クリエンテーラ理論に基づいて，プレーマーシュタイン A. von Premerstein はローマの全階層に広がりを持つ図式を描いた。プレーマーシュタインによれば，ローマ共和政社会は，ノービレースの家長達を頂点として，あらゆる社会階層をその下部に従えるクリエンテーラの紐帯によって構成されていることになる。そしてこのようなクリエンテーラの紐帯が数人の有力元老員議員のもとに結集した。こうして形成された「クリエンテーラ党派 die Klientelpartei」の相互の対決の果てに，これらを最終的に独占することによって権力を掌握したのがアウグストゥスであった，ということになる[30]。

ミュンツァーの，血縁紐帯に基づく党派理解と家門の戦略としての共和政政治理解，そしてプレーマーシュタインの，ローマの全階層を包摂する「クリエンテーラ党派」が帝政の前提であるという図式とは，サイム R. Syme によって結びつけられ，精緻化され，理論化されることになった。サイムはローマ共和政をノービリタースの寡頭政であると見なすゲルツァー以来の理解に基づき，ミュンツァーの貴族的党派の動向と，それが最終的にローマ社会全体を統合したというプレーマーシュタインの理論をさらに展開させる形で，共和政末期の所謂内乱からアウグストゥスの権力掌握までの過程を描ききった。彼によれば，前1世紀における有力者をリーダーとした「党派」間の権力闘争が，彼らとのクリエンテーラを足がかりとして，従来のノービリタース家系に代わる新たな有力家系がイタリアから台頭する原動力となる。そしてこの動きが，やがては共和政自体を元首政へと傾斜させていくのである。その結果出現したローマ皇帝の権力とは，従ってクリエンテーラに支えられた政治権力であり軍事力となる。つまりサイムの主張によれば，たしかに内乱期には旧来の権力者に代わって新たな社会集団が政治の場に台頭し，またこれを背景として共和政としての統治そのものが，単独の有力者による統治へ，すなわち帝政へと移行するわけだが，そうした「新しいもの」は結局は共和政的社会と共和政的価値の上に成立したわけで，そのプロセスが

「ローマの革命」であった，ということになる。このようにサイムによれば共和政的社会とはあくまでも貴族支配の社会であり，その価値もまた貴族的価値であり，従ってローマ帝政もまた，このような貴族支配の連続として成立した，ということになる[31]。

ミュンツァーから大きな展開を見たクリエンテーラ理論は，プレーマーシュタインを経てサイムによって，帝政をも射程に入れた，党派によって動かされる貴族支配社会としてのローマ像を構築することになった。こうした理論は「ファクティオテーゼ」として後のローマ史研究を決定的に方向付けることになり，20世紀後半に至るまでローマ史研究はこのパラダイムの上で，貴族的党派とこれを支える全社会的クリエンテーラについて，多方面にわたる極めて細微な実態研究に邁進することになったのである。

例えばスカラード H. H. Scullard は，ローマ共和政の「党派」を，革新的政策を標榜する「リベラルな党派」としての「民衆派 populares」と，「父祖の諸慣習 mos maiorum」に固執する「保守的な党派」としての「門閥派 optimates」なる二つの政党として理解する19世紀のアナクロニスティックな解釈を下敷きにしつつ，それを家門の連携とクリエンテーラという定説の文脈から整理し直し，両者の拮抗，連帯，バランスを第二次ポエニ戦争から前150年までの政治的諸事象の中に見いだした。かくして前2世紀から前1世紀の「内乱」までを「門閥派」対「平民派」という二つの党派の対立の構図によって理解する19世紀以来の解釈は，その内実についての理解を変えつつも，再び受け入れられることになった[32]。またテイラー L. R. Taylor は，共和政末期において，有力者がクリエンテーラを武器に民会に影響を及ぼし，その結果民会決議，とりわけ政務職選挙が党派の利害に左右される様相を，精緻な民会組織および投票手続き研究をベースに描き，民会，政務職といった制度的存在が共和政末期の政治においていかに現実的意味を持ちえなかったかということを強く印象づけた[33]。

さてローマ内政に関する諸研究のこうした動向の一方で，ベイディアン E. Badian はその名も『海外クリエンテーラ』(1958)という著書で，地中海沿岸の多様な諸都市，諸国家，諸共同体ないしそれらの個々の成員と，ローマのノービレースとの関係に注目し，前3世紀以降のローマの支配権拡大の

際に，これら諸関係の中に結ばれていたクリエンテーラが大きな役割を果たしたことを指摘した。そしてまた，こうした外部との関係が逆に内部においては，ノービレースの政策に反映されたこと，とりわけそれは「内乱」への傾斜の中で決定的な意味を持ったこと，といった制度史・外交史の枠を超えた対外支配理解と，ひいてはローマ帝国理解という画期的な共和政像を提示して，クリエンテーラ論の視野を，出発点であるゲルツァーのそれから，空間的に大きく押し広げた[34]。

一方ワイズマン T. P. Wiseman は定説を踏まえながらも，ゲルツァー流のノービレース概念に対しては限定的過ぎると批判を加え，それを祖先に元老院議員を持つ元老院議員，と再定義しようとした。しかしその彼も，定説を前提としつつノービレースの対概念である「新人」に注目したのであった。彼は前139年の秘密投票法（カッシウス法 Lex Cassia）を契機とした「新人」（ワイズマンの再定義によれば，祖先に元老院議員を持たぬ元老院議員）の政治的台頭と，共和政末期，元首政初期のノービレース「支配」の衰退を促進した彼らの役割を示した。「新人」たちの社会的・経済的特性を分析することによって，とりわけイタリア地方名望家系 domi nobiles が，種々の手段からなる営利追求による富を基盤に，ローマのノービリタースとの「保護関係」に依存しながら，やがてローマにおける「最高身分 amplissimus ordo」に到達する上昇過程を描き，そこから共和政末期における権力の再変質を見て取るのである[35]。

クリエンテーラ論に基づいてローマ共和政を理解する，それも共和政の権力者層内部の問題に限定せず，（当然権力者層を「核」に据えながらも）共和政社会の全階層を包摂する，否，そればかりかローマ周辺の諸集団——イタリア諸都市成員，属州民，ローマの直接支配に入っていない諸国家や諸部族等の成員等——をも含みこんでローマ帝国の形成をもクリエンテーラのネットワークに基づいて理解する，という歴史像は，社会学の成果を吸収することによって，1980年代以降新たな広がりを得ることになった。中でもサラー R. P. Saller は，帝政中期までのローマの（政治のみならず）社会全体には，共和政期の社会を構成していた複合的な保護関係が継承されたと考え，この関係を社会学におけるパトロネジという概念で説明した。皇帝を

頂点としつつもこうした複合的なパトロネジ・ネットワークがローマ社会全体を覆い，それによってローマ社会は（統治機構から市民の日常生活の維持にいたるまで）システム化されたと考えるのである。この段階でクリエンテーラは（少なくとも中期までの）帝政をも含むローマ社会の，しかも政治的側面のみならずより広範な，つまりは社会の全体に及ぶものとして，より広義な作業概念としてのパトロネジに読み替えられ，理解され，用いられるようになった[36]。

さて日本の学界でも定説の動向は早い時期から紹介され，深い関心が向けられてきた。特に直接ゲルツァーの指導を受けた吉村忠典，長谷川博隆の貢献が大きい。長谷川は1960年代以降ノービリタース理論に基づいて，ローマ共和政末期の政治を党派，騎士，イタリア問題といった多様な局面から分析し続けてきたが，最近はクリエンテーラについて，広汎な学説整理から始まって，「クリエーンス」「クリエンテーラ」といった語の語義やそれを取り巻く関連語，関連概念の分析から具体的な事例研究に至る総合的なクリエンテーラ研究に取り組んでいる[37]。吉村は，特に共和政中・末期におけるローマと外部との接触における保護関係の役割に注目してローマの対外支配の本質を描き出し，ここから近代的な国家像とは異質な，人的結合体としてのローマ帝国像を引き出した[38]。他方，弓削達は，大塚久雄から影響を受けつつ，共同体としてのローマ帝国理解を打ち立てたが，その理論的支柱としてやはり定説に依拠する部分が大きい[39]。そしてこの三者の影響を大きく受け，三者ほど直接的にではなくとも，日本のローマ史研究が全体にゲルツァーおよび定説の理論を前提に進められてきたことは疑うべくもない。ただ弓削にせよ，また長谷川，吉村ないしその他の研究者にせよ，ゲルツァーおよび定説の理論から大きく発想と方法論を得つつも，ローマ社会の独自性をクリエンテーラ一辺倒で説明しようとしがちな定説の傾向とは一線を画している。特に最近は諸方面からの批判を踏まえた上で，定説の有効性の枠が再検討されつつあると言うことができよう[40]。

ここまで見てきたように，筆者が定説と一括りにした諸研究がゲルツァー理論から出発しているとはいえ，問題関心について見ても，権力者層を頂点とする社会的諸関係に注目するもの，権力者層の外に注目するもの，あるい

はまたローマの対外支配とひいてはローマ帝国の特質に向けられたものと多様であり，広がりも異なる。しかも細部の，しかしあるものは学説の根幹に関わる理解の——たとえば，後述するとおり実はこれら諸研究の間では「党派」の概念はおろか「ノービレース」「新人」といった概念すら——不一致が見られ，これが「統治身分」成員の言動やさらには共和政の政治相の解釈に開きを与えている。また，定説に数えることができる研究の中でもワイズマン等が示したように，共和政の「統治層」の営利不関与というゲルツァーを含めて一般的だった理解への修正も進められてきた[41]。要するに，定説とは言ってもその内訳は多様であると言えよう。

　しかしそうであっても，今日に至るまで多くのローマ史研究には基調となる共通認識が見受けられたと言って過言ではあるまい。つまりそれは共和政中期以降のローマ共和政の本質を，前3世紀以降の「統治身分」の構造変化の結果現れた，新たな特権集団ノービリタースによる支配と，彼らの権力基盤としての社会的諸関係，とりわけクリエンテーラ関係の機能の中に見いだし，ここからローマ共和政社会を貴族支配社会と見なしたと考える，ゲルツァーの提示した認識である。そしてこの理解に基づいて，帝政理解に関してもまた，都市国家ローマから帝国への変質の過程における制度的，社会的，政治的諸矛盾に直面して，相互に対立したノービレースの「党派」間の闘争の時代「内乱」へ突入し，この「党派」闘争をクリエンテーラを最大の武器に勝ち抜いた者が単独の統治という新たな体制をもたらした，言い換えれば共和政の連続として帝政（少なくとも元首政）を理解するということで。その上で，プロソポグラフィを活用しつつ極めて精緻に人物研究および人的諸関係の解明に努め，それに基づいて個々の政治的事象を説明しようとしてきたことが，ローマ政治史の現在に連なる約100年間のあり方だったと言えよう。以上見てきたように，ゲルツァーを境に，ローマ史の理解とさらなる探求の試みが，それ以前の，モムゼンに代表される研究とは異なる歴史認識に基づいて，異なる概念装置を用いて進められてきたことは明白である。従って，やがて定説への批判が試みられ始めると，ノービリタースなる概念の有効性を含めての方法論とクリエンテーラの実態への疑問が提示されたのと並んで，議論はモムゼン的理解の再考にまで至ることになったこと

も，当然と言えよう。次にゲルツァーおよび定説への批判を，さしあたって本論が関連する共和政末期の政治史に限定して整理しておこう。

(2) 定説批判

実はゲルツァーの理論に対する批判は，早い時期からノービリタースの定義に関して，モムゼンのそれとの齟齬を指摘する形でなされていた。この概念規定に関する批判については後で検討するとして，ここでは，この最初の批判はモムゼン説とゲルツァー説との謂わば中間案をアフツェリウス A. Afzelius が提示したことによって一旦沈静した，と述べるに留めておこう。その後，ゲルツァーおよび定説への批判が相次いで現れたのは 1970 年代以降ということになる。ここから定説の方法への批判が始まるのと並んで，概念規定への再びの，しかし新たな視角からの批判が強まった。また特に 80 年代以降は実態研究に端を発し，「正当的学説」の打ち立てた歴史把握そのものに疑問を唱える批判と論争が始まった。

このように一口に批判，と言っても時期によってその中身は異なっている。ここでは，このような定説への批判を，三点に大別して，それぞれについて整理しておこう。

(i) 方法論上の問題
(ii) ノービリタース概念の有効性
(iii) 実態に関する批判から歴史把握に関する批判へ

(i) 方法論上の問題

ここではゲルツァー以来，定説の精緻な実態研究を支えてきたプロソポグラフィに対する批判について一言述べておこう。批判の内容はリリンガー R. Rilinger とデヴリン R. Develin のそれぞれの初期の研究に代表されると言ってよい。リリンガーは，プロソポグラフィが統計として用いられる場合，個々の要素が相互に比較可能なこと，つまり同じ条件で収集されるデータであることを前提としなければならないという自明のことを改めて指摘し，従来の定説に含まれる諸研究は史料の残存状況上，この前提条件を満たし得ない場合にも，安易な比較対照を行ってきたことを，鋭く批判した[42]。

また，デヴリンは,「ファクティオテーゼ」に見られる傾向性の強い史料解釈に異議を唱え，人的結合関係を想定する際に，ファスティ上の名前並記や婚姻関係といった情報から結論を導くことの危険性を指摘している[43]。

(ii) ノービリタース概念の有効性

定説の理論的支柱であるノービリタース概念に対しては，上で述べたように比較的早い時期から問い直しが行われてきた。そもそもノービリタースなる語の概念規定は，主にノービリタースおよびホモ・ノウスという言葉の適用範囲を，史料中の用法と，それに基づく具体的な人物の個別調査の照合によって限定することから行われてきた。

この方法によってかつてモムゼンは，ノービリタースを以下の集団に規定した。

① 全てのパトリキィ
② プレープスへ移行したパトリキィの子孫
③ クルーリス職に就任したプレープスの子孫（「イマーギネース権 ius imaginum」を持つ者）[44]

これに対し，ゲルツァーは既に述べたように，主にキケローの表現に基づいて，ノービレースたる条件として，コーンスルかその同格の職に就任した者を祖先に持つことをあげている。そしてこれに対してホモ・ノウスを，その家系中で最初に政務職に就き，そこから元老院に到達した人物，と規定している。

モムゼンの概念規定とのこの相違の故に，このゲルツァーの規定には早くから批判があったのである。この論争は，史料に深く踏み込んで両者の理解を比較検討したアフツェリウスの研究によって一旦終止符が打たれることになった。彼は全体のラインとしてはゲルツァーの概念規定に従いながら，ゲルツァーが過度にキケローに依拠し，キケローが著作の中で特定の一人物に向けた nobilis なる表現を用いて，その家系全体に及ぶ，しかも時間的推移に左右されぬ概念を作り上げてしまったことを指摘した[45]。アフツェリウスは前366年（すなわちリキニウス・セクスティウス法制定の翌年）から紀元100年までのラテン古典著作中から，nobilis なる表現がなされている人物を

拾い上げ，そのプロソポグラフィックな調査から，この集団はなるほどキケロー期にはコーンスル家系出身者で占められているが，それ以前にはクルーリス職にのみ就任した者の子孫を多く含んでいることを明らかにした[46]。彼によれば，この違いはティベリウス・グラックスの「改革」を境にしており，これ以降ノービレース達は排他的性格を強め，「ノービリタース」なる表現はスローガン化して，適用範囲も狭められた，となる[47]。

アフツェリウスのこの見解は，「ノービリタース」概念の時間的変化と，用語の政治的性格，という二つの観点に関して画期的であり，当時の概念規定論争に一応の結論をもたらした。しかし彼以後の研究は，先に述べたようにノービリタースおよびホモ・ノウスなるグループを支える社会的要因の問題へと関心を移して，概念規定の問題自体は曖昧なまま取り残された[48]。たとえば，その後の主な研究者の中にもノービリタースを扱いながら，その概念に関しては，次のような歴然とした食い違いが見られる。

① コーンスルの子孫（ゲルツァー説）：サイム，スカラード，ブライケン J. Bleicken, テイラー，シュトラスブルガー H. Strasburger, アルフェルディ G. Alföldy, ハックル U. Hackl[49]

② パトリキィおよびクルーリス職就任者の子孫（モムゼン説）：ウィレム P. Willems, ワイズマン[50]

③ クルーリス職の子孫からコーンスル職の子孫へ（アフツェリウス説）：マイヤー E. Meyer, エルグァルク J. Hellgouarc'h[51]

④ 規定なきもの：アドコック F. E. Adocock, エプスタイン D. Epstein[52]

こうした概念規定の食い違いがあるだけでなく，ほとんど規定の根拠も，また異なる見解に対する反論もないままに，結局ノービリタースの概念規定の問題は長らくなおざりに，もしくは触れずに置かれてきたという実状がある。

この状況に新たな展開が見えたのは，ようやく1980年代に入ってからのことである。この時期までに生まれた「新人」に関するいくつかの研究の成果を踏まえた上で[53]，ブラント P. A. Brunt がノービリタース概念に関するモムゼン，ゲルツァー両説の検討から始めて，本格的に概念規定そのものの問題性を明確にした。彼はまず，ゲルツァーの定義に若干の細かい修正を加

えた上で，この定義に従えば前2世紀初頭頃から前49年までにゲルツァーが数えたよりもはるかに多くの「新人」が存在したことになると指摘した。そして，このような事態は史料が示すこの時期の政治状況と全く矛盾しているとして，ゲルツァー説への疑問を提示した[54]。その上でこの点を出発点に，プラエトル職の社会的価値を従来考えられていたよりもはるかに高く評価したこと，またアフツェリウスの主張した概念の時間的変化を否定したこと，史料，とりわけキケローの言説を厳密に分析したことを総括して，結局ゲルツァー説よりもモムゼン説の方が「はるかに好ましい far preferable」という結論に達した[55]。しかしブラントのこの論考を最後に，管見のところノービリタース概念を直接論点に据えた論争は現れていない。

　ノービリタース概念につきまとってきたこのような曖昧さや出口の見えない論争自体が，この概念の強度に政治的な性格の故であることは明白である。共和政末期や帝政初期においてこの語を使用する者は，確かにその都度の政治的状況や自分自身の立場に合わせてこの語に含まれる集団の枠を適宜広げ，あるいは狭めていたと受け取れる節がある。たとえばキケロー Cicero の著作毎にこの語の適用範囲が違う，という事態が端的に示していることも，既に指摘されてきたことである[56]。

　しかし，それはこの問題の本質ではあるまい。いみじくもゲルツァー自身が認めているように，要は，ノービリタースなる語にせよ，またホモ・ノウスという語にせよ，古代期の政治的なコンテクストにおいてある固定的なグループを示すためのテクニカルタームであったわけではなく，それらは，そもそもかなり大雑把かつ便宜的に「貴顕の人」「支配者達の中核」，そしてそれに対して「成り上がり者」といった程度の意味合いで使われることが普通であった，ということである[57]。こうした条件の下で，ホモ・ノウスなりノービリタースなりの史料上の表現から，実体としてのそれらの概念規定を行うということは，ブラントのように留保付きの成果を上げることはできたにせよ，それ以上の限定は実態からの乖離を招くに過ぎない。ブラントの報告の後にも議論が再熱しない理由は，結局のところ現段階では多くの研究者がこのことを認めているからであろう。最近の研究で，ノービリタースの語を用いる場合にも，もはやかつての定説に連なる諸研究とは違って，そもそ

もその概念規定を明示しようとしない傾向が見られることも，その表れと考えられる。それどころか，定説を踏襲しながらも，ノービリタースなる語自体を用いずに共和政の権力者層を説明する研究も散見するのは，定説に基づく共和政政治史理解にとってすら，「ノービリタース」という語が作業概念として果たして有効であろうか，否，必要であろうかという疑問に行き着いた結果であろう。この点についてブラント自身も「いずれにせよ，ノービレースやホモ・ノウスといった語が何を意味するか，という疑問は本質的にフィロロジカルである。」と認めている。そして大切なのは「ローマの貴族がどこまで排他的であったかという厳密な範囲を決めること」だ，と[58]。

ローマ共和政には，社会内部において突出して政治権力を掌握し，それゆえに排他的に統治に携わる特権的グループが存在した，という理解自体は，史料上散見される幾つかの家門の声望と隆盛，および政治的事件に及ぼすこれらの影響力から見て，到底否定されえないであろう。従って，筆者もこの多くの研究者に共通の理解を前提として，本論を進めたいと考えている。しかし，まさにブラントのこの言葉通り，問題はそのような特権グループの排他性の度合いであり，そのことが共和政の本質を問うことになるのではなかろうか。より具体的には，どの程度に当該グループによって権力が独占されたかであり，また他方では，社会がどの程度に当該グループの特権的立場を認知した（そしてその認知をもたらすのは統治理念である）か，ということである。共和政の本質は，こうした事実の確認によって究明されるべきであり，フィロロジカルな意味の限定に事実を当てはめることによってではない。そうである以上，たとえ概念規定自体がゲルツァーのそれに従わぬにせよ，フィロロジカルな方法上で培われたノービリタースなる概念を，こうした作業において用い続けねばならぬだけの理由はないと，筆者は考える。従って，本研究を始めるにあたってはさしあたって，なんらかの意味で，いくばくかの程度に特権的であり，統治に携わる，とのみ前提されるこのグループについては，「統治層」という極めて曖昧な表現を用いることにとどめておきたい[59]。

ところで共和政史研究のパラダイムを支えてきたもう一つの要素，保護関係の概念についても研究者の理解が一致していないことは既に見てきたとお

りであるが，この状況については上に紹介した1991年のシンポジウムの報告と，さらに安井萌が『共和政ローマの寡頭政治体制──ノビリタス支配の研究──』においてその後の展開も含めて詳説しているので，ここで重ねて述べることは避けたい[60]。要は保護関係を表す語として従来一般的に用いられてきた「クリエンテーラ」の包摂する意味内容が，ファクティオテーゼと連携しつつ，ゲルツァーがパトロキニウムという語の下に想定した関係をはるかに超えて，しかも一元的なものとして理解されてきたことに関する議論があるということと，さらにサラーがここにパトロネジ概念を持ち込んだことによって論争が新たな局面を迎えているということである。このうち前者については，保護関係の政治面における機能については限定的に考える見解が強まりつつあるとしても（後述），概念としてのそれが持つ問題に関しては，議論が止揚されていると言ってよいだろう。それと言うのもこの問題は，サラーのパトロネジ論によって，保護関係と共和政政治との位相をどう考えるのか，という論点に移っているからである[61]。ローマ社会の実態を，特定の用語で表現されていなくても史料から読み取れる，互恵的で（安井の言葉を借りるならば）人格対応的な非対称的関係という要件に適合した関係において把握し，それをパトロネジなる社会学の用語で説明しようとするサラーの試みが，ローマ史研究におけるその有効性を疑問視する批判を受けたところから議論は始まったわけだが，これに関して例えば社会的実態の分析を目指すサラーの試みとローマ的パトロキニウムないしクリエンテーラ（それも一義的に政治的性格のそれとしての）の理念を問うこととのズレに対する安井の指摘は鋭い。とはいえ，いかなる次元でパトロネジ概念をローマ史研究に用いるにせよ，安井も認めるように，サラーのパトロネジ概念があまりに曖昧で，極端に言えばあらゆる人間関係をも含みこむ可能性を備えるが故に，逆に，一体この概念でローマ社会の実態なり政治の本質なりの何を論じることができるのか，という疑問は依然として残る。安井自身，ローマ共和政政治体制の分析にこの概念を用いるにあたっては，彼なりの（そして，それ自体は有効だと筆者も考えるが）方法でサラーの概念を再定義している[62]。少なくともローマ共和政政治史研究に関しては，その限りでのみ（つまり定説が築き上げた絶対的価値としてのクリエンテーラに代わり，あ

くまでも分析の道具としてという限りでのみ)，パトロネジ概念を用いる意義があると筆者は考える。

(iii) 実態に関する批判から歴史把握に関する批判へ

　実態面におけるゲルツァーの研究，というよりはむしろサイム以来固定化された定説の共通認識については既に述べたとおりである。こうした定説の認識に対する批判自体は早くから，多方面にわたって提示された。特に注目すべきは，ゲルツァーの理論を踏襲しながらも，実態面に関して所謂ファクティオテーゼへの鋭い反論を提示するもの，さらに定説の歴史認識に対して少なくとも距離を置こうとするものが，既に1960年代後半以降現れている，という事態である[63]。先行研究の実証部分に関して批判が加えられるということは蓋し必然であるとしても，ゲルツァーの理論自体を継承しながらも，定説のパラダイムには異議を示すということ自体が，当時の定説がいかにゲルツァーの理論から乖離していたかということを示している。それ以上に，すべてを社会的諸関係（特にクリエンテーラ）のみで説明しようとする定説の硬直した姿勢に対して，少なくとも修正を加える必要を感じる研究が一つならずあったということが重要であろう。一方また，同じ頃からヤヴェッツ J. Yavetz に始まる，民衆の政治性に関する実態研究が進展し始めたことも[64]，貴族支配として共和政を把握した定説において（と言うよりもむしろ従来のローマ政治史において，と言うべきかも知れぬが）この側面が取り上げられることがほとんどなかったことを考えると注目に値するが，この点については次節で詳しく述べることにしたい。

　このように実態面における諸研究は，ある時期以降，決して定説のテーゼに無条件に沿っていたものではない。とはいえ，上に挙げた方法論上の批判や概念規定に関するブラントの主張と並んで，定説の方法ならびに発想そのものに対峙するものとしての，実態批判および歴史認識への批判は，1980年代以降新たな方法と発想を伴ってようやく現れることになった。たとえば上述のプロソポグラフィに関する批判は，当然のことながら実態研究批判に直結した。リリンガーは，「ファクティオテーゼ」がコーンスル職独占を支える要因として重要視してきた，翌年のコーンスル選挙のための民会を主催

するコーンスルの影響力について，ローマの諸慣習がこれを強く制限しており，従来考えられていたように選挙民会主催コーンスルが恣意的に選挙結果を左右することは不可能ではないまでも，そう容易ではなかったことを具体例を挙げながら示している[65]。これと並んでデヴリンは，コーンスル表に表われるコーンスル就任パターンを，（家系の利害ではなくて）その時々のローマ内外における諸状況，およびそれらが要請する政策とに結びつけて，解釈した[66]。

他方，権力者層が「どこまで排他的であったか」という問いに対して，ホプキンス K. Hopkins とバートン G. Burton が，人口学の応用による知見を示した。そこでは元老院議員身分の成員の自己再生産が驚くほど低率でしか成功していないことが，「統計学的および人口学的」方法から証明され，定説が自明視してきた特定家系による政治権力の独占，という見解は相対化されるに至った[67]。

このように共和政政治史についての定説に対しては，1980 年代以降新たな方法，発想に基づく実態研究が相次ぎ，それらの知見と定説との矛盾が鋭く指摘されることとなった。これらの諸批判を踏まえつつ，しかしさらに進んで定説の歴史像全体を見直す試みに本格的に取り組んだのが，1980 年代半ば以降に共和政像に関する精力的な研究を進めるミラー F. Millar である。ミラーの研究とその見解については既に多くの紹介がなされている。だが，彼の研究の出現によってローマ共和政史研究は新たな段階に入ったと言って過言ではないと考えられるので，ミラーと彼以降の動向については，以下に節を改めて検討し，その上で今後の展望とそこで筆者の研究が果たすべき課題について論じていこう。

第 2 節　ローマ共和政史研究の現状と展望，そして本研究の課題

ローマ共和政政治史の新たな理解への取り組みを，ミラーが本格的に示し始めたのは 1984 年の彼の論文 "The Political Character of the Classical Roman Republic (200-151 B.C.)" 以降のことである。この論文でミラーは，前 2 世紀前半の内政，外政，政務職選挙，立法のどの場面においても，元老

院とノービリタースの影響力が,それもとりわけクリエンテーラを通して,従来信じられてきたほど強度であったということを示す証左が,実はないということを指摘した上で,逆に上の全ての場面で民会における市民団の意思が介入していたことを丹念に例証した[68]。しかし彼の共和政政治論の特質が最初に明示されたものとしては,1986 年の論文 "Politics, Persuasion and the People before the Social War (150-90 B.C.)" を待たねばならない。そこで彼は,民会および集会(コンティオー contio)ないしはそれ以外の政治的集会において,重要な事案に関する市民団への呼びかけと説得が常に重要視されことを例証し,このことがローマ共和政の政治において市民が主体的な役割を果たしたことを示す,と主張するのである[69]。さらにミラーは,身分闘争後の共和政において,プレープス富裕層とパトリキィが融合して統治層が生まれた,という見方自体にも,疑問を投げかけている[70]。厳しい史料批判とトポグラフィ,古銭学研究といった浩瀚な視野において,ミラーが提示するローマ共和政社会像はこのように,元老院に対する民会の,そして特権集団に対する市民団の自律性を強く備えたものであり(あるいはゲルツァー以来自明と受け止められてきた,そのような特権集団そのものの存在自体が疑える),つまりは定説が長らく自明視してきた貴族支配社会像とは本質的に異なっている。そして共和政史研究にとって,というよりも世界史的に見て極めて刺激的なことには,このような理解に基づくローマ共和政を「民主政」と考える試みがミラー以降,学界の中に定着したのである(後述)。

　ミラーの研究の見解は,このように衝撃的と言っても過言ではない影響をその後の学界に及ぼすと共に,強い批判も向けられていることは周知のとおりである。まず特に 1990 年代前半までよく主張されて現在にいたっている批判として,ミラーの議論があまりに国制史を偏重しているというものがある。ゲルツァー以来強調され続けてきたノービリタースの特権的立場を疑問視する立場から,このような特権グループによって牛耳られている元老院が主導的位置を保持し続けたという,自明視されてきた見解を再検討する彼の研究は,当然のことに元老院と民会の関係を問うことになり,その意味で定説の潮流から見るならば,モムゼン流の国制史研究へ回帰したとも言える。この点と,またそれゆえに共和政理解が時間的推移ないしケースバイケース

の政治的条件を度外視した原理的なものになる危険性をも含んでいるという理由から，ブルクハルト L. A. Burckhard のような定説の潮流を汲む研究者がミラー説を厳しく批判したことは蓋し当然であるとして，ブラントのようにゲルツァー以来の定説に対して批判的であった研究者もまたミラー説に対しては距離を置くことになった[71]。ここでこの批判についての検討を通して，ミラーの共和政史研究の構想を明らかにしておこう。

　まず国制偏重という批判は，問題の核心を突いてはいないように筆者には思える。ミラーの共和政史研究において，従来の諸研究に比して国制面が強く前面に示されるのは，直接的には上述したように民会の役割の再評価のためであるが，それ以上に，極端とも言えるほどに社会的諸関係からのアプローチに終始したこの100年近くの共和政政治史研究の問題点を克服する一つの可能性として，定説において欠落しがちであった，制度面の再検討に謂わば振り子を振り戻すという試みとして理解すべきであろう。この点，例えばミラーに反論しつつも，方法論的には彼に近い立場にあるノース J. A. North の，クリエンテーラ論に対する「凍てついた荒野」という言葉が夙に引用されるが[72]，そのノースを含め，ミラー自身ならびに彼の説に近い最近の研究においても，クリエンテーラ論をはじめとして定説が依拠してきた社会的諸関係への視座を否定するものはないということも，併せて述べておこう。

　つまりは，ミラーの国制論はあくまでも，共和政の全体像を構築しようとする彼の構想の一部をなすに過ぎないということである。ここで，「全体像」の中身が当然問われねばならない。国制への注目は，むろん方法論上の損なわれたバランスを取り戻す，という目的に終始するわけではない。ミラーの構想における「全体像」の一義的な意味は，権力者のみならず，直接的に政治権力を振るう位置になかったと考えられる（具体的には，政務職でも元老院議員でもなく，また特権集団の成員でもない）市民達（これを以下，便宜的に「一般市民」と呼ぶことにしよう）をも視野に入れた共和政像ということになるだろう。そこでは保護関係を基軸としたノービリタース支配という，共和政の社会面からの理解としての定説だけではなく，民会か元老院か政務職かという共和政の機構面に注目したモムゼン等の研究も共に克服の対象と

なる。従って上述の批判に関して言えば，国制史重視か，社会的側面に注目すべきか，といった議論はミラーの構想と次元を異にしている。

　ノービリタースであろうと政務職権限保持者であろうと，国政を動かす権力を手に握る者だけでなく，直接的にはそのような権力から遠いと考えられた一般市民への視点が必要であるということ，そのこと自体は無論早い時期から提唱され，実際にヤヴェッツに代表される民衆史の系譜が共和政史研究にはある。とはいえそれは基本的には支配に利用される，ないしは支配の下で限定的な自律性を実現する，あるいは支配に対して抵抗しようとする民衆という理解でなされた研究であった[73]。これに対して最近の共和政史における民衆研究は，統治における主体的存在としての民衆，という新たな可能性へ視線を向けている。こうした動向自体は，近年のポストモダニズムのもたらしたものであり，古代史においては，特に 1970 年代以降のヴェーヌ P. Veyne 等の成果に支えられ，社会学，文化人類学，宗教学等と連携した研究として，劇場や円形闘技場，あるいは神殿といった，つまり娯楽や祭祀，葬儀，また穀物分配といった都市の日常生活の多様な場における民衆の意識，行動の政治性の分析，そしてまた特に共和政末期に路上で繰り広げられた都市民衆の騒乱をも議場の外での政治行為と見なすなど，政治文化という言葉で語られることが多い発想を伴ってそれらの分析を行うという方法で成果を上げている[74]。

　1995 年初出の論文 "Popular Politics at Rome in the Late Republic" においてミラー自身が認めているように，この点に関する彼の着想は，ヤヴェッツから多くを得ているのだが[75]，まさにヤヴェッツに捧げられたこの論文において明示されたように，ミラーの構想は最近の民衆史の動向を踏まえ，しかしそれを政治文化の枠組みに収めることなく，共和政全体像の構築へと援用しようというものである。

　以上のミラーの構想は，彼の説を支持する諸研究のみならず批判する立場の研究においてもよく咀嚼され，こうした次元での議論が展開されつつあることが 1990 年代以降のローマ共和政政治史研究の動向であると言ってよいだろう。換言すれば，すでにここまで定説のパラダイムは崩れたということである。ミラーの見解を支持するにせよ，批判するにせよ，もはやサイムや

ベイディアン等のようにノービリタース支配であるとか、クリエンテーラの一元的役割とかいったアプリオリな出発点から実態研究を始めることは不可能になったと言ってよいだろう。共和政政治史研究の最近の議論の特徴を一言で述べると、多様な政治的性格の場において、市民が果たして主体的な位置にあったか否か、という点に向けられているということになろう。多様、と述べたがそれはもはやミラーが取り上げた元老院や民会、またコンティオーといった制度的な場に限定されず、言い換えれば政策立案や審議、投票等といった政治装置のみではなく、上で挙げたように文化としての政治が発露される各々の場において、一般市民（あるいは民衆）が、また元老院、政務職、あるいはなんらかの意味で特権的な立場にあると考えられる者達がおかれた立場、意識、行動が問題とされるのである[76]。

重ねて言うが、無論、現在のローマ共和政史研究の全てがミラー説を支持しているわけではない。日本に関してのみ述べても、吉村忠典に代表されるように基本的に定説の立場に立って批判を試みるもの[77]、あるいは安井萌のようにミラー説の見解を受け入れながら、その上でなお、新たな寡頭政論を構築しようとするものなど[78]、議論は百出の観がある。が、にもかかわらず乱暴な言い方が許されるならば、いかなる立場を取るにせよミラー以来、ローマ共和政史研究に携わる者には、ミラー説と定説とを基軸として、その間のどこに自身の立場を置くかが問われてきた、と言っても過言ではないだろう。

本論を始めるにあたって、こうしたローマ共和政史研究の現状の中で、筆者の立場をあらかじめ明らかにしてみたい。

ミラーによって提示された定説（というよりも、従来の共和政史研究）の歴史像に対する批判と、ローマ共和政研究の発想に関する新たな地平については、大いに受け入れるべきと考える。ここまで概観してきたモムゼン流の研究ならびに定説の展開と問題点、そして近年の新たな歴史学研究の成果を振り返って見るに、今、いかなる立場にあるにせよローマ史研究者は、共和政を改めて新たな発想と方法を通して把握し直す時機にあると痛感するからである。本論で展開される筆者の研究も、その課題に応じるものとなるべきである。

第Ⅰ章 ローマ共和政研究の展開と問題点

　その上でミラーの共和政像そのものについては，本論の中で検討することにしたい。果たして彼が主張するように，ローマ共和政においては元老院と並んで民会に，あるいはノービリタースと並んで一般市民に政治的主体性があったのだろうか。従って長い間自明のことと理解されてきたローマ共和政の寡頭政的性格は実態から乖離していると考えるべきであろうか。また保護関係により成り立つという共和政社会像もまた否定されるべきであろうか。本論中でこうした問いが具体的な分析作業を通して考察されることになる。しかしその際に特に中心的に扱われるのは，共和政像そのものではなくむしろその帝政への傾斜の過程となるだろうことは，序論で述べた筆者の問題関心から自明のことである。この点に関連して留意しておきたいのは，上で紹介したミラー批判の中でも触れた通り，ミラー説における時間的推移や細微な政治的諸要素を度外視した一元的理解の傾向である。モムゼン的な観念的歴史観との相違は上で指摘した通りであるし，また定説の陥りがちなドグマに対する鋭い批判も既に述べたとおりである。さらにミラー自身，しばしば共和政政治における多様な要因を忘れるべきではないということに言及していることから見て，少なくとも彼がローマ共和政をそうした意味で一元的なものと決して考えていないことは明らかである[79]。にもかかわらずミラーの叙述が，全体像を構築する，というその構想の故に一元的な説明に傾きがちであることは，やむを得ないと言うべきだろうし，むしろそれが意図されていると考えられる。だが，共和政の帝政への傾斜に対して関心を持つ筆者にとっては，とりわけ時間的推移に関する説明の少なさは看過できない。初期段階から市民が主体的存在であることが本質であり，特に末期においてそれが顕著な形で発露されると説明されるローマ共和政が，しかし単独者による支配という政体へ移行するプロセスについては淡い背景としてしか描かれていないミラーの理論[80]をどのような形で補うべきか，本論の中で考えてみたい。

　ところで，ミラー以降の所謂民主政論について本論がどのような距離を持つものか，一言述べておきたい。「民主政論」の内容と意義についても，安井萌が上述の著書の中で詳しい解説をなしており，筆者も安井の理解にほぼ賛同するので，ここで「民主政論」の内容自体についてはごく簡単に触れる

ことで十分だろう[81]。既に述べたように，統治の主体は元老院か民会か，権力は特権的グループにあるのか一般市民にあるのか，といった二項対立的な問題設定はもともとミラーの発想ではない。そうではなく，統治層（それがノービリタースであるかどうかはともかく）の存在は認めつつも，共和政政治におけるその他の市民の役割をも究明すること，元老院とならんで民会が果たした機能を明らかにすることが目的であり，そしてそのような諸要素の総体としての共和政を「民主政」という概念で説明しているのである。このようなミラーの姿勢は，彼以後の所謂民主政論の研究にも基本的に継承されている。例えばリントット A. Lintott や上述のノースのようにミラー以上に明快に「民主政」という概念を共和政史に関して用いる研究者達も，決して一般に印象づけられているほどに定説が提唱してきた貴族支配的側面を全く否定するとか，古典期アテーナイの民主政になぞらえるとか，ましてや近代的な主権の所在といった議論をなしているわけではない[82]。以上の留保条件を踏まえ，かつ安井が指摘するように世界史的な視野で考えた場合，ローマ共和政を民主政と言う概念で捉え直そうとする試みはたしかに意義があるものと考える。しかし，少なくともさしあたり共和政から帝政への傾斜に重心を置く本論の考察においては，これほどの留保条件付きでの民主政という言葉を用いる必然性は見あたらない。

　以上で，本論で扱うべき問題と，その考察方法については確認することができた。共和政の本質を，全体的に，つまり権力の座にある者とない者，制度と社会・文化，公と私といった諸側面にわたって見渡しつつ論じること，そして特に共和政の変容を問題の中心に据えることが本論の主眼となる。無論，このような課題自体，到底本研究で論じ尽くすことのできぬひろがりを持つものであることは言うまでもない。ここで行えるのは，このような課題に対して，特定の分析対象を通して新たな知見と観点を加えることである。その分析対象として，ローマにおける穀物供給問題を選ぶことにする。

　詳しくは第Ⅱ章において述べることにするが，穀物供給問題は古代ローマ史研究にとって決して新しいテーマではない。むしろ，あまりに有名な「パンとサーカス」の言説を下敷きに，これほど古代ローマ社会の特質を良く表すテーマはないと考えられてきた，とさえ言ってよいだろう[83]。さすが

に近年，この問題は市民の堕落という道徳論を脱した。とは言え，例えば西洋古代における穀物供給史研究の第一人者であるガーンジィ P. Garnsey の場合も，ローマに関しては，有力者による穀物の「大盤振る舞い largitio」と，それによる市民の政治離れという次元での政治手法とに議論が終始している点で，定説の発想から踏み出すものではない。あるいはヴェーヌに始まるように，この問題は有力者，とりわけ皇帝の恩恵であるエヴェルジェティズムと，それに依存する市民との相関関係，という政治文化のコンテクストで扱われてもきた[84]。そのどれも否定するつもりはないが，この問題はミラーが提示した新たな共和政史研究の地平において，従前の理解とは異なる視角から論じてみるに適当な性格を備えていると，筆者は考えている。その理由もまた本論の中で詳説するが，ここであらかじめ見通しを述べておこう。

　古代ローマにおいて（というよりも古代地中海世界全体において），穀物をいかにして入手するかという課題は，知られる限り古くから，共同体成員にとって極めて重要であり，かつしばしば困難なものであった。それゆえに，古代ローマにおいても，穀物供給問題については共和政初期段階から帝政に至るまで多様な対応があったことが，比較的豊富な史料の言及の中に見られる[85]。それら史料に描かれた，この問題をめぐっての権力の座にある者とそうでない者との対応（あるいはそのなさ）を通して，我々はローマ共和政における政治の意味と，そこにおける権力者と他の者との関係，そして制度の果たした役割，公と私との関わりかたに光を照射することが可能となるのである。その際，とりわけ本論にとって重要と思われるのは，共和政初期以来，基本的に統治側が関与することがなかったローマの穀物供給が，前２世紀頃以降は漸次変化し，特に前123年の「穀物配給法 Lex frumentaria」の制定以降，国家が都市ローマ居住市民の穀物調達を保障するという方向へ決定的にシフトしたことである。このことは，上に述べた権力側，非権力側の関係，政治のあり方，制度の意味，公と私の関係といった共和政の諸側面が前２世紀以降，すなわち帝国形成期以降に変化しつつある状況を反映しているのではないだろうか。そしてそこに示される変化とは，統治に携わる者によって，その他の社会構成員の生活に対し，従来なかった配慮が向けられ

るようになったという，統治理念上のものではないだろうか[86]。

ところで，ミラーはこの状況を以下のように解釈している。すなわちこれこそが，政治における一般市民の主体性の高まりを示している最良の例である，と[87]。

しかし，果たしてそうだろうか。たしかに帝国形成期以降，統治に携わる者による，穀物供給のための「配慮 cura」は強まりいく。だがこのことはまた，前1世紀半ばにはこうした「配慮」が，単独者に委任されることによって果たされるようになり，しかもそのためにこのような者には共和政の制度を逸脱した強大な権限——すなわち，「異例の命令権 imperium extra ordinem」——が賦与される，という事態をも生み出しているのである。そして，前123年以来，繰り返し再立法化されていた穀物配給法に関しては，前57年にポンペイウスがこの種の「食糧供給のための配慮 Cura annonae」（以下，「クーラ・アノーナエ」と呼ぶ）を委託されて以後については，少なくとも史料中に立法化に関する言及は現れない。

こうした異例の形で出現する政務職権限こそが，制度的にはアウグストゥスの権力に通じるものであることが，しばしば指摘されている。もしそうであるならば，前1世紀に穀物供給のための異例の権限が一個人に賦与されるという事態と，政治における一般市民の主体性が高まった，という解釈とをいかに整合させるべきであろうか[88]。

このように，前1世紀の，と言うよりもその前提としての前2世紀以降の穀物供給の変化をどのように理解すべきなのか，さらにはそれを生み出した共和政の政治の変化とは——理念と権力の両面において——いかなるものであったのか，ということが本論で問われることになる。

次章以下の構成と，各章の結論の見通しを簡単に述べておく。第II章では，共和政末期と帝政との連関についての本論の視座を明らかにするために，まずアウグストゥス期の穀物供給のありようを整理しておく。そこではアウグストゥス期に確認される穀物供給制度の確立が，共和政における穀物供給の変化を前提としていることが明らかにされるであろう。

このことを踏まえて第III章では，共和政期の穀物供給のあり方を，とりわけ前2世紀以降の変化に重点を置きながら概観する。その結果，前2世紀

末以降，穀物供給のあり方が決定的に変化したこと，しかもその変化が最終的には単独の有力者への供給の「配慮」の委託と，そのための「異例の命令権」の賦与，という事態に至ることが示されるだろう。

では，なぜ共和政末期の穀物供給政策は，単独の有力者への「異例の命令権」の賦与という帰結に至るのだろうか。第IV章では，前57年のポンペイウスによるクーラ・アノーナエ引き受け経緯を分析することによって，この問いへの答えを探る。

続く第V章においても，さらに穀物供給問題と「異例の命令権」との関係を論ずることにする。その中で，前1世紀の元老院統治の弱体化にとって「異例の命令権」が持っていた意義が明らかにされるであろう。しかも，このように元老院統治にとって脅威となりうる「異例の命令権」が，穀物供給の安定化のためにやすやすと導入されるという状況の素地が，前2世紀にあったということが指摘されることになる。

ここまでの議論によって，前57年のポンペイウスのクーラ・アノーナエ引き受けで合流した後に，アウグストゥスの権力と政策へと流れ込む二つの潮流，すなわちローマ共和政の穀物供給政策の変化と，「異例の命令権」の展開が前2世紀以来あったということが見て取れることになる。

では，なぜこうした変化が前2世紀に起きたのであろうか。前2世紀に何が起こったのだろうか。本研究の課題の核心に関わるこの問いに答えるために，今や議論は穀物供給を越えた広がりを持つことになる。第VI章では，前2世紀に成立した，政務職に関連する諸法を取り上げ，その成立の背景を考察する。そこから，海外への支配権拡大の時期において，対外問題と社会的混乱に直面した統治層内部に対立が鮮明化する中で，新たな政治理念と権力が形成されつつあり，そしてまたそれらを前提としてスキーピオ＝アエミリアーヌス P. Cornelius Scipio Aemilianus のごとき，新たなタイプの政治家が出現する，という様相を見いだすことになろう。

スキーピオ＝アエミリアーヌスの言動には，前2世紀のローマ社会が置かれていた混乱に対応した複雑さが見られる。第VII章ではさらにスキーピオを通して，前2世紀半ばの統治に関わる意識について考察を深めたい。特に風紀監察という職務に携わったスキーピオの言動を軸に，統治側，被統治側

双方における政治理念の変質の様相が，さらに鮮明に示されることになる。

第 II 章から第 VII 章までの考察は，上に説明した通り，帝政初期から前 2 世紀へと遡上するという，通常の論理構成とは異なる構成を取ることになる。この筋道を遡りつつ共和政の本質と変質を論ずることによって，序論で述べたように，筆者の問題関心が行き着く帝政の理解への見通しを明確なものとしたい。

以上に紹介した議論を支える史料について，簡単に紹介しておこう。筆者は本研究において主に文献史料を拠り所とした。西洋古代史における文献史料の限界はしばしば指摘されるところであり，同時に考古学資料，図像等を活用した新たな研究の展望には目を見張るものがある。しかし筆者の考えでは，そうであるにせよ，文献史料から我々が汲み出すことのできる情報は，未だに新たな着想に応え得るほどに豊かであり，また政治意識について考察するという本研究の方法にとっては本質的に重要である。この理由に基づいて，古代ローマ世界の言説を通して本研究を進めることにしたい。ただし，第 II 章で用いる『神君アウグストゥスの業績録 Res Gestae Divi Augusti』のように，金石文でありながら，量，質共に文献史料に匹敵する豊かさを持つものにも依拠することは当然と言えよう。

主な史料を以下に挙げておく。上述したように，第 II 章では最も主要な史料は『神君アウグストゥスの業績録』と呼ばれる，アウグストゥスの業績を記した金石文である。この有名な金石文の内容の正確さについては，既によく知られており，またアウグストゥスの穀物供給に関する具体的な記述では，史料の性質を考慮に入れても，アウグストゥスの度量の広さを強調する誇張が目に余るほどと考える必要はない[89]。これを補うタキトゥス Tacitus, スエトニウス Suetonius, カッシウス・ディオ Cassius Dio, アッピアノス Appianos についても，信憑性の問題は小さい。ただし，それぞれの理由で内容の偏向があり，『神君アウグストゥスの業績録』等との併用が必要である[90]。一方，古い時代に関しては史料が量，質共に極めて限定的である。このため第 III 章および第 VI 章，第 VII 章には困難が伴うことになる。前 3 世紀までに関しては，リーウィウス Livius が最も使用に耐え，それをディオニシオス Dionysios が補う。アウグストゥス期の政治観を下敷きにした

リーウィウスのアナクロニズムと不正確さについては夙に指摘されるが，しかし幸か不幸か，初期共和政における穀物供給事情に関するそのあまりに断片的な記述において，そのことをあまり強く念頭に置く必要はないだろう。しかし周知のように前168年以降については，リーウィウスの本文は消失しており，従って第VI章，第VII章の論考のためには，残された『概要 Periochae』のみが使用されることになる[91]。対外戦争に関しては，これに上述のアッピアノス，ディオが役立つが，なによりも前2世紀半ばまでに関しては，ポリュビオス Polybios が，偏向に配慮するならば，豊かで正確な情報を提供してくれる[92]。第III章後半および第IV章，第V章では，キケローが何よりも重要な役割を果たす。これもまた周知の通り，彼自身の強烈な政治観と政治的立場から来る言説の偏向が問題であるが，この点を慎重に配慮することによって，むしろ彼の穀物供給政策に対する厳しい姿勢を通して，当時の元老院統治支持者達の，この問題に関する微妙な姿勢が読み取れる[93]。

主要な史料としては，以上の通りであり，その数は多いとは言い難い。具体的な情報量もまた同様であり，例えば前123年の最初の穀物配給法によって導入された穀物の定期配給が決定的な意味を持つとは言いながら，実はそれが実際にどのような手続きで行われていたのかということは，史料はほとんど何も語らない。その後，前57年まで繰り返し再立法化された穀物配給法に至っては，法の内容すら，ほんのわずかしかわからない。従って，これらに関しては近年の考古学調査ないしトポグラフィックな研究の成果等を援用しつつ，関連する断片的な情報を丁寧に積み上げて，謂わば状況証拠に基づく推測を行う必要に迫られる。史料上の限界を踏まえ，そこからぎりぎりの情報を引き出しつつ，必要に応じて推論を利用する。これは謂わば歴史学研究の常道であるが，量的な面での限界が大きい古代史の研究に携わる者として，この点について努力したつもりである。

註

1) M. Gelzer, Die Nobilität der römischen Republik（以下，Nobilität.と略する），

Leipzig, 1912 (*Kleine Schriften*, Bd. 1, Chr. Meier/ H. Strasburger (hrsg.), Wiesbaden, 1962 に所収), 12ff.

2) 例えば，古山正人／本村凌二「地中海世界と古典文明」『岩波講座世界史』4，岩波書店，1998，52 頁。

3) ゲルツァーの研究についての総合的な紹介としては，彼の直弟子である3人の著名なローマ史研究者による書物，H. Strasburger/Chr. Meier/J. Bleicken, *Mattias Gelzer und die römische Geschichte*, Kallmünz, 1977. があるが，筆者は入手することができなかった。しかしこの書物の内容を踏まえた上で，20世紀初頭当時のモムゼン学説の意味，これに対するゲルツァーの立場，および1912年以降のゲルツァー理論に対するヨーロッパ学界の反応について，力点を異ならせながら，それぞれ詳しく論じているものとして，R. T. Ridley, The Genesis of a Turning-Point: Gelzer's *Nobilität*, *Historia* 35, 1986, 475ff. H. Simon, Gelzer's "Nobilität der römischen Republik" als "Wendepunkt": Anmerkungen zu einem Aufsatz von R. T. Ridley, *Historia* 37, 1988, 222ff. がある。

　日本語で書かれたものとしては，専門外の読者向けの，註を省いた内容であるとはいえ，吉村忠典『支配の天才ローマ人』三省堂，1981 の 20 頁以下の整理が的確である。

4) Th. Mommsen, *Römisches Staatsrecht*, Bde. 3, Berlin 1887-1888³ (Nachdruck, 1969, Graz) (以下，*StR*. と略する). Id., *Römishce Geschichte*, Berlin, 1881.

5) Mommsen, *StR*., Bd.3, 1026-1029; Cf. J. Bleicken, *Die Verfassung der römischen Republik: Grundlage und Entwicklung* (以下，*Verfassung*. と略する), Paderborn, 1984⁴, 264-268.

6) Mommsen, *StR*., Bd.2, 1. 647ff.; 748f. 特に 749.

7) Mommsen, *StR*., Bd.3, 1026ff. Cf. Bleicken, *Verfassung*., 264ff.

8) Gelzer, Nobilität., 17.

9) F. Münzer, *Römische Adelsparteien und Adelsfamilien*, Stuttgart, 1920 (Nachdruck, Darmstadt, 1963), 8.

10) Gelzer, Nobilität., 19; 27; 31.

11) Ibid., 20ff; 31.

12) Ibid., 32ff. クラウディウス法に関するゲルツァーのこの解釈は，モムゼン以来の伝統的解釈に連なる。ただし，ゲルツァーはモムゼンの解釈のうち，騎士身分の政治的重要性という方向性に視点を据えている。クラウディウス法に関する諸学説と，その問題点については，馬場典明「営利不関与と Plebiscitum Claudianum ── 学説整理を中心に ──」『歴史学・地理学年報』7，1983，1頁以下に詳細な整理がある。

13) Gelzer, Nobilität., 40ff; 50ff.

14) R. T. Ridley, 476ff; 496. は，ミュンツァーのゲルツァーに与えた影響を重視する。

15) Mommsen, *StR*., Bd.2, 141ff.; 173ff.; 181ff.

16) Gelzer, Nobilität., 40; 45.

17) Ibid., 46; 59f. Cf. Cic. *Leg. Agr*. 2, 3.

18) Gelzer, Nobilität., 60ff.

19) Ibid., 71ff. なお, Die römische Gesellschaft zur Zeit Ciceros, Leipzig, 1919, in *Kleine Schriften*, Bd.1（以下, Gesellschaft. と略する), 164f. においてゲルツァーは, 誠実関係を大別して次の三つと説明している。(1)近親関係（Nahverhältnis), (2)保護関係（Schutzverhältnis), (3)友誼関係（Freundschaftsverhältnis)。
20) Gelzer, Nobilität., 68-102.
21) Ibid., 121ff.; 134ff.
22) Ibid., 19; 57f.
23) Ibid., 132ff. Gelzer, Gesellschaft., 172f.
24) Gelzer, Gesellschaft., 173ff.
25) Ibid., 176ff.
26) Ibid., 183f. Gelzer, Nobilität., 95ff.
27) Ibid., 135. Gelzer, Gesellschaft., 184f.
28) 長谷川博隆編『古典古代とパトロネジ』名古屋大学出版会, 1992。
29) Münzer, 2f; 133; 317. これに対しゲルツァーは, ミュンツァーの氏族中心の党派理解を批判している。M. Gelzer, Besprechung: Friedrich Münzer, Römische Adelsparteien und Adelsfamilien, in *Kleine Schriften*, Bd.1（初出は, *Neue Jahrbuch* 23, 1920.), 207f. Cf. A. Toynbee, *Hannibal's Legacy*, vol. 1, Oxford, 1965, 315ff.
30) A. von Premerstein, *Vom Werden und Wesen des Principats*, München, 1937.
31) R. Syme, *The Roman Revolution*, Oxford, 1939. 特に 10ff.; 508ff.
32) H. H. Scullard, *Roman Politics 220-150B.C.*, Oxford, 1951. 特に 8ff. Cf. M. Gelzer, Besprechung: H. H. Scullard, Roman Politics 220-150 B.C., in *Kleine Schriften*, Bd.1, 201-210（初出は, *Historia* 1, 1950). 19 世紀におけるアナクロニスティックな学説については, H. Strasburger, 'Optimates', in *RE*. に詳しい。
33) L. R. Taylor, *The Party Politics in the Age of Caesar*, Berkley/Los Angels, 1949（以下, Caesar. と略する). Id., *Roman Voting Assemblies*, Ann Arbor, 1966.
34) E. Badian, *Foreign Clientelae (264-70 B.C.)*, Oxford, 1958, 特に 9ff; 154ff.
35) T. P. Wiseman, *New Men in the Roman Senate 139 B.C.-A.D. 14*, Oxford, 1971. 特に 1ff; 32ff.; 70ff.
36) この問題に関しては, 本書第Ⅰ章第 1 節第 2 項および註 61 を見よ。
37) 長谷川博隆「内乱の一世紀」『岩波講座世界史』2, 1969, 279-316 頁。同「パトロネジ研究の現状と問題点」, 同編『古典古代とパトロネジ』, 1-17 頁。「クリエンテラ──パトロネジの底にあるもの」同上書, 187-216 頁（共に『古代ローマの政治と社会』名古屋大学出版会, 2001 に所収。再収録にあたって, 後者の論文は,「クリエンテラ再考, その二」という副題が添えられている)。
38) 吉村忠典『支配の天才ローマ人』三省堂, 1981, 19 頁以下。同『古代ローマ帝国』岩波書店, 1998。またこの問題に関連する主要な論文が『古代ローマ帝国の研究』岩波書店, 2003 にまとめられている。
39) 弓削達『地中海世界とローマ帝国』岩波書店, 1977。
40) その他に浅香正「ローマ共和政末期の権力構造」『社会経済史大系』1, 弘文堂, 1960, 87 頁以下。楠田直樹「ローマ共和政盛期における「ノービリタース」と「政

治派閥」——その学説史的動向を巡って——」(1)『創価女子短期大学紀要』4, 1988, 73頁以下。同「ローマ共和政盛期における「ノービリタース」と「政治派閥」——その学説史的動向を巡って——」(2)『創価女子短期大学紀要』5, 1989, 167頁以下を参照。

41) Wiseman, 77ff. ワイズマンのこの理解の紹介および実証部分への批判は, 馬場典明「《T. RUFRENI》と《C. VIBIENI》——ローマ貴族〈営利不関与〉論の再検討——」『歴史学・地理学年報』3, 1979, 1頁以下。

42) R. Rilinger, *Der Einfluß des Wahlleiters bei den römischen Konsulwahlen 366 bis 50 v. Chr.*, München, 1976, 2ff. リリンガーは, スカラードが特定家系の政務官職独占の論拠としたコーンスルおよびプラエトル就任者数に関する「統計」を例にあげ, これが意味を持つためには, コーンスル, プラエトルの各就任者名が一律に伝わっている必要があるということを指摘し, しかし実際には, 特定家系の名が伝わっている可能性が強い, と述べる。

43) R. Develin, *The Practice of Politics at Rome 366–167 B.C.*, Tasmania, 1985, 13f; 43-57. XとYが共にコーンスルに就任し, YとZになんらかの人的な結合関係が証明されている場合に, 自動的にX, Y, Zを一つの党派の成員と考えるといった, あまりに短絡な推測が多いことを指摘する。その他, M. Dondin-Payre, Homo novus: un slogan de Caton à César?, *Historia* 39, 1981, 27や K. Hopkins/G. Burton, Political Succession in the Late Republic (249-50 B.C.), in Hopkins (ed.), *Death and Renewal: Sociological Studies in Roman History*, Cambridge, 1983, 41. も, わずかであり, かつ特殊性の高い史料から, 全体像を構築しようとしがちなプロソポグラフィ研究の傾向を指摘している。

44) Mommsen, *StR.*, Bd.3, 442f.

45) A. Afzelius, Zur Definition der römischen Nobilität in der Zeit Ciceros, *Classica et Medievalia* 1, 1938 (以下, Afzelius, Iと略する), 40; 55. Id., Zur Definition der römischen Nobilität vor der Zeit Ciceros, *Classica et Medievalia* 7, 1945 (以下, Afzelius, IIと略する), 150ff.

46) Afzelius, I, 83-88.

47) Afzelius, II, 199ff. Ridley, 500ff. のアフツェリウス批判は, むしろアフツェリウスの主張と重なる。

48) Dondin-Payre, 24sq.

49) Syme, 10. Scullard, 10. Bleicken, *Verfassung.*, 43. Taylor, *Caesar.*, 25. G. Alföldy, *Römische Sozialgeschichte*, Wiesbaden, 1984, 25. Strasburger, 'nobiles', in *RE*. U. Hackl, *Senat und Magistratur in Rom vor Mitte des 2. Jahrhunderts v. Chr. bis zur Diktatur Sullas*, Kahlmünz, 1982, 266.

50) P. Willems, *Le sénat de la république Romaine*, t.1, Louvain, 1878 (reimp. Darmstadt, 1968), 368. Wiseman, 2.

51) E. Meyer, *Römischer Staat und Staatsgedanke*, Zürich, 1964^3, 244-246. J. Hellegouarc'h, La conception de la 《nobilitas》 dans la Répulique romaine, *Revue du Nord* 36, 1954, 138sq.

52) F. E. Adcock, *Roman Political Ideas and Practics*, Michigan, 1959, 28; 31. D. Epstein, *Personal Enmity in Roman Politics 218-43 B.C.*, New York, 1987, 28; 31; 82.
53)「新人 homo novus」概念が常にノービレースの対立概念として用いられてきたため,「新人」概念にも当然ながら揺れがある。ここで詳説することは避けるが, 主な理解を列挙すると, ①祖先にコーンスルなきコーンスル, ②祖先に上級政務官経験者なき上級政務官, ③祖先にコーンスルなき上級政務官, ④祖先に元老院議員なき元老院議員, ⑤曖昧なもの。こうした概念の幅について, ノービリタース概念同様, ほとんど議論がなされることはなかった。
  この状況に論争を呼んだのは, ドンダン・ペールの研究であった。彼女は, ワイズマンの包括的な新人研究 (本論第Ⅰ章第1節第1項を見よ) を取り上げ, 新人を祖先に元老院議員を持たぬ元老院議員とするその規定に対して批判を加えた。すなわち, 厳密に史料上で homo novus と表現されている人物のプロソポグラフィ研究によって, 当該人物をその家系中, 最初のコーンスルないしコーンスル選挙立候補者のみであることを明らかにし, ワイズマンが挙げた 70 人の homines novi certi のうち, この基準に従って真に certi と呼びうるのは 9 人に過ぎない, と断じたのである。Dondin-Payre, 29; 39-47; 70-76.
  こうした新人研究の方向に対して, 例えばファンデルブルーク P. J. J. Vanderbroeck は, そもそも homo novus なる語には厳密な定義がなく, 従ってこの語の適用範囲は史料のコンテクストに依るということを指摘し, 厳密な定義は実態からの遊離をもたらすと主張した。こうして議論は平行線をたどる状態にある。P. J. J. Vanderbroeck, Homo novus again, *Chiron* 16, 1986, 239ff.
54) P. A. Brunt, Nobilitas and Novitas (以下, Nobilitas. と略する), *JRS*. 72, 1982, 1-4; 6-10.
55) Brunt, Nobilitas., 11f; 15. ノービリタースの排他性強化はありえたとしても, それが概念の狭小化に直結はしないというブラントの主張は説得力がある。
56) Cic. *Mur*. 17 および *Rab. Perd*. 21. Cf. Brunt, Nobilitas., 13f. Vanderbroeck, 239.
57) Gelzer, Nobilität., 41. Brunt, Nobilitas., 1. Dondin-Payre, 30sq. また K.-J. Hölkeskampf, *Entstehung der nobilität. Studien zur sozialen und politischen Geschichte der römischen Republik im 4. Jhdt. v. Chr.*, Wiesbaden, 1987, 204f.
58) Brunt, Nobilitas., 15.
59) 筆者のこうした立場と異なるものとして例えば, 砂田徹「共和政期ローマの社会・政治構造をめぐる最近の論争について」『史学雑誌』106-8, 1997, 65 頁。
60) 安井萌『共和政ローマの寡頭政治体制:ノービリタース支配の研究』ミネルヴァ書房, 2005, 13-19 頁。
61) R. P. Saller, *Personal Patronage under the Early Empire*, Cambridge, 1982. および P. Garnsey/R. P. Saller, *The Roman Empire : Economy, Society and Culture*, London, 1987. Cf., H. H. Nolte (Hrsg.), *Patronage und Klientel*, Köln/Wien, 1989. A. Wallace-Hadrill, *Patronage in Ancient Society*, London/New York, 1989.
  古代ローマ史における, このようなパトロネジ概念の使用の展開ならびに, それに対する批判については, 長谷川博隆編『古典古代とパトロネジ』に詳しい (註 38 参

照)。特に同書に収められた,吉村忠典「パトロネジに関する若干の考察」(166頁以下)および岩井経男「クリエンテラ論の再検討」(155頁以下)が強い批判を投げかけている。
62) 安井,前掲書,15頁および16-18頁。
63) 主要なものとして,U. Schlag, *Regnum in senatu*, Stuttgart, 1968. Chr. Meier, *Res publica amissa*, Wiesbaden, 1966. C. Nicolet, *Le métier de citoyen dans la Rome républicaine*, Paris, 1976. P. A. Brunt, *Social Conflicts in the Roman Republic*, London, 1971. Bleicken, *Verfassung*.
64) Z. Yavetz, *Plebs and Princeps*, Oxford, 1969.
65) Rilinger, 特に170ff.
66) Develin, 特に307ff.
67) Hopkins/Burton, 52-78 ; 99-107. Cf. Brunt, Nobilitas., 16.
68) F. Millar, The Political Character of Classical Roman Republic, 200-151 B.C. (以下 Political Character. と略する), in H. H. Cotton/ G.M. Rogers (eds.), *The Roman Republic and the Augustan Revolution*, Chapell Hill/London, 2002 (初出は *JRS.* 74, 1984), 109-142. ミラーのこの論文については,岩井経男「ゲルツァー理論の再検討――ミラー論文を手がかりとして――」『北日本文化の継承と変容』1987, 191-202頁が,いち早く紹介している。また,ミラーがこの論文で,問題提起の鍵と位置づけたポリュビオスの混合政体論における一般市民の位置づけに関しては,藤井崇「ポリュビオスとローマ共和政:『歴史』からみた共和政中期のローマ国政」『史林』86巻6号,2003,1頁以下がある。
69) F. Millar, Politics, Persuation and the People before the Social War (150-90 B.C.), in *The Roman Republic and the Augustan Revolution*, Chapell Hill/London, 2002 (初出は *JRS.* 76, 1986), 143-161. Contio の政治的重要性については,ミラーのこの論文に先駆けて,F. Metaxaki-Mitrou, Violence in the contio during the Ciceronian Age, *L'antiquité classique* 54, 1985, 180ff. また,近年には E. Flaig, Entscheidung und Konsens. Zu den Feldern der politischen Kommunikation zwischcen Aristokratie und Plebs, in M. Jehne (Hrsg.), *Demokratie in Rom? : Die Rolle des Volks in der Politik der römischen Republik*, Stuttgart, 1995, 77ff. や,H. Mouritsen, *Plebs and Politics in the Late Roman Republic*, Cambridge, 2001 といった,政治文化的視角からの総合的な研究が出ている。
70) F. Millar, Political Power in Mid-Republican Rome : Curia or Comitium?, in H. H. M. Cotton/G. M. Rogers (eds.), *Rome, the Greek World, and the East*, vol. 1, Chapel Hill/London, 2002 (初出は *JRS.* 79, 1989), 85-108.
71) L. A. Burckhardt, The Political Elite of the Roman Republic, *Historia* 39, 1990, 89ff. Flaig, 77f. M. Jehne, Die Beeinflussung von Entscheidungen durch "Bestechung" : Zur Funktion des ambitus in der römischen Republik, in *op. cit.*, 75f. P. A. Brunt, *The Fall of the Roman Republic and the related Essays*, Oxford, 1988, 18, n. 33.

国制史的観点から,共和政理解へ接近するという方法は,定説に影響を受ける諸研究の中でも存在することも併せて述べておこう。主要なものとしては,A. Lippold,

Consules : Untersuchungen zur Geschichte des römischen Konsulates von 264 bis 201 v. Chr., Bonn, 1963. Bleicken, *Verfassung.* また, 法制史側からの, W. Kunkel, Magistratische Gewalt und Senatsherrschaft, *ANRW* 1-2, Berlin, 1972, 3-22.

72) J. A. North, Democratic Politics in Republican Rome, *P. & P.* 126, 1990, 7ff.

73) 主要なものとして, A. N. Sherwin-White, Violence in Roman Politics, *JRS.* 46, 1956, 1ff. L. R. Taylor, Forunners of the Gracchi, *JRS.* 52, 1962, 19ff. E. Badian, From the Gracchi to Sulla, *Historia* 11, 1962, 197ff. P. A. Brunt, The Roman Mob, *P. & P.* 35, 1966, 3ff. E. S. Gruen, P. Clodius Pulcher : Instrument or Independent Agent?, *Phoenix* 20, 1966, 120ff. Yavetz, *op. cit.* J. von Ungern-Sternberg, Die Popularen Beispiele in der Schrift des Auctors ad Herrenium, *Chiron* 3, 1973, 143ff.

74) 主要なものとして, P. Veyne, *Le pain et le cirque. Sociologie historique d'un pluralisme politique*, Paris, 1979. A. Lintott, *Violence in Republican Rome*, Oxford, 1999^2 (1st. ed. 1968). J.-M. Perelli, *Il movimento popolare nell'ultimo secolo della repubblica*, Torino, 1982. P. J. J. Vanderbroeck, *Popular Leadership and Collective Behavior in the Late Roman Republic*, Amsterdam, 1987. H. Benner, *Die Politik des P. Clodius Pulcher. Untersuchungen zur Denaturierung des Clientelwesens in der ausgehenden römischen Republik*, Stuttgart, 1987. W. Nippel, *Public Order in Ancient Rome*, Cambridge, 1995, 47ff. ; esp. 70ff. Cf. Id., Die Plebs urbana und die Rolle der Gewalt in der späten römischen Republik, in H. Mommsen/W. Schultze (Hrsg.), *Vom Elend der Handarbeit*, Stuttgart, 1981, 70ff. および I. Malkin/Z.W. Rubinsohn (eds.), *Leaders and Masses in the Late Republic*, Ann Arbor, 1995 の各論。

75) F. Millar, Popular Politics at Rome in the Late Republic, in H. H. Cotton/G. M. Rogers (eds.), *The Roman Republic and the Augustan Revolution*, Chapell Hill/London, 2002 (以下, Popular Politics. と略する), 91ff. Id., *The Crowd in Rome in the Late Republic*, Ann Arbor, 1998.

76) 主要なものとして, J. Linderski, Buying the Vote : Electoral Corruption in the Late Republic, *Ancinet World* 11, 1985, 87ff. A. Lintott, Electoral Bribery in the Roman Republic, *JRS.* 80, 1990, 1ff. J. Patterson, The City of Rome : Republic to Empire, *JRS.* 82, 1992, 186ff. A. Yakobson, Petitio and Largitio : Popular Participation in the Centuriate Assembly of the Late Republic, *JRS.* 82, 1992, 32ff. Id., *Elections and Electioneering in Rome*, Stuttgart, 1999. R. Laurence, Rumour and Communication in Roman Politics, *G. & R.* 41, 1994, 62ff. K. -J. Holkeskamp, Oratoris maxima scaena, in M. Jehne (Hrsg.), *Demokratie in Rom?*, Stuttgart, 1995, 11ff. H. Mouritsen, op. cit. G. S. Sumi, *Ceremony and Power : Performing Politics in Rome between Republic and Empire*, Ann Arbor, 2005.

77) 吉村忠典の論文集, 『ローマ帝国の研究』岩波書店, 2003 に収められた諸論文の中で, 特にこの問題に関連するものとして, 「ローマ帝国という名の国際社会」(初出は『国際交流』第 16-1, 1993), 「法的権力と法律外権力のあいだ」(初出は『湘南国際女子短期大学紀要』創刊号, 1993), 「公職と反公職 : 古代ローマ共和政期の公職をめぐって」(初出は『歴史と地理』 8/11 月号, 2000) (特に註 44) を挙げておく。

78) 安井, 前掲書, 特に 19 頁以下。また, 本論第 III 章と第 V 章を参照せよ。ミラー説を消化した研究史整理, 研究としては, 砂田徹の諸研究が重要。砂田徹「P. クロディウスをめぐる最近の諸研究」『名古屋大学文学部研究論集』107, 1990, 87 頁以下。「選挙買収禁止法とローマ共和政末期の政治」『名古屋大学文学部研究論集』113, 1992, 23 頁以下。「共和政期ローマの社会・政治構造をめぐる最近の論争について」『史学雑誌』106-8, 1997, 63 頁以下。また, 毛利晶「共和政ローマのイマーギネース権」『史学雑誌』112-12, 2003, 38 頁以下。
79) 例えば Millar, Political Character., 141f. Id., Popular Politics., 168.
80) コーネル T. Cornell は, 共和政の時間的推移に伴う変化に注目するが, 彼の考察の対象は共和政初期段階である。T. Cornell, The Conquest of Italy, in *CAH.*, vol. 7-2, Cambridge, 1989², 345ff. Cf. T. P. Wiseman, Democracy and Myth : The Life and Death of Remus, *LCM.* 16, 1991, 115ff.
81) 安井, 前掲書, 19 頁以下。
82) A. Lintott, Democracy in the Middle Republic, *ZSS.* 104, 1987, 34ff. North, 14ff. E.S. Gruen, The Exercise of Power in the Roman Republic および W. Eder, Who Rules? Power and Participation in Athen and Rome , in A. Molho/K. Raaflaub/J. Emlen (eds.), *City States in Classical Antiquity and Medieval Italy*, Ann Arbor, 1991. M. Jehne (Hrsg.), *Democratie in Rom.?*, Stuttgart, 1995 中の各論文。なお, この論争の 1995 年段階までの展開については, 石川勝二「共和政ローマと民主政」『西洋史研究』新輯 24, 1995, 1 頁以下に詳しい整理がある。
83) Juv. 10, 78-81 : "nam qui dabat olim imperium fasces legiones omnia, nunc se continet atuque duas tantum res anxius optat panem et circenses." (「かつては支配権, 政務職そして軍団といったことすべてに力を注いでいた市民達も, 今や萎えきって, たった二つのことにのみ気を取られている。すなわち, パンとサーカスのみに。」)。
84) 主要なものとして, P. Garnsey, *Famine and Food Supply in the Graeco-Roman World : Responses to Risk and Crisis*, Cambridge, 1988 (松本宣郎・阪本浩訳『古代ギリシア・ローマの飢饉と食糧供給』白水社, 1998)。P. Garnsey/D. Rathbone, The Background to the Grain Law of Gaius Gracchus, *JRS.* 75, 1985. 20ff. G. Rickman, *The Corn Supply of Ancient Rome*, Oxford, 1980. C. Virlouvet, *Tessera frumentaria : les procédures de distribution du Blé publique à Rome à la fin de la République et au début de l'Empire*, Rome, 1995. P. Veyne, *op. cit.* 本村凌二「パンとサーカス —— 地中海都市における民衆文化のひとつの原像として」『地中海学研究』9, 1986, 7 頁以下。
85) 穀物供給に関する史料は, 本論第 II, III, IV, V 章中で, 適宜挙げることにする。
86) この問題については, 本論第 IV, V 章で詳しく論ずる。
87) F. Millar, Popular Politics., 173 ; cf. 177.
88) この問題については, 本論第 III 章で詳しく論ずる。
89) P. A. Brunt/J. M. Moore, *Res Gestae Divi Augusti*, Oxford, 1978².
90) タキトゥス：H. W. Benario, *An Introduction to Tacitus*, Athens, 1975, 1ff. スエトニウス：B. Baldwin, *Suetonius*, Amsterdam, 1983, 101ff アッピアノスとディオ：A. M.

Gowing, *The Triumviral Narrative of Appian and Cassius Dio*, Ann Arbor, 1992, 1-32.
91) R. von Hahling, *Zeitbezüge des T. Livius in der ersten Dekade seines Geschichtswerkes : Nec vitia notsra nec renedia pati possumus*, Stuttgart, 1986, 116ff. G. B. Miles, *Livy : Reconstructing Early Rome*, Ithaca/London, 1995, 8ff. 毛利晶「伝説とローマの歴史記述」『ギリシアとローマ：古典古代の比較史的考察』河出書房新社, 1988, 327頁以下。
92) F. W. Walbank, *A Historical Commentary on Polybios*, Oxford, 1970. Id., *Polybios*, Berkley/Los Angeles/London, 1972.
93) D. R. Shackleton-Beiley, *Cicero*, London, 1971.

第 II 章

アウグストゥス期における都市ローマの穀物供給制度

はじめに

　古典古代において食糧，それも基本食糧としての穀物の安定確保が，いかに重要かつ困難であったか，またそのために都市と農村において住民が，いかに多様な戦略をとったのかということを，例えばピーター・ガーンジィの大著『古代ギリシア・ローマの飢饉と食糧供給』が，包括的，具体的に叙述している[1]。この書物では食糧危機およびそれへの対処のメカニズムについての全般的議論の後に，個別研究としてアテーナイとローマの食糧供給制度の発展が扱われているが，その際ローマについては食糧供給が，帝国統治との連関に限定して論じられていることが特徴的である。すなわちここでは，ガーンジィ自身が序論の中で明快に述べる「伝統的と言ってよい課題であるローマ支配の本質という問題」が議論の中心となるのである[2]。ローマの食糧供給と政治とのこの強い関連づけは，決してガーンジィ一人のものではなく，19 世紀末以来のこの分野における諸研究に共通する特色と言えよう。食糧供給研究が本格的に開始された当初より，ローマにおいてはアウグストゥス期以来，食糧供給のための長期的な政策とそのための皇帝権の強度の介入——すなわち具体的には都市ローマへの食糧供給・分配のための制度確立ならびにそのための帝国全域に及ぶ統制——があったという認識に基づき，この制度および統制の性格を通して，それらを支えているはずの帝国支配の本質を考察するという視座が示されていたのである。従って考察は最初から，制度が確立したと考えられてきた帝政期を中心に行われてきた。そ

の後，こうした事実認識に対する批判を含んで，制度・統制の性格ならびにその貫徹の度合いをめぐった議論が展開されてきた[3]。最初に本章の前提となる帝政期の食糧供給事情全体を四点に整理しつつ，先行研究におけるこの議論を概観してみよう。

　第一に，基本食糧である穀物が住民の手に渡る主要な方法として，市場の役割が挙げられねばならない。帝政期においてはイタリア半島外で生産された穀物が市場を支えていたが，そこに至る経路は極めて多様，複雑であった。私的取引とならんで，国家が——保有する穀物の市場放出ならびに市場で取引される穀物の買い上げという形で——参加する取引もあり，それら全てに在地ならびにローマの商人と，また多様な出身，規模の船主が関与していたからである[4]。それだけに都市住民への食糧供給は，多様な要因——生産，流通，販売および税制の各方面における——によって作用を受けることになった。

　これとならんで第二に，都市ローマ市民に対しては穀物の定期配給が国家によって行われていた。これは前123年の「穀物供給に関するセンプロニウス法 Lex Sempronia de frumentaria」によって導入された制度を継承するのだが[5]，帝政期におけるこの配給の実効性および理念については，後述するように先行研究の見解が分かれるところである。

　一方，市場での取引および定期配給を補う形で，住民への食糧供給を支えていたのが，私的な施与であったということが，第三に挙げられねばならない。このことは長年ローマ政治史研究の根幹をなしてきた保護関係と，近年注目されつつあるエヴェルジェティズム évergétisme なる概念双方に関わる。上述のガーンジィをはじめとする諸研究は，市場の優越を補う形でこの施与が大規模に展開されることにこそ，帝政期の食糧供給の本質を見るのである[6]。

　このように帝政期における食糧供給は通常，上に確認した三つの方法で行われていた。これに加えて食糧不足ないし価格高騰といった危機的状態が生じた場合に，第四の方法として国家による短期的な対応が行われる。史料はその多様なあり方を教えてくれるが，穀物臨時配給あるいは定期配給量の割り増し，都市からの人口の「排出」，商人および船主への輸入奨励ならびに

国家による損害補償,最高価格設定などがその主たるものであった。こうした対応はあくまでも「一時しのぎ」のものであり,一旦危機が去った後に継続されることはなかったようである[7]。

従って,帝政期の食糧供給に関して先行諸研究が議論を展開させてきた制度・統制とは,第四点に挙げた短期的な対応よりも,第一点および第二点に関して,より長期的な供給政策に基づいた生産,流通,販売,税制そして配給といった供給の諸側面における国家の対応に関することおよびそれらと第三点の施与との位相なのである。ヒルシュフェルト O. Hirschfeld に始まって,最近ではヘルツ P. Herz などに代表される,帝政期の食糧供給制度の貫徹を主張する見解は,国家が生産地における生産,調達,輸出ならびにローマ市場における価格・販売量等への強度の統制を敷いていたこと,港湾・備蓄設備の整備が進められていたこと,穀物の定期配給が市民を対象に大規模に行われていたこと,そして何よりもこうした食糧供給のための担当部局が設置され,「食糧供給長官 Praefectus annonae」を最高責任者とする専門の行政組織が設置されたことを論拠とする[8]。これに対してカルディナリ G. Caldinali 以来の,制度の存在そのものを認めはするものの,その貫徹を否定し,むしろ市場における住民の自己調達と,第三点に挙げた有力者（特に皇帝）による私的な施与こそが帝政期の食糧供給の特徴であり,皇帝による全体的な食糧供給政策は存在しないということを強調する見解がある[9]。このように先行諸研究においては,アウグストゥス期に導入され,それ以降発展したと言われる帝政期の諸制度の性格について著しい評価の相違が見られる。

一方,帝政期の食糧供給制度に関する議論が,やがて共和政政治史にも及んだのは自明のことであった。しかしそれは帝政史研究の視座から,その前段階としての共和政の状況が問われたのである。共和政期においては,基本的に穀物供給は各住民の自力での調達ないしは施与という形で行われた,と理解される。また前123年に穀物配給法が施行されて以来,都市ローマ在住市民への穀物の定期配給が制度化されるが,それ以外の面では穀物供給制度は導入されなかった。例えばファン・ベルヒェム D. van Berchem は,帝政期における食糧供給政策の欠如を主張する前提として,共和政の食糧事情に

触れ，そこでの供給制度の不在を統治の本質と結びつけて論じ，少なくとも3世紀以前は，帝政社会は共和政以来の市民共同体的社会を，また皇帝統治の本質は共和政の寡頭政的統治のそれを継承していると主張するのである[10]。

他方，共和政末期に現れる食糧供給制度の萌芽，特に前123年以降たびたび現れる穀物配給法については，所謂内乱における政治闘争の脈絡の中でも扱われてきた。つまり民衆派の政治的手法の一つとして数え上げられるに留まったのである[11]。要するに，共和政の食糧供給については，それ自体をテーマとする研究が育つ土壌に乏しかったのであった。

本章では，帝政の穀物供給諸制度に関する研究史の対立を踏まえ，とりわけこれら諸制度の原型が整備されたと考えられるアウグストゥス期を対象とし，上に見た帝政期の四つの穀物供給の局面における第二点，すなわち制度・統制が，どの程度制度が導入されたのか，またその実効性，特に他の三つの局面（市場，施与，危機への短期的対応）と相対してのそれを整理してみることにする。ここから帝政期の穀物供給制度への評価を下すことによって，共和政期の穀物供給事情に関する検討の突破口を見いだしたい。

なお，この議論では，食糧供給制度全般を扱う余地はなく，穀物（特に小麦）の供給のみに焦点を当てたい[12]。さらに，都市ローマのための穀物供給制度に議論を限定する[13]。また，穀物の私的な施与については，上に述べたようにその規模と重要性は大きなものであったが，本章では，供給の制度的側面を検討するという目的に沿う限りでのみ，論じることにする。

第1節　アウグストゥスのクーラ・アノーナエ

なによりもまず，前22年にアウグストゥスが引き受けた「食糧供給のための配慮 Cura annonae（以下，クーラ・アノーナエと表記する）」の性格を論じるところから議論を出発しよう。これが皇帝による穀物供給の引き受けの最初の表明であり，実際，この時点以降，アウグストゥスによる穀物供給への介入が開始され，供給諸制度の導入が進められると考えられるからである。

一般に穀物供給についての史料の言及は危機的状況に集中しており，アウグストゥス期の穀物供給に関しても事情は同じである。アウグストゥス期には戦争，不作，天災ならびに投機目的の価格操作等によって計7回の食糧危機が知られている[14]。治世41年の間の回数であるから，平均すれば約6年に一度はなんらかの形で食糧危機が起きていることになり，このことがまずこの時期の食糧事情の不安定さを表していると言えよう。他方，史料状況という観点で言うならば，このためアウグストゥス期の穀物供給状況については，相当幅広く情報を得ることができるという利点がある。これら危機に関する史料の叙述全体に見える顕著な特徴は，こうした危機的状況において都市住民が権力者側に請願や暴動といった形で事態解決の要求を突きつけていることであり，またこうした要求に応えてアウグストゥスが多様な，きめ細かい対応を行っていることである。

前22年のクーラ・アノーナエ引き受けもまた，深刻な飢饉と民衆の騒乱の結果行われた。

「……飢饉に追いつめられたローマ人達は……（中略）……彼（アウグストゥス）を独裁官に選ぼうとし，元老院議員達を議場に閉じこめて，この方策を支援しなければ彼らを建物ごと焼き払うと脅した。次に彼らはアウグストゥスに……（中略）……独裁官に就任することと，かつてポンペイウスが行ったような食糧供給のための配慮をなすことに同意するよう懇願した。彼は後者をいやいや引き受け，毎年，5年以上前にプラエトル職を経験した者の中から二名を選んで，穀物配給の管理を行わせるようにと命じた。」(Dio 54, 1-4. 括弧内は筆者の補足。以下，同様)

ここで注目されるのはアウグストゥスのクーラ・アノーナエが「かつてポンペイウスが行ったような」ものと認識されていたことであろう。それは共和政末期の前57年に起きた同様の深刻な飢饉の際に，ポンペイウスがクーラ・アノーナエを引き受けたことを指している[15]。

ガーンジィは，前57年と紀元22年との共通性を，クーラ・アノーナエ引き受けの際の民衆の暴力という共和政末期以来の政治要因と，それを考慮に

入れた統治者の政治的思惑との中に見いだしている。彼は共和政末期の穀物供給をめぐる状況に，自覚的に暴力によって自らの要求を突きつけるようになった民衆と，「穀物配給に反対する基本姿勢」を堅持しつつも，今やこの民衆の政治的危険性（あるいは重要性）に抗しきれずにやむなく譲歩する統治側という構図を見いだすのだが[16]，この構図をアウグストゥスのクーラ・アノーナエ引き受けにもあてはめるのである。要するにガーンジィの見解に従えば，皇帝はクーラ・アノーナエを引き受けはしたものの，それはあくまでも都市民衆という一政治要素との関係における一種の戦略であり，そこには本質的には皇帝の積極的な穀物供給政策といった性格は見いだされないわけである。そのことは皇帝の穀物供給についての彼の「下からの圧力の危険性と実在性こそが，食糧危機に対する皇帝の短期的，長期的対応を余儀ないものにしていたのである」という言葉によく表れている[17]。

　しかし前22年の事態に関して，他に手がかりがないのならばともかく，ガーンジィのこのような方法のみで皇帝の穀物供給に対する姿勢が説明できたと考えるのは，あまりに一定の共和政治像を前提とした先入主に頼りすぎると言わざるをえないのではないだろうか。ディオは前57年との共通性について触れる前に，それに関連する具体的な状況を述べているのである。まずその部分を通して，ディオによって，前57年との共通性が，どこに見いだされているのかを明確にすることから始めるのが妥当であろう。すなわちそれは第一に都市住民が元老院に事態改善の要求（というよりも脅迫）をなしたが，効果がなかったために皇帝に穀物供給の責務を要請したこと，第二に都市住民は最初アウグストゥスに（政務職であるところの）独裁官職引き受けを求めたが，アウグストゥスはそれを拒否して，「ポンペイウスが行ったような」クーラ・アノーナエを引き受けたという箇所に表れている。こうした叙述からポンペイウスとの共通性として，ガーンジィが述べるようなクーラ・アノーナエ引き受けの政治的動機を読み取ることは無理がある。むしろ自然な読み方としては，対処の内容そのもの，およびそのための権限こそが「ポンペイウスが行ったような」の中に見いだされるべきなのである。

　ではポンペイウスが行った「配慮」の内容と権限とはいかなるものであっ

たのだろうか。この問題については第IV章において詳説するので，ここでは簡単に述べるに留めるが，「配慮」の内容は生産地での穀物調達，輸送のための商人および船主との交渉ならびに彼らへの特権賦与，そしてローマでの穀物配給における受給者枠の制限という，穀物の調達および配給という両側面に及ぶ広範囲（機能面だけではなく，空間的にも，これらのために用いられた方策という面でも）にわたるものであった。次にこれらをなしえるための権限として，ポンペイウスは（政務職在職者としてではなく）私人として，共和政の制度においては異例の命令権を獲得したと共に，実務において彼を（政務職在職者としてではなく私的に）代理する15人の「副官 legati」をも指名することができたのである[18]。つまりは，内容について言えば上に挙げた共和政期の穀物供給の基本事情についての理解と大いに異なり，またそれ以上に，権限に関して共和政の枠を逸脱していたのが前57年のポンペイウスのクーラ・アノーナエに備わった特徴であるということができる。こうした「配慮」の内容および権限の特徴と共通するとディオが見なしたのであるとすれば，アウグストゥスが前22年に引き受け，それ以降も引き受け続けた「配慮」もまたこのようなものとして考えられていた，と類推され得るのではないだろうか。では実際穀物の調達，分配の両面に及ぶ広範囲な活動と，共和政の制度を越えた権限がアウグストゥスの「配慮」においても認められるのだろうか。次にアウグストゥスのクーラ・アノーナエの具体的内容を，穀物供給に関わる諸側面について検討する作業に移ろう。

第2節　生産，調達，確保

この時期の都市ローマにおける穀物年間総消費量ならびに年間総供給量を正確に知ることは，先行研究による多くの試みがなされたにもかかわらず，都市人口とならんで穀物生産量ないしローマ向け輸出量等についての信頼に値する情報に乏しい以上，困難であると言わねばならない。しかし一定程度の信頼性を持つ数字として，都市人口は100万人程度とみなされることが多く，本論もそれに従うことにする[19]。この巨大な人口を支える穀物の年間必要量は，一人あたりの年間消費量の推定値から算出して3,000万モディウス

(約20万トン) とも4,000万モディウス (約27万トン) とも言われる[20]。こうした穀物の大部分は海外, とりわけアフリカ, エジプト, シキーリア, サルディーニアといった属州からの税・地代ならびに輸入品として調達されたと考えられる。最初に海外生産地におけるローマ向け穀物の生産, 調達, 確保の状況を確認しよう。

　エジプトがアウグストゥスによって獲得されたことはあまりに有名であろう。またその治世末期には, 共和政末期より最大の穀物供給地であったアフリカ北部において支配領域の拡大が行われている。この二地域の供給する穀物量は膨大であり, 一説には都市の年間穀物需要量の三分の一をエジプトが, 三分の二をアフリカが供出しえたとも言われている。無論「供出しえた」ということは, 現実に「供出した」と受け取るべきではないにせよ, こうした表現が意味するところは, この地の獲得がアウグストゥス期以降の穀物供給を支える重要な要因であった, ということであろう[21]。アフリカにおける, ネロ以降の皇帝所領についてはよく知られているが, アウグストゥスの対応はほとんどわからない[22]。これに対して, エジプトに関してはアウグストゥスがこれを自らの管理下に置き, この地への元老院議員の立ち入りを禁止した上, 自身の代理人である「エジプト長官 Praefectus Aegypti」職を設定して, これにエジプト統治の実務を担当させるという, 異例の措置をとったこと, そしてこの統治体制が, その後の皇帝達に引き継がれたことがよく知られている。この措置自体は無論, 帝国内においてエジプトの持つ全体的な経済的重要性によるものであるが, その中で穀物生産が占めていた役割は疑えない[23]。エジプト長官は皇帝代理人であるため, その行動の責任は全て皇帝に負っていた (後述)。エジプトの穀物生産地からの税は物納 (主に小麦) であり, その徴収はエジプト長官の管理下に置かれた[24]。また穀物の輸出量および輸出先が統制下に置かれていたことを示唆する諸史料が知られているが, その権限が, エジプト長官と食糧供給長官のいずれにあるのかが不明瞭であり, 諸研究の見解が分かれるところである[25]。だがいずれにせよ, エジプトからの穀物輸出が, 皇帝の統制下にあった, ということに変わりはない。

　またこの行政制度に加えてスエトニウスは, アウグストゥスがエジプトの

農業生産に改良を加えようとしたことを伝えている[26]。

共和政期からの有力な穀物生産地であるシキーリア，サルディーニアについて，この時期の情報はほとんどなにも分からない。シキリアにおける現物納から金納への税制改革が，アウグストゥスによって行われたものであるという，かつてロストフツェフが唱えてリックマンが再び採った考えが正しいならば，それはエジプト，アフリカによる安定供給を見越した，全体的な穀物調達のヴィジョンの存在を意味しているかもしれない。付け加えるならば，同様の税制改革は，既に前2世紀以降に行われたことが知られている[27]。

第3節 輸送，備蓄

輸送，備蓄への皇帝の介入としては，アウグストゥス期よりも遅く，クラウディウスによるオスティア港の拡張，ネロの運河建設の計画やトラヤヌスのオスティア港再拡張などがよく知られている[28]。だが詳細は分からないものの，既にアウグストゥス期に，エジプトからの穀物が到着するプテオリ港の拡張ならびにオスティア港の整備が試みられた，と言われる[29]。

一方，アウグストゥスが，食糧危機の際に，自分の穀物倉庫から穀物を引き出して配給したことは，少なくとも彼が危機に備えて，恒常的に穀物備蓄を行っていたことを窺わせる[30]。さらに紀元19年に，ゲルマニクスが飢饉に苦しむ市民のためアレクサンドリアの穀物倉庫の穀物を放出したことが知られており，プトレマイオス期以来の穀物倉庫がローマ向け穀物の備蓄のために使用されていたことがわかる[31]。しかしカッソンが指摘するように，アウグストゥス期のみならず，その後の諸皇帝達の時代にも，穀物備蓄が食糧不足ないし不足への恐怖を払拭した様子はなく，その果たしえた機能が限定されていたことは確かであろう。

アウグストゥス期における，この分野での最重要事項はむしろ，ミセヌム，ラウェンナへの艦隊の配備である[32]。共和政期には海賊の横行が穀物輸送にとって大きな脅威であった。とりわけ前1世紀前半には，そのため食糧危機が頻発し，対策として前67年にはポンペイウスに最初の「異例の命令

権」が賦与されることになった。この経緯については，第Ⅴ章で詳しく述べられることになる。共和政期を通じて，統治者がなしえなかった海上輸送の恒常的な安全確保は，アウグストゥス期に初めて保障されたことになる。これがアレクサンドリア商人達にいかに歓迎されたかをスエトニウスが伝えている[33]。また紀元6年の食糧危機に関連してディオは次のように述べる。

「多くの地方において海賊が横行し，その対策としてサルディーニアに元老院議員の総督に代わって何年間も騎士身分の司令官の下で兵士が駐屯した。」(Dio, 50, 28, 1.)

この措置自体は短期的なものであろうが，アウグストゥスが海上交通の安全，特に海賊への対処のために配慮していたことを示唆している。

第4節　ローマでの供給——市場と配給——

アウグストゥス期に，穀物の生産，調達，輸送および備蓄が，皇帝によって一定程度保障される機構が形成されつつあったことが確認された。だが既に述べたように，共和政期以来，穀物供給において実際的な業務を遂行したのは商人と船主であった。ここから次に統治者側の商人・船主への介入の度合いが問題となる。

この問題は，供給のもう一つの側面と共に論じられねばならない。すなわちローマにおける穀物定期配給の実効性ならびに理念の問題である。実際に都市住民の手に穀物が渡る場において，市場，配給，私的な施与のうちどの要素がどの程度の重要性を担っていたのかを特定できないという事情を背景として，皇帝の市場への介入の度合いと，配給，施与の果たした役割との位相に関して，先行研究の見解が最も大きな食い違いを見せることになったからである。

輸入においては無論のこと，税についても穀物の調達，輸送，市場放出の際の販売は全て商人に請け負われていた。一方，定期配給は受給者枠が設定されている上，直接の受給者である成人男性市民に，月5モディウス（約

45リットル）の配給が行われるのみであるため，これだけで都市人口全体が支えられることは無論不可能である（後述）。いずれにせよ都市住民が市場に依存していたことは疑いない。その意味で供給全体における商人および船主の重要性そのものについては，先行研究の見解の相違はないといってよい。問題はその程度であり，また彼らへの統治者側からの介入の性格とその度合いである。初期の諸研究が信じたように，輸出量，輸出先，価格等に対して，統治側が商人・船主へ直接的・恒常的に強力な統制を行っていた可能性は，近年一般に否定される傾向にある[34]。だが上述のように生産地において一定程度の生産および搬出の調整があった他，ローマにおいては紀元1世紀中葉以降，国家が保有する穀物の市場放出によって市場価格の安定化を計るという手段が知られている[35]。

さらに，特にアウグストゥス期に関して重要と思われるのは，商人・船主に対する規制を含む「食糧供給に関するユリウス法 Lex Iulia de annona」が，おそらくアウグストゥスによって導入されたことである。この法の導入の経緯については知られていないが，内容は，市場における穀物価格の操作およびそのための談合と，穀物海上輸送に対する妨害に関する二つであった[36]。

他方，皇帝による商人・船主への多様な保護，奨励については多くの史料が残されている。例えば紀元2世紀以降，穀物商人ならびに，特に穀物船建造者への多様な義務免除があったことは法史料の中で度々語られていることである[37]。また，穀物商人・船主の組合編成が奨励された。このことは皇帝による直接的統制を意味しないというリックマンの主張を受け入れるとしても，彼自身が言うように穀物供給に貢献可能な商人・船主の実態把握と活動の奨励という意味は否定できない[38]。さらにこの種の法規定の根拠が，クラウディウスによる，穀物商人への海上輸送中の損失補塡ならびに船舶建造者への諸特権賦与にあったことも周知のことである[39]。商人・船主への保護および特権賦与という，ポンペイウスのクーラ・アノーナエに見られた対応は，帝政初期段階において制度的に確立したことになる。

こうした保護，奨励の事実は，カッソンが主張するように，むしろそれ自体で古代ローマ世界を通じての，市場の絶対的優越と穀物供給制度の欠如を

意味するのであろうか[40]。現時点で，他の時代，地域におけるそれと比較して，この古代ローマの状況が際立って制度の欠如を表出しているかどうかを論じる余地も力量も，筆者にはない。ただ共和政の穀物供給のあり方と比較するということに限定するならば，こうした保護，奨励は，市場の優越という点では変わりない前1世紀中葉以前までに比して，明らかに統治側から商人への介入度の強化を示唆していると言えよう。この問題については，第Ⅲ章において，共和政期の状況に関連して再び取り上げよう。

ただしアウグストゥス期については，この種の対応は明確には伝えられていない。プテオリ港での，アレクサンドリア商人達のアウグストゥス賛美は，単に海上交通の安全のみではなく，ガーンジィが言うようになんらかの特権賦与をも暗示しているのかもしれない。この時，アウグストゥスが随行に大金を与え，その金でアレクサンドリア産品のみを買うことを約束させたことを，その脈絡で読みとれば，である[41]。また同じくスエトニウスは，彼が農民，都市住民とならんで商人に対しても配慮したと述べている[42]。

一方，諸史料はアウグストゥスによる都市住民への穀物の分配について，多くの言及を与えている。これについて先行研究は，具体的には定期配給における受給者の数および資格を問題としてきた。

まず受給者数の制限について考えてみよう。『神君アウグストゥスの業績録 Res gestae Divi Augusti』は，異なる数に対しての様々な施与に言及している。

「父（カエサル）の遺言により，（前44年に）ローマの民衆一人あたりに400セステルティウスを与え，第五次コーンスル職の年（前29年）には，余自身の名において300セステルティウスを戦利品から与えた。二度目には第十次コーンスル職の年（前24年）に，余の世襲財産から一人あたり400セステルティウスを「祝儀」として与え，第十一次コーンスル職の年（前23年）に，私費で賄った穀物で，十二回配給が行われた。三度目は第十二次護民官職の年（前12年）に，一人あたり400セステルティウスを与えた。これらの余の「祝儀」は決して25万人を下回らなかった。護民官職の第十八年目すなわち第十二次コーンスル職の年（前5年），都市民

衆32万人に，一人あたり60デナリウスを与えた。……（中略）……第十三次コーンスル職の年（前2年），公けの穀物を受給していた民衆に60デナリウスを与えた。それは20万人を少し超えていた。」[43] (*Res Gestae.* 15.)

また前18年以降，たびたび10万人かそれ以上が，現金や穀物を受給している[44]。これらは前2年を除いて，定期配給そのものの受給者ではない。だが諸研究は，アウグストゥスが私的な施与を行う際の対象者を定期配給受給者と見なし，こうした大規模な穀物配給は前2年以降縮小されたと考えるのである[45]。それはディオが次のような言及を残しているからである。

「アウグストゥスは，以前は固定されていなかった穀物受給者の数を20万人に制限した。そしてある者が言うように各人に60デナリウスを施与した。」(Dio 55, 10, 1.)

この記述と，アウグストゥスによる戸口再調査についての，スエトニウスの記述とを組みあわせると，前2年に穀物受給者の大幅なリスト改定があったと考えられる。

「市民団の戸口再調査を街区ごとに行い，そして穀物配給受給者が頻繁な配給のために仕事から呼び出されずにすむように，一年に三度，四ヶ月分の（受給用の）札を与えることを定めた。しかし古い習慣を希望した者達には，毎月，その月の札を受け取ることを許した。」[46] (Suet. *Aug.* 40, 2.)

ここから，冒頭で挙げた共和政以来の政治的思惑が語られる。すなわちアウグストゥスは都市民衆の反応を配慮して配給を行ったが，自身の権力が確定するやその縮小に乗り出した，と[47]。

だが，『業績録』の伝える複数の数字が，定期配給の受給者の数と一致するかどうかは確定できないのである。確かにディオは前2年に，初めて受給者数が固定されたと言う。そして前2年以前に，はっきり定期配給受給者数として知られている数は，前46年のカエサルによる，32万人から15万人

への引き下げだけである[48]。この数のみを取り上げるならば、前2年の固定はむしろ受給者増を示していることになる。

　前123年の定期配給制度導入以降、配給受給者数になんらかの制限がおかれていたことの方が常態と考えるべきであろう[49]。このことは実際上の制約から必要であったはずであり、政治的思惑と結びつけられる必要はない。結局のところ無制限の配給が不可能であることは自明である。特に、前58年のクロディウス法が定期配給を無料化して以来、急速に奴隷解放が進み、それゆえ翌年、ポンペイウスが解放奴隷リストを再調査せねばならなかったことは、資格制限だけでは受給者の増大が抑えられなかったことを示している[50]。おそらく受給者数は固定化されていたが、状況に応じて改定されたと考えるべきであろう。つまり受給者数の固定化自体が、配給そのものへの否定的姿勢を示しているとは言えないのである。そして上述のように前2年の固定化は、確実な情報のみから推論すると、受給者数の増加を意味していたということになるのである。

　さて受給者20万人という数が持つ意味を考えてみよう。上述のようにこれは成人男性のみを対象としている。毎月5モディウスの配給量が、約1.5人分の食糧を支えるという説を単純にあてはめると、30万人が、配給のみで最低限ではあるにせよ生活できたことになる[51]。この数値を多いと見るか、少ないと見るかは、結局のところ相対的な問題ではあるが、単純に言って都市人口100万人の三分の一が、恒常的に国有穀物によって支えられており、また国家がそれを税収から賄えたという状態を、市場の優越と呼べるであろうか。アウグストゥス期の穀物供給において、定期配給の果たした役割は小さなものではないと考える方が妥当であるし、しかもアウグストゥスがそれを縮小しようとしていた証拠はないのである。

　帝政期の配給における限界は、受給者数にではなくむしろ受給者資格の設定に見出されるべきである。ファン・ベルヒェムは、アウグストゥスが市民権、ローマ居住、ローマ人としての「原籍origo」という三条件を設定して以来、これが配給の基準となったと考えた[52]。そしてこうした資格基準の強化によって、都市ローマにおける、共和政以来のローマ市民権保持者の特権的性格が決定づけられたことに、帝政期の穀物供給における都市共同体的性

格の存続を見いだすのである[53]。配給自体が大規模であるとしても，それがローマ在住市民に，しかも原籍の確認によって，起源的にローマ市民であることが認められた者に限定されるならば，配給の理念は確かに市民社会的価値観の中に残り続けると言えるであろう。だが，ファン・ベルヒェムの見解に対しては，原籍が第三の資格基準であったことを示す具体的な証拠はなにもないことが指摘されてきた[54]。ファン・ベルヒェムの穀物供給像理解を継承するヴィルルーヴェは，原籍ではなくして「生来自由人 ingenui」を第三の基準に挙げることによって修正を試みたが，解放奴隷が受給から除外された証拠もなく，またそれは考えがたいことである[55]。

　定期配給が，貧民救済という目的を直接備えていなかったことは，前123年以来受給資格として一度も財産額が挙げられないことからも明白である。配給の主眼は貧民救済措置ではなく市民団の防衛措置であったというファン・ベルヒェムの主張は従って，説得力がある。だが，その反面，毎月1.5人分の穀物配給を受給することによって，現実に生活が救われたのは，富裕者ではなく，貧民であったことも，また否定できないのではなかろうか。統治側にとって，この側面が目的として認識されていたとは言い難い。もしそうであるなら，受給者枠にはそのための制限が設けられたはずだからである。しかしこのような「効果」自体は当然認識されていたことは，少なくとも想定されえるだろう。しかしまた，この問題以上に重要と思われるのは，市民団の枠組みがイタリア全体に拡大した後に，ローマにおける新市民もまた穀物配給の視野内に入ったならば，それは理論的には無論都市国家の枠内に留まるとは言え，その都市国家の枠組み自体と共に，配給の理念も，新たな広がりを得たということを意味するのではないだろうか。

　要するにアウグストゥス期の都市ローマにおける穀物供給の全体像は以下のようになる。都市住民の中で，その三分の一程度に相当する部分には，国有穀物の定期配給が決定的な重要性を持っていた。だが非市民部分に対しては配給はなく，そこから定期配給が都市共同体的性格に留まるという理解は否定しえない。ただし市民への給付という性格上，一義的に都市国家的意義を備えるとは言え，事実上はこの配給が貧民救済の役割を果たしたことは間違いない。また非市民部分に対しては，別の形での皇帝による配慮があった

と考えられる。市民であろうと非市民であろうと，定期配給の非受給者にとって日常的に最重要の意味を持ったはずの市場に対しては，本節で見たように，立法を伴う統制が及んだ可能性が高いのである。

第5節　食糧供給長官

　最後にアウグストゥスによるこれら諸制度の実務担当者の組織，すなわち穀物供給に関する役職の設定とその権限の問題が検討されねばならない。アウグストゥス期以降帝政期の穀物供給は，紀元2世紀末まで，皇帝代理人としての食糧供給長官を最高責任者とする皇帝直属の行政組織によって管理されていたことがよく知られている。だがこの組織構成，職務内容，それに伴う権限について，そしてまた他の部局との関係について我々は僅かな情報しか持たず，それすらも紀元1世紀後半以降に集中している。ここでは行政組織全体についての議論は行わず，アウグストゥス期に成立した食糧供給長官の成立過程および具体的な職務内容を論じることにしたい。特に共和政以来の他の諸権限との関係が問題の焦点となる。

　食糧供給長官の具体的な活動については史料の言及が乏しいが，穀物およびパンの供給管理全般が一任されていたと考えられ[56]，また生産地において穀物の輸出量および輸出先の統制を行ったことを示唆する多くの言及が残っている[57]。さらに1世紀中葉以降については港湾・備蓄設備を管理していたことが知られ[58]，これに加えて穀物の輸送に関して，場合によってはあらゆる手段を徴用できたとの見方もある。皇帝代理人として，つまりは皇帝権の代行者として，食糧供給長官は「食糧供給のために ad annonae」，この徴用権を行使できたからである[59]。

　皇帝代理人は本来皇帝が行うべき実務を代理するのであるから，その行動の最終責任を皇帝自身に負っており，また理論的には自身で権限を持つことができず，その意味で共和政的統治機関の系譜にあって，公権力を行使する政務職とは異なり，厳密には私的な存在である[60]。帝政期にこの種の代理人が帝国統治の多方面において設置されたことは周知のところであるが，穀物供給に関して皇帝代理人が導入されたことは，ポンペイウスの「副官」任命

を連想させる。それではこうした性格を備える食糧供給のための専門職はどのような過程を経て導入されたのであろうか。

共和政期においては，そもそも穀物供給のための専門の政務職が存在せず，従ってそのための権限も存在しないことが知られている。たしかに前3世紀以降，アエディーリス職が，市場における穀物の販売を監督すると共に，穀物の市民への臨時分配を担当していたが，これは市場監督というアエディーリスの本来的職務の一部であった。また，穀物臨時分配は戦利品の流入等による特殊な状況でのみ，しかも元老院の指示によって行われたものであって，アエディーリス職自体に穀物供給に関する決定権限があったことにはならない[61]。実際に食糧危機が発生した際には，状況に応じてコーンスルないし元老院が危機管理としての介入を行うことでその回避が図られたのである。穀物供給のための政務職としては，カエサルによって初めて，「穀物担当のアエディーリス Aedilis cerealis」が導入され，帝政期にも存続していたことが知られているが，その実態についてはほとんど伝わらず，おそらくその権限は限定的なものであったと考えられる[62]。これとならんでオスティアにおいては「オスティア管轄のクワエストル Quaestor Ostiensis」がある。この職はオスティア港関連の全般的実務を担当していたが，その中には穀物搬入の監督が含まれていたようであり，どうやら何れかの時点から供給に関してもある種の機能を果たしたようである。その意味で注目に値するのは，前23年の食糧危機の際には，アウグストゥスが私的な施与を行うと同時に，ティベリウスをオスティア管轄のクワエストルに任命したことであろう[63]。このことは前22年のクーラ・アノーナエ引き受け以前の段階では，アウグストゥスが，穀物供給を基本的に政務職に委託しようとしていたことを示していよう。

そのように考えると，前22年にクーラ・アノーナエを引き受けた際の，アウグストゥスの最初の対応は鮮明な意味を持つことになる。上で見たように，ディオはアウグストゥスがプラエトル経験者から2名を選び，穀物配給管理の任に当たらせた，と述べている。前23年から引き続いた危機における，アウグストゥスのこうした前年とは異なる対応は，彼が穀物供給を引き受けた時点で，その実務も政務職から私的な立場にある者（つまりは，謂わ

ば彼自身の「副官」に相当する立場の者）に引き渡そうとしたことを意味する。ただし、この新体制は前22年以降、長い間徹底されなかったようである。そもそもこの新たな役職者は、政務職経験者からのみ選ばれたことから、彼らの大部分が元老院議員身分出身者であったはずである。また前18年には、政務職在職者がこの役職の候補者を推薦し、その中からくじ引きで選出されることが規定された。つまりは公式には、この役職者の選定は政務職に任されたことになる[64]。それ以上に重要なのは、この時点までこの役職の職務内容が、穀物配給の管理に限定されていたことであった。これは当初アウグストゥスが自らのクーラ・アノーナエの主眼を、配給に限定していたことを窺わせる。

　この状況は紀元6年頃以降、大きな展開を遂げることになる。当初この職の資格はプラエトル級であり、しかも職務内容が穀物配給管理に限定されていたのに対して、6年にはコーンスル級の者が「穀物とパンの供給を監督するように」、また7年にも、2名のコーンスル級の者が穀物供給のために選ばれている[65]。これは従来の配給管理職の改変ではなく、新たな役職の創設であると考えられる。つまり従来より広範囲な職務内容を持った、より高い就任資格を要する役職が出現したことになる。この新たな役職の出現は何を意味しているのだろうか。

　筆者は、この展開が紀元6年以降の穀物供給体制の変化を指摘する、リックマンの見解に関連していると考える。紀元5年以降、一連の食糧危機が起こったこと、特に6年の飢饉が極めて深刻であり、アウグストゥスが様々な短期的対応を行ったことは有名であるが、さらにその後の状況についてスエトニウスは、アウグストゥスが「都市市民のみならず、農民、商人をも視野に入れて、供給制度の適正運用を心がけるようになった」と述べている[66]。ここからリックマンは深刻な危機を契機として、アウグストゥスが供給体制の抜本的見直しを行ったと考えるのである[67]。新たな役職の出現による、配給管理から食品加工物にまで及ぶ供給全般への拡大は、リックマンの言うこの変化の一部ではないだろうか。この時点までアウグストゥスの供給における視野は定期配給（すなわち「都市市民のみ」に）限定されていたが、6年頃以降は「都市市民のみならず、農民、商人」、すなわち配給のみならず生

産，流通をも含む供給全体へ本格的に拡大したのではないであろうか。そうだとすればアウグストゥスのクーラ・アノーナエの内容は，この時点でポンペイウスのそれと同じ広がりを持ったことになる。

　役職に関する紀元7年以降のさらなる展開もまた，この脈絡において理解すべきである。すなわち何れかの時期に，供給管理のための役職の就任資格は騎士身分へと移り変わり，紀元14年にアウグストゥスが死去した際には，食糧供給長官なる皇帝代理人が現れているのである[68]。この食糧供給長官が，紀元6年に導入された役職の発展した形であることは疑いない。つまり食糧供給の全分野を引き受けることを明らかにした時点で，アウグストゥスは今やそのための役職を，政務職のみならず元老院議員身分からも切り離し，その権限を皇帝権によって保証したのである。

　ただし，食糧供給長官制度の確立は，穀物供給における皇帝権の共和政的権力（すなわち政務職と，とりわけ元老院）からの完全な自立には至っていない。まず，食糧供給長官の権限は属州内部には及ばない，または属州内では制限されると考えられるからである[69]。さらに都市ローマでの定期配給は食糧供給長官の管轄ではなかった。この実務については，上述のように前18年の段階までは，専門の役職者の存在が確認される。だがその後この職は「元老院議決による穀物分配のための長官 Praefecti frumenti dandi ex SC」へと展開することになるのである。この職は，食糧供給長官と同じくプラエフェクトゥスという肩書きを持つが，政務職であり，従ってその権限は皇帝権から自立しているのである。いかなる状況がこの職を生んだのかは分からない。いずれにせよ上で考察したように，この時期の定期配給が持つ意義を大きく評価するならば，その実務が元老院議決によって生まれた政務職に担当されているということは，穀物供給における共和政的権力の存続を示している[70]。定期配給が皇帝代理人の管理下に入るのは，ようやくクラウディウス期以降のことと考えられている[71]。

おわりに

　アウグストゥス期の供給制度を個別に概観してきた結果，生産，調達，輸送，備蓄の各方面において，既にこの時期，一定程度ではあるものの皇帝権の介入による長期的な安定化の試みがなされていることが見て取れた。さらに都市ローマ住民全体への穀物供給において，重要と思われる市場との関係については，立法による市場統制をはじめとして保護，奨励等をも含む，商人および船主の活動への，皇帝の介入が確認される。一方，大規模な定期配給が都市市民部分にとっては，最重要の役割を果たしていた。非市民はそこから除外され，その点にこの時期の穀物供給に残る共和政的性格が読みとれるが，少なくとも新市民の受給は否定できない。またこれとならんで皇帝は，従来なかった規模での施与によって，都市市民共同体から除外される住民を救済しつつ，上述のように彼らが依存したはずの市場を統制したのである。さらにこうしたクーラ・アノーナエの実務担当者であり，皇帝の権力の代行者である（すなわち，ポンペイウスの「副官」に相当する立場の）食糧供給長官の出現過程が，穀物供給の権限の，皇帝への集中を明確に示している。以上から，穀物供給についてアウグストゥスの引き受けた「配慮」は，ポンペイウスのそれと同じく供給の全方面におよび，しかもおそらくは被統治者全体を視野に入れたものであったこと，この理念に基づいて供給制度の一定程度の確立が見られること，そしてそのための権限が皇帝へ集中しつつあることが結論づけられる。

　そして，本論における次章以下の作業にとって最も重要と考えられるのは，この全てが，前57年にポンペイウスが引き受けたクーラ・アノーナエを先例としていることである。言い換えれば，共和政の穀物供給の変化が，アウグストゥス以降の帝政の穀物供給を生み出した，ということである。

　しかしまた以上に加えて，次の三点も忘れられてはならない。それは第一に，上で見てきたように，生産地および海上における皇帝の統制が，かつてなかった程に強度であることであり，第二にポンペイウスのクーラ・アノーナエが期限付きであったのに対し，アウグストゥスのそれは無期限であった

こと,そして彼以降の諸皇帝達によって引き継がれていったことであるが[72],しかしまた第三に,アウグストゥス期においてはこうした権力が,未だ一定程度にしか皇帝に集中しておらず,クラウディウス期以降に至るまで(あるいはそれ以降も)共和政的権力との併存状態が続くということである。以上の視点は,共和政末期に進行した新たな統治理念とそれに沿う統治権力の形成の,帝政期における定着とさらなる発展の過程を考察する際に必要となるであろう。

註

1) P. ガーンジィ(松本宣郎・阪本浩訳)『古代ギリシア・ローマの飢饉と食糧供給』白水社,1996(P. Garnsey, *Famine and Food Supply in the Greco-Roman World*, Cambridge, 1988.)。以下,本書からの出典,引用は全て訳書を用いる。
2) ガーンジィ,前掲書,10頁。
3) 主要なものとして,O. Hirschfeld, Die Getreideverwaltung der römischen Kaiserzeit: Annona, *Philologus* 29, 1870, 1-96. M. Rostovtzeff, 'Frumentum', in *RE*.; Id., *Social and Economic History of the Roman Empire*, Oxford, 1957² (以下, *SEHRE*. と略す る). G. Cardinali, Frumentatio, in *Dizionario Epigrafico* vol.3, 1922, 224-315. D. van Berchem, *Les distribution de blé et d'argent à la plèbe romaine sous l'Empire*, Genève, 1939.
4) G. Rickman, *The Corn Supply of Ancient Rome*, Oxford, 1980 (以下, *Corn*. と略す る)の包括的研究を挙げておく。
5) Cic. *Sest*. 103. Liv. *Per*. 60. App. *Bell*. *Civ*. I, 22.
6) ガーンジィ,前掲書,339頁以下。P. Veyne, *Le pain et le cirque. Sociologie historique d'un pluralisme politique*, Paris, 1976, 425 sqq.
7) 有名な例として紀元6年のアウグストゥスの対応を挙げておく。Dio 55, 26, 1-3. Suet. *Aug*. 42.
8) Hirschfeld, 1ff.; Rostovtzeff, *SEHRE*., 145f. 最近のものとしてP. Herz, *Studien zur römischen Wirtschaftsgesetzgebung : Die Lebensmittelversorgung*, Stuttgart, 1988, 55ff.
9) Cardinali, 303ff. L. Casson, The Role of the State in Rome's Grain Trade, in *Ancient Trade and Society*, Detroit, 1984 (J. H. D'Arms & E. C., Kopff (eds.), *The Seaborn Commerce of Ancient Rome*, Rome 1980 に初掲), 96ff. Rickman, *Corn*., 87.
10) Van Berchem, 55; 60. これを修正しつつ継承するものとして, C. Virlouvet, *Tessera frumentaria : les procédures de distribution du blé publique à Rome à la fin de la République et au début de l'Empire*, Rome, 1995 (以下, *Tessera*. と略する), 368sq.
11) P. J. J. Vanderbroeck, *Popular Leadership and Collective Behaviour in the Late*

Roman Republic, ca. 80-50 B.C., Amsterdam, 1987, 93ff. H. Benner, *Die Politik des P. Clodius Pulcher : Untersuchungen zur Denaturierung des Clientelwesens in der ausgehenden römischen Republik*, Stuttgart, 1987, 30f. A. Lintott, *Violence in Republican Rome*, Oxford, 1999, 179 ; 194f.

12) 古典古代の食生活における多様な穀物の重要性については，L. Foxall & H. A. Forbes, Sitometreia : The Role of Grain as a Staple Food in Classical Antiquity, *Chiron* 12, 1982, 41ff. P. Garnsey, Mass Diet and Nutrition in the City of Rome, in A. Giovannini (éd.), *Nourrir la plèbe : Actes du colloque tenu à Genève les 28 et 29. IX. 1989 en hommage à Denis van Berchem*, Basel/Kassel, 1991, 67ff. また，Id., The Bean: Substance and Symbol, in *Cities, Peasants and Food in Classical Antiquity*, Cambridge, 1998, 214ff. も参照せよ。

13) ローマ以外の穀物供給事情については，藤澤明寛「帝政初期におけるイタリア自治都市の穀物供給事情」『古代文化』49-10, 1997, 13頁以下。ガーンジィ，前掲書，318頁以下。

14) 前23年：*Res Gestae*. 15. 前22年：*Res Gestae*. 5. Dio 54. 前18年：*Res Gestae*. 18. 紀元5年：Dio 55, 22, 3. 紀元6年：Dio 55, 26, 1-3. Suet. *Aug*. 42. 紀元7年：Dio 55, 31, 4. 紀元9年：Dio 56, 12, 1.

15) Cic. *Att*. 4, 1, 5ff. 吉浦（宮嵜）麻子「ポンペイウスのクーラ・アノーナエ」『西洋史学論集』31, 1995, 15頁以下。

16) ガーンジィ，前掲書，271頁以下。

17) 同上書，312頁。

18) Cic. *Att*. 4, 1, 7.

19) P. A. Brunt, *Italian Manpower, 225 B.C.-A.D. 14*, Oxford, 1971, 69. Rickman, *Corn*., 8ff. P. Garnsey/R. Saller, *The Roman Empire : Economy, Society and Culture*, London, 1987, 83ff.

20) 3,000万モディウス：ガーンジィ，前掲書，301頁。4,000万モディウス：Rickman, *Corn*., 10.

21) Iosep. *Bell. Iud*. 2, 383 ; 386.

22) Rickman, *Corn*., 108ff.

23) Tac. *Ann*. 2, 59, 3. A. C. Johnson, Roman Egypt, in T. Frank (ed.), *An Economic Survey of Ancient Rome*, vol. 2, Baltimore, 1938, 1ff. A. K. Bowman, Egypt, in CAH^2, vol. 10, Cambridge, 1996, 681ff. ; 690ff. Herz, 56f.

24) Rickman, *Corn*., 117f.

25) エジプト長官：Rickman, *Corn*., 82f. 食糧供給長官：Herz, 73ff. 両方の可能性：ガーンジィ，前掲書，331頁。

26) Suet. *Aug*. 18, 2.

27) Rostovtzeff, *SEHRE*., 208f. Rickman, *Corn*., 64. これに対してガーンジィ，前掲書，301頁。ただし，実際にはアウグストゥス期にたびたび税の延滞があったことが伝えられており，税制が常に安定していたとは考えられない。

28) クラウディウス：Suet. *Claud*. 20, 5. ネロ：Suet. *Nero* 31, 3.

第 II 章　アウグストゥス期における都市ローマの穀物供給制度

29) G. Rickman, Problems of Transport and Development of Ports（以下，Transport. と略する），in A. Giovannini (éd.), *Nourrir la plèbe : Actes du colloque tenu à Genève les 28 et 29. IX. 1989 en hommage à Denis van Berchem*, Basel/Kassel, 1991, 107.
30) *Res Gestae*. 18.
31) Suet. *Tib*. 52, 2. Tac. *Ann*. 59.
32) Tac. *Ann*. 4, 5. Horat. *Odes*. IV, 5, 19. Rickman, *Corn*., 71.
33) Suet. *Aug*. 98, 2.
34) Casson, 100ff.
35) Tac. *Ann*. 14, 51. Dio 72, 13, 2.
36) *Dig*. 48, 12, 2. Herz. 81ff.
37) *Dig*. 50. 6. 5. 3 ; 6. 6. 3 ; 6. 6. 5.
38) Rickman, *Corn*., 87ff.; 228ff.
39) Suet. *Claud*. 18-19.
40) Casson, 101.
41) Suet. *Aug*. 98, 2.
42) Suet. *Aug*. 42, 3.
43) "Plebei Romanae viritim HS trecenos numeravi ex testamento patris mei, et nomine meo HS quadringenos ex bellorum manibiis consul quintum dedi, iterum autem in consulatu decimo ex patrimonio meo HS quadringenos congiari viritim pernumeravi, et consul undecimum duodecim frumentationes frumento privatim coempto emensus sum, et tribunicia potestate duodecimum quadringenos nummos tertium viritim dedi. Quae mea congiaria pervenerunt ad hominum millia nunquam minus quinquaginta et ducenta. Tribuniciae potestatis duodevicensimum consul XII trecentis et viginti millibus plebis urbanae sexagenos denarios viritim dedi...Consul tertium decimum sexagenos denarios plebei, quae tum frumentum publicum accipiebat, dedi."
44) *Res Gesae*., 18.
45) Rickman, *Corn*., 179ff. Virlouvet, *Tessera*., 186sqq. ガーンジィ，前掲書，307 頁。
46) "Populi recensum vicatim egit, ac ne plebe frumentationum causa frequentius ab negotiis avocaretur, ter in annum quaternum mensium tesseras dare destinavit ; sed desideranti consue tudinem veterem concessit rursus, ut sui cuiusque mensis acciperet."
47) ガーンジィ，前掲書，306 頁以下。
48) Suet. *Caes*. 41. Van Berhem, 21sqq. Virlouvet, *Tessera*., 197sqq.
49) R. J. Rowland Jr., The Number of Grain Recipients in the Late Republic, *Acta Antiqua* 13, 1965, 81ff.
50) Dio 39, 24. Virlouvet, *Tessera*., 264sq.
51) Foxall & Forbes, 49.
52) Van Berhem, 28sqq.
53) Ibid., 55.
54) Rickman, *Corn*., 183f.

55) C. Virlouvet, La plèbe frumentaire à l'epoque d'Auguste, in A. Giovannini (éd.), *Nourrir la plèbe : Actes du colloque tenu à Genève les 28 et 29. IX. 1989 en hommage à Denis van Berchem*, Basel/Kassel, 1991, 49sq.
56) Dio 55, 26, 3. Herz, 71 ; 78f.
57) Seneca *Brev. Vit.* 19, 1. Epict.1, 10, 2. *ILS.* 1432 ; 6987. Rickman, *Corn.*, 82f. Herz, 71f.
58) Rickman, Transport., 113f.
59) Herz, 77f.
60) *Dig.* 1, 2, 33. W. Enßlin, 'Praefectus', in *RE.* Herz, 80.
61) Rickman, *Corn.*, 59.
62) Dio 43, 51, 3. *ILS.* 7460a-d.
63) Cic. *Sest.* 39 ; *Mur.* 18. Diod. 36. Suet. *Tib.* 8. Vell. 2, 94, 3. Dio. 53, 28, 3.
64) Dio 54, 17.
65) 紀元6年：Dio 55, 26, 3. 紀元7年：Dio 55, 31, 4.
66) Suet. *Aug.* 42.
67) Rickman, *Corn.*, 63. なぜ紀元6年頃に決定的変化が生じたのか。リックマンが言うようにそれは単に深刻な食糧危機のせいであったのか，それともアウグストゥスの統治権力全体に関わる変化と連動しているのか，その議論は別の機会に行いたい。
68) Tac. *Ann.* I, 7, 2. Dio 52, 24, 6. Hirschfeld, 27f.
69) Rickman, *Corn.*, 84ff. Herz, 80.
70) Van Berchem, 68sqq. Rickman, *Corn.*, 194f.
71) Rickman, *Corn.*, 76f. ; 218ff.
72) Tac. *Ann.* 3, 54, 4. Herz, 80.

＃ III 章

ローマ末期共和政の穀物供給政策

はじめに

　第 II 章において，帝政における穀物供給制度の整備が，共和政の穀物供給の変化を前提としていることを明らかにした。このことを踏まえて，共和政期における穀物供給のあり方とその変化の経緯を追い，その上でそれらの理由を検討することが本章の課題である。最初に共和政期の穀物供給に関する先行研究の理解を整理しつつ，問題の所在を明らかにしよう。

　共和政ローマの穀物供給は，既にその初期段階より都市ローマの重要かつ困難な課題であったが，とりわけ前3世紀末以降はその重要性と困難性の増大に伴って，やがて帝政へと至る所謂内乱期を通しての政治闘争の一焦点であったことが知られている。それゆえにこそ，共和政の統治に関して統治に携わる者と，それ以外の者双方の意識ならびに相互関係が穀物供給の中に照射されていると考えられよう。実際，ここに前世紀のヒルシュフェルト，ロストフツェフに始まり，ファン・ベルヒェム等を経て最近ではリックマン，ガーンジィ，ヴィルルーヴェ等にいたる穀物供給研究が特にローマ政治史の脈絡で行われてきた所以がある[1]。これら諸研究は一様に，共和政における穀物供給の転機を，前123年のガーイウス・グラックスによる穀物配給法（「穀物供給に関するセンプロニウス法 Lex Sempronia de frumentaria」）の導入に置く。それはなによりも，国家が市民一人当たりに一定価格・一定量の穀物を販売することを規定するこの穀物配給法によって，初めて穀物供給が国制の枠内にて保障されたからに相違ない。そうであるにもかかわらず，

今世紀における諸研究の関心は，センプロニウス法と，またその後約70年間に相次いで制定された同種の穀物配給諸法について，主に——グラックスの「改革」をその端緒とする，「門閥」「民衆」両派の闘争の文脈における——政治戦略としての側面に向けられてきたように思われる[2]。この傾向は，その後の諸史料が配給諸法に対して示した評価自体に，既に顕著である。

「ガーイウス・グラックスが穀物配給法を導入した。民衆にとっては快いことであった。労苦なしに十分に食糧が与えられたのだから。しかし『良き人士達』はこれに対抗した。なぜなら，彼らは民衆が勤勉から怠惰へと唆されると信じ，また国庫が使い果たされると考えたからである。」[3] (Cic. Sest. 103.)

「グラックスは，元老院に対抗する構想を打ち出し，国庫によって，各市民に毎月穀物が分配されるべしという，前代未聞の提案をなした。……（中略）……このように民衆を買った後に彼は，別の同様な政治戦略によって騎士身分にすりよった。」[4] (App. Bell. Civ. 1, 22.)

しかし先行研究が党派戦略としての側面に重きをなす事情には，史料がこうした見解を示しているというばかりではなく，今世紀初頭ゲルツァーにより提示された共和政の権力構造理解が，多様な批判を受けつつも，今日に至るまで共和政政治史研究の前提であり続けたということが作用している[5]。

共和政権力構造をノービリタース概念を用いて説明するゲルツァー以来の共通認識と，これに対する最近の諸批判とについては既に第Ⅰ章で整理したとおりであるが，ここで再度その内容を要約しておくと，以下の通りになる。今世紀初頭以降，ローマ共和政の政治史研究は，共和政の統治機関——民会・元老院・政務職——の相互作用の上に統治が行われるという国制史的枠組みはそれとして，権力の実態を，大土地所有に基づく富を前提に，政務職および政務職経験者によって構成される元老院議席を独占するグループによる事実上の統治階層の形成と，これの権力保持の武器としての血

縁的・社会的諸関係（とりわけ階層内外に張り巡らされた，互酬的保護関係であるクリエンテーラ）に着目して説明しようとしてきた。すなわち，共和政の実態は特定階層の「慣習」が権力を保証する形での寡頭政と理解され，ここから共和政の変質と帝政への移行とは，——前2世紀以降の急激な支配権拡大に伴う制度的社会的諸矛盾の拡大と，これを克服せんとする試みとを根幹的な要因としつつも，直接的には——統治層内部に出現した有力政治家が，全社会的規模に膨張したクリエンテーラを武器としつつ権力を掌握する過程である，とみなされることとなった。こうした定説の理解に対して，統治における制度的要因の再評価ならびに政治文化への新たな問題関心が，統治層概念の再考と，権力諸関係におけるその相対化を要請しつつある。この両者は従って当然，民会の役割に注目する「民主政論」ならびに政治要素としての「民衆」の積極的評価という二つの動向をも伴うことになる[6]。以上を踏まえて，共和政統治構造研究の展望を一言で表すならば，以下のようになることも既に述べた。すなわち，定説に従うにせよ，これを批判せんとするにせよ，ゲルツァー以来精力的に行われてきた，社会的諸関係を前提とした上での，統治層の，権力を巡る個別の，内部的および対外的動向の分析という，階層論の枠内に限定された政治史研究に留まらず，制度的側面ならびに文化的側面における，統治層とそれ以外の部分のそれぞれの意識および相互の関係をも含めた，全体的な共和政政治像が問われ直されているのである。

　本章は，共和政期の穀物供給の特質と，そこにおける供給機構の形成過程を分析対象とするが，その背後にある問題関心は，こうした研究動向を踏まえた上でローマ共和政の権力構造ならびにこれを支えた文化的，制度的要素，そしてそれらの変質を解明することにある。従ってセンプロニウス法による穀物供給の制度化という，共和政史上全く新しい局面を，政治戦略という見方に留まらずに，同法の前後における統治層とその他の部分の意識と権力のあり方，およびその変化を考察する素材として取り扱うことが本章の目指すところとなる。

　さて，そこにあった制度的，文化的意義は追って検討するとしても，センプロニウス法以来の穀物供給の変化の帰結が，帝政初期における，皇帝によ

るクーラ・アノーナエの引き受けであることは，既に第II章で確認されたとおりである。具体的にはアウグストゥスによるクーラ・アノーナエの引き受け（前22年）以後，そのための機構が漸次整備され，クラウディウス帝期において一応完成したことを意味するが，そこに見られる供給のための機構形成の特徴を整理するならば，なによりもまず供給地である属州からの穀物の調達，輸送，販売ないし定期配給といった食糧供給の諸側面への介入と，定期配給受給者枠の設定，最後にこうした供給システム全体への国庫金の拠出となろう。そして，こうした元首による統治の開始期における供給のための制度は，それを管轄し，遂行する政務職ないしは皇帝代理人を含めた人的組織を必要とし，またそのための諸権限の集中を必要とした[7]。この実態に基づくならば，その前提と考えられる共和政における穀物供給の変化についてもまた，上に見たような供給の諸側面への統治権力の介入強化と，新たな権力の形成，ないしは移行を伴っているはず，という仮説がなりたつのは自明であろう。従って，本章においては，直接的にはセンプロニウス法前後における穀物供給機構の有無およびその要因，そして機構を支える諸権限の有無ないしは導入過程の検証がなされることになる。こうした作業を通して，共和政の統治側とその他の部分の，意識，相互関係，そして権力の変化が確認されるであろう。

ところで，帝政期の穀物供給に関しては，上述の機構上でのそれの他に，同じく皇帝によって皇帝の私有地からの穀物，あるいはまた皇帝庫からの拠出金によって賄われた穀物が市民に供給され，またそのことが皇帝の義務であるかのごとくに認識されていたことが夙に知られている。この状況は，近年エヴェルジェティズムなる概念によって説明される，皇帝による施与であり，これが前述の供給機構と並んで穀物供給の重要部分を占め，それゆえに皇帝権の実態分析には不可欠の要素をなすと考えられる[8]。従って，共和政期における政治権力を考察する際にも，かかる恩恵施与の可能性を含めた，謂わば私的な形での穀物分配の考察もまた重要であり，当然この問題に備わる性質上，共和政の政治文化の領域における議論が必要となるべきであるが，本論ではさしあたり明確に諸権限の帰属を明らかにするところの，供給の公的な側面を考察することを目的とし，従って直接的にこの目的に関連す

第III章　ローマ末期共和政の穀物供給政策　　　　　　　　　75

る限りにおいてのみ，穀物施与についての言及を行うことにしたい。

第1節　センプロニウス法以前の穀物供給 —— 共和政の特質 ——

　穀物供給のあり方を通して共和政の特質と変質を解明するという本章の目的にとって，グラックスによる前123年の立法が決定的な意義を持つがゆえに，その前後における供給のあり方がそれぞれ問われねばならぬことは，上で確認した通りである。その問題関心に立ってセンプロニウス法以前の穀物供給の最大の特徴を述べるならば，統治権力による介入が，特定の場にのみ限定されているということになろう。
　都市ローマの人口は，共和政初期段階以来，都市外から流入する穀物によって支えられていたにもかかわらず，そのための穀物は基本的に市場で流通するのみであって，穀物供給に関して統治権力による，社会成員を対象とした恒常的な供給機構形成はおろか，その発想そのものがそこには見られない[9]。しかし一方で，戦争，飢饉，食糧価格高騰等の非常時においては，国家からの関与もまた初期から知られている。
　たとえばすでに前508年，また前492年の穀物不足ないし飢饉の場合に，統治側 —— 具体的には元老院または上級政務職 —— からの関与があったことが，伝えられてる。

　　前508年：「この時（王の追放直後），元老院から平民に対して，多くの懐柔がなされた。先ず食糧供給のための配慮がなされ，穀物を買い付けるために，ある者たちがウォルスキー人の許へ，またある者たちがクマエへ派遣された。」[10] (Liv. 2, 9, 6. 括弧内は，筆者の補足。以下，同様)

　　前492年：「（身分闘争のため）平民の退去の故に，土地の耕作がなされなかったため，最初は食糧価格の高騰，次に攻囲された時のような飢饉が生じた。もしコーンスル達が穀物買い付けのために，至る所に……（中略）……人を派遣しなかったら，少なくとも奴隷は餓死し，民衆もまた然りであったろう。しかし……（中略）……現地住人による，穀物商人 frumentatoresへの攻撃の危険があった。」[11] (Liv. 2, 34, 2-3.)

すなわち彼らはイタリア半島内の，あるいは場合によっては半島外の諸穀物生産地に「ある者達を」，またはより明確に「frumentator達を」派遣して穀物を調達させた，と。しかしまた，この経緯が意味するのは，その際ですら実際に穀物を調達したのはどうやら商人達であった，ということである。このことをさらに前215年の例が補強しよう。このケースは，第二次ポエニ戦争中の，ヒスパーニアにおける軍への糧食や衣料の調達であり，従って事情は異なるが，しかしこの全体的危機の際にプラエトルが集会contioにて提案した解決策とは，物資調達を商人に掛け売りで請け負わせることであった。そして，その見返りとしてこれら商人たちは様々な商行為上の特権や義務の免除を要求している。

「プラエトルのフルウィウスが集会に進み出て，市民団に向かって国庫の貧窮を報告し，また請負契約によって利殖をなした人々に，次のような説得をなさねばならなかった。その利益の源泉である国家のために時間を貸し，国庫に金ができたときに支払いを行うという条件で，ヒスパーニアの軍隊に必要な物資を供給するように，と。このことをプラエトルは集会で述べ，ヒスパーニアの軍隊のための，衣服と穀物，また他の全ての必需品を供給するべく，海運業者達の組合が請負をする日を定めた。その日が来ると，三つの組合，19人のメンバーが契約にやってきた。彼らの要求は次の二つであった。一つには，この公務にあるうちは軍務を免除されること。二つには，彼らが海上輸送する積み荷は，敵と嵐とから，国家の保障を受けること，と。」[12] (Liv. 23, 48, 11-49, 3.)

こうして見るならば，初期においてもなるほど非常時のみにおいては統治側からの介入があったにせよ，それはあくまでも商人を動員し，請け負わせることに限定され，ただ事情に応じて彼らにさまざまな便宜ないし特権を与えるという形でのみ，統治側の介入が発動されたということがわかる。国家的な機構がこれに用いられることはなかったし，まして国家による穀物の直

接分配は見られない。また，これとならんで，いかなる飢饉や価格高騰の場合にも，前2世紀後半までは住民の騒乱，元老院ないし政務職への直接の訴えの報告がないということも興味深い。ここから穀物供給の（ひいては市民生活の基盤の）保障が統治の責務であるという発想が，住民の側にも欠如していたことがうかがわれよう。

一方，前3世紀以降になると，通常時においては，アエディーリス職が穀物流通に対し，一定程度に監督を行っていたことが知られている（以下，章末の年表を参照せよ）。前189年にはローマにおける穀物供給に操作を加えたと思われる穀物商人が，アエディーリスによって取り締まられ，処罰されたことが伝えられているからである。

　「そして金メッキの施された盾が12枚，アエディーリス・クルーリスのP. クラウディウス・プルケルと Ser. スルピキウス・ガルバによって，穀物商人達が穀物供給を滞らせて利得を得たその金銭で作られた。」[13]（Liv. 38, 35, 5-6.）

ここからアエディーリスが，市場(いちば)での小売り監督を管轄していたものと理解されるが，公共建築物管理という本来的な職務から派生した，アエディーリスのこの監督は，起源的には市場の秩序が乱されたことへの対症的な処分に目的が限定されよう[14]。

しかし，その起源はどうであれ，少なくとも前3世紀末以降にはこの職は次第に市場監督の枠を超えて，穀物分配と結びついた職として理解されるに至った。特に第二次ポエニ戦争における戦利品として，大量の穀物が流入した際に，これをアエディーリスが市民に分配したという例は複数の史料に残されている。

　「そこで（司令官マンリウスは），艦隊を出航させ，彼に従っていた兵士達も乗船させて，ローマに帰還した。そしてサルディーニアの征服を『父達』（元老院議員）に報告し，戦勝金をクワエストルに，穀物をアエディーリスに，捕虜をプラエトルのQ. フルウィウスに引き渡した。」[15]

(Liv. 23, 41, 7.)

　このリーウィウスの記述は，この時期，（穀物に限定されない）食糧不足ないしは逆にその臨時流入などの特殊な事態に，その分配がアエディーリスの職務と結びつけられていることを明示している[16]。
　ここで注意せねばならぬのは，先行研究におけるアエディーリス職の持つ政治的メリットと穀物供給との連関に関する理解である。すなわち，前2世紀以降は既に明確に，穀物の販売監督とならんで，非常時におけるその分配がこの職に結びつけられるようになるのと並行して，この職への就任が市民の人気を獲得する可能性を与えると，受け止められるようになった，と一般に考えられるのである[17]。さらに，場合によってはアエディーリスがこれを国庫金からの拠出によらず，私費にて行った可能性も示唆されている[18]。このことから，この行為に関しては冒頭で述べた穀物供給の備える別の側面との関係が確認されねばならない。すなわち有力者による穀物の施与の慣行との関係である。共和政ローマにおいては従来，上述のような非常時に，または戦勝や祭祀等の際に有力者による金銭・食糧施与がなされ，その中で特に穀物の分配が多く行われたことを示唆する記述が残っている[19]。こうした慣行はどう位置づけられるべきなのか。そしてまたアエディーリスの穀物分配はこうした慣行と同一の性格のものなのか。また，エヴェルジェティズムとの関係はいかに理解されるべきなのか。
　有力者によるこうした穀物施与一般については，当然エヴェルジェティズム概念の適用の可能性が考慮されるべきであろう。だが既に述べたように，共和政期穀物供給全般の持つ，エヴェルジェティズムとしての性格に立ち入って議論することは，本論の目的の枠を超えることになり，ここではアエディーリスのそれに関連して，ただ以下の点のみを確認するに留める。すなわち，エヴェルジェティズムについてのヴェーヌの概念規定に従うならば，それは施与者の私的な動機から発する，しかしまた，社会内部において自明のものとして認識され，それゆえに一定の強制力を持ち，また社会内部においては対象を限定しない，そして受益者への一方向の贈与行為となる[20]。一方，アエディーリスによる穀物分配に関しては，なるほど前2世紀以降に

は，都市住民側に，アエディーリスによる穀物分配を自明視する意識が見受けられ[21]，また一般に受給者の限定を設定したという記述はなく，その限りでは，ヴェーヌの定義による ob honorem なエヴェルジェティズムが想起される[22]。しかし一方で，アエディーリスの分配は通常，食糧不足ないしは逆に臨時の食糧流入といった，謂わば非常の事態に限定されており，その際，その財源が私的なものであることが想定されうる場合にさえ，背後には元老院の指示，ないしは少なくとも元老院の意図が暗示されており，従ってそこには施与の行為者であるアエディーリスの意思に留まらぬ，より公的な性格が看取されるのである[23]。こうして見るならば，アエディーリスによる穀物分配に関しては，特殊な状況における対処として，国家的，とまでは言えぬまでも，統治行為の脈絡で議論が進められることが，有効であると考えられる。

そうであるならば次に問うべきは，アエディーリスによる，このような穀物分配への関与強化がいかなる歴史的意味を備えているか，ということになろう。

史料の中に，このような分配への言及が頻出するのが前3世紀以降についてであることは，既に述べた通りである[24]。とりわけ第二次ポエニ戦争中の非常事態ならびにその後の経過の中で，ローマにおける穀物確保は極めて困難になってゆくことが知られている。その主要な要因としては都市ローマへの急速な人口集中，対外戦争の規模拡大に伴う軍への糧食供給の増大，また第二次ポエニ戦争によるイタリア半島の農地荒廃および大土地所有制の展開の中での果樹栽培への重点移行，の三点が基調として考えられ，この状況において海外生産地が重要性を増す中で不作が起こる，あるいは海賊などによって海上輸送に困難が生じる，もしくはこうした海外産穀物を扱う商人らが価格操作を行うなどの短期的な事態が一旦加わると，穀物不足・価格高騰が引き起こされるという構図が生じることになる[25]。上述の論点との脈絡で極めて示唆的と思われるのは，こうした穀物不足の危機の（潜在的ながら）恒常化の中で，アエディーリスによる監督および分配以外の領域においても，統治権力が介入を広げていく経過が見いだされることである。それは特に，属州の税制整備と港湾施設拡充の面で顕著である。

税制については，前3世紀中葉以降のシキリア，サルディーニア・コルシカからの十分の一税の徴収方法に関するリックマンの克明な研究があるが，要点はこの二つの属州からの穀物徴収に関して，都市政務職による詳細なリスト作成等のシステムがつくられたことであり，またこれらの諸属州からは，穀物が現物でローマに輸送されたことであろう[26]。

そして前2世紀初頭には，本格的な河川港がローマに建設され，その後も施設の増強・改修がなされていくことと並んで，前2世紀中葉以降は，オスティアにおいても港湾整備が開始されることとなる[27]。ここで特筆されるべきは，「オスティア管轄のクワエストル Quaestor Ostiensis」の職務内容が，艦隊用物資の管轄という本来の内容から，むしろ穀物供給と結びつけられるに至り，それが元首政初期まで継続したことである[28]。

これに関連して注目すべき点は，前2世紀後半以降，穀物の不足を理由に都市ローマ住民が騒乱を起こす事態がしばしば史料に現れてくること，そしてその際に護民官がこれら住民を支持し，コーンスルないし元老院への対決姿勢を示すことである[29]。ここに見いだせるのは，いかなる理由で導入された政策であるにせよ，その政策の展開の過程で，被統治側には穀物供給の不全を統治の不履行とみなす意識が生じつつあったことである。要するに，市場による穀物安定供給の事実上の困難という事態に直面して，従来の，緊急時以外の統治権力不関与の原則が，漸次変質しつつあるのが，前3世紀末以降の状況と考えられるのである。アエディーリスによる穀物分配はこの過程の中で出現したと考えるべきであろう。

このように，アエディーリスの行為は穀物供給状況の実際上の変化に伴う権力側の対応の結果として出現した，謂わば公的な性格のものであったと考えられる。しかしながらここで問題となるのは，現実にアエディーリスによる施与がアエディーリス在職者個人への声望をもたらし，そのためこの職を自らの政治キャリア上昇の手段とみなす者が現れた，という点である。そこには，この行為における職務遂行としての側面と，現実にはこれによって遂行者が声望を獲得しえたという側面とが峻別されがたい，換言すれば公と私の峻別されがたい様相が示されている。このありさまは漸次「公的」な供給システムが準備されつつある実態にもかかわらず，その全体が同時代人に

とっては，クリエンテーラの価値体系の枠内において理解されがちであったという，この時期の穀物供給のアンビバレントな性格を示唆していよう。そしてまた，この性格は前3世紀から前2世紀初頭という時期に限定されるものではなく，その後，グラックスまたはクロディウスの配給法に対してさえ，民衆に迎合したという非難がなされたこともまた，同様のことを想起させる[30]。

「クロディウスはこうして，もし彼が元老院，騎士，民衆を説得することができれば，容易に我が意を貫くことができると予想し，早速穀物の無料配給に踏み切った。」[31]（Dio 38, 13, 1.）

この場合，彼らは明らかに護民官として法を導入したのではあるが，にもかかわらずその立法が彼らを民衆のパトロンたる立場に置いた，というクリエンテーラに根ざす非難が，少なくとも非難として一定の正当性をもって受け入れられたことになる。こうして見るならば，アエディーリスによる穀物分配は，前3世紀末以降の供給機構形成過程を示していつつも，これが私的な領域と分離して理解されず，この意味では穀物供給が，その本質を従来の原則の中に留め続けていたことを意味しよう。

以上から共和政期における穀物供給の特質が抽出された。すなわち供給は本来私的な取引によって支えられている。統治側はただ例外的あるいは限定的に関与するのみであり，供給全体の恒常的な統制および機構化は見られない。ここに見られる，私的領域たる市民生活への緊急時以外の統治権力不介入の原則と，そしてまた，それ以外の供給のあり方としての，つまりは統治権力によってなされぬことの補完の役割を果たすことになる，有力者による穀物分配，具体的にはクリエンテーラという貴族的社会に固有の事象，この両者こそが共和政の特質を表現しているものと言えよう。すなわち，ローマ共和政社会は，本源的に貴族社会，それも都市共同体的価値観に支えられた貴族社会であり，その政治は，貴族による寡頭政体制によって実現していた。そこでは貴族以外への配慮という発想は，共同体の解体をもたらす深刻な危機の場合にのみ，限定的に現れるに過ぎない。この点において，筆者は

基本的に定説と見解を分け合うことになり，従って，本来的に市民の主体性をローマ共和政の特質と考えるミラーの説とは対立することになる。

ただし，こうした原則は，穀物供給に関して見るならば，アエディーリスによる分配が示すように，前3世紀末以降には変化を見ることを，併せて述べておかねばならないであろう。穀物供給不全の深刻化という現実に直面して，国家的規模での穀物確保への志向が徐々に見いだされるのである。また，これと並行して，穀物供給安定を統治側の課題であるとみなす，民衆の意識形成が窺われる。しかしそれらすらも，関与の仕方は極めて限定されたものであり，加えてここには，私的な関係から脱却した機構を求める意識自体が，未だ希薄であった。こうした状況のもとでは，穀物供給に関する権限そのものが極めて限定された範囲でのみ存在しえた，と考えられねばならない。こうした限界を持ちながらも，しかし穀物確保を超えた供給・分配そのものが国家的な機構によって恒常的・直接的に行われるようになり，これに伴う諸権限創出の可能性が生じる転機として，前123年のセンプロニウス法がある。

第2節　穀物供給機構の形成

前1世紀前半にいたる穀物配給諸法の範例となったのは，センプロニウス法である。しかしこの法の条文自体は現存しておらず，その具体的な内容は以下の通りにしか伝えられていない。

> 「ガーイウス・グラックス —— ティベリウスの弟で護民官，兄以上に雄弁の人 —— は，幾つかの破滅的な法を導入した。その中には穀物を民衆に，6と3分の1アスで売却すべし，という，穀物配給法が含まれる。」[32]
> (Liv. *Per.* 60)

ここから受給者一人あたり一定量の小麦が，1モディウス（約9リットル）につき，6と3分の1アスの価格で，国家により販売されることが，直接的に確認される。すなわち，配給は恒常的なものであるが無料ではなく，

あくまでも一定価格による販売であった[33]。しかしこれ以上のことは周辺的な史料を援用しつつ推定を加えざるを得ない。その内容と性格を，冒頭で述べた帝政期の供給機構の特徴に沿って，考察してみよう。まず6と3分の1アスなる価格であるが，かかる法の性格上，市場価格より低く設定されていたと推定して差し支えあるまい[34]。また，売却すべき穀物の入手先は主に属州からの十分の一税であろうと考えられるが，この租税としての穀物は従来，市場での売却によって国庫歳入をもたらしたのであるから，これを市場価格より安価に売却する場合は，結果として歳入減を招くことになる[35]。実際，この年にグラックスがアーシアの税制を定め，このことが元老院の彼に対する反発の一因となったという証言は，穀物販売のための現物ないし財源が既存の属州からの税収のみでは不足していた，あるいは少なくともそのような事態に備えて，国庫からの支出が最初から想定されていたことを窺わせる[36]。キケローをはじめとする史料が，センプロニウス法が国庫に打撃を与えたものと非難することもこれを前提としていると推測できる[37]。キケローが伝える，有名な逸話を見てみよう。

「かのL. ピーソー・フルーギーは，常に穀物配給法に反対を唱えていた。そのコーンスル経験者（である彼）が，法が可決されると，穀物を受給しに出向いたのである。グラックスは，集会 contio にピーソーが立っているのに驚いて，市民団の聞く前で彼に尋ねた。彼自身が反対したその法に従って，穀物を請求するとは，どこに一貫性があるのか，と。ピーソーは答えた。『グラックスよ，私は汝が私の財産を各人に分配する気でいることは好ましいとしない。しかし，汝がそれを行うならば，私の取り分を請求するであろう』。」[38] (Cic. *Tusc. Disp.* 3, 20, 48.)

「私の財産を各人に分配云々」というピーソーの発言は，配給への（税収を財源とする）国庫の支出に対する非難と理解される。

そして同じ文章が，受給者の範囲についても示唆を与えてくれる。すなわち，ピーソーのような富裕な統治層成員もまた受給資格を得たのであり，従っておそらくは都市居住市民という以外には，特定の受給資格は設定され

ていなかった，と考えられるのである

　このことを論拠として，ウンガーン＝シュターンベルクは支出試算を行った上で，全市民への供給を可能と考えている[39]。しかし後のサトゥルニヌス L. Appuleius Saturninus の立法（前100年?）が受給者枠の拡大を目的としていたことを伝える史料の言及と合わせても，キケローの信憑性を疑い，受給資格が設定されていなかったにせよ，なんらかの形で受給者数の制限があったとみなすヴィルルーヴェの見解が，説得力があるものと思われる[40]。

　さてセンプロニウス法によるこの販売は具体的にはどのような方法で行われたのか。直接的な史料の言及はないが，「集会 contio において」販売されたことを示唆するキケローの表現からして，この最初の国家による穀物販売が，従来は法案提出等のために用いられ，政務職が招集するこの市民の集会において，従って具体的な場所としても，従来コンティオーが開催されていたいずれかの施設にて販売されたと考える，ヴィルルーヴェの見解が妥当であろう[41]。その際何者がこの販売を行ったかについては不明であるが，少なくともこの集会の性格上，政務職が主宰したことは疑いない。またグラックスがその場に居合わせたことから，護民官職が実際に販売を管轄したのではないかとも考えられるが，確証はない。

　以上から，センプロニウス法の内容がほぼ抽出された。ここからわかることは，この法により導入された穀物配給は，一定の受給者数に対して，国庫からの拠出金によって（そしておそらくはそのための新財源の設置を伴い），あるいは少なくとも税として徴収した穀物の放出を伴って，特定の場所で，恒常的に行われた可能性が大きい。一方，以上の分析に加えて重要と思われるのは，同じ時期に（直接センプロニウス法の内容に含まれるかどうかは不明である）グラックスによって，国家所有の穀物のために，倉庫の建設が決定されたことである[42]。ここにはそれ以前の段階に比較して，顕著に供給のための制度の萌芽が見いだされると結論できよう。この意味で，第1節で確認した，市民生活への統治権力の不介入という，従来の原則は言うまでもなく，前3世紀末以降のアエディーリス職に見られた，統治側の介入強化の傾向に比較してすら，穀物供給はセンプロニウス法を契機に，その共和政的性格を大きく転換させたと言える。しかし，同じく前節で見たように，センプ

ロニウス法以降にも，私人やアエディーリスによる穀物分配が行われ，しかもそれらと配給法による分配とが，共にクリエンテーラの枠内で理解されがちであったこともまた，忘れられてはならない。そして，それ以上に重要と思われるのは，この段階では帝政期に見られるような，特定の職権保持者を備えた組織の形成が見られず，未だ供給そのもののための諸権限の新たな創出には至っていなかったことである。そのことは，穀物供給のための権限が既存の政務職（この場合，上述のようにおそらくは護民官職）職権の枠内に留まり続けたことを意味する。

第3節　統治階層と穀物供給政策── 末期共和政の政治 ──

　センプロニウス法前後の，穀物供給における国制的性格を通して，共和政権力構造の特質とその変化を考察してきた。そこで，穀物供給に関する国家機構の関与の限定と，私的な関係の枠内に留まる民衆の意識とが特質として摘出されたのであるが，それを生み出した要因について言えば，共和政の貴族社会的理念が作用したと考えることができよう。

　それではセンプロニウス法とそれ以降の穀物供給に見いだされる変化の要因はどこに求められるのであろうか。前述のようにこれ以降の諸法は，センプロニウス法の性格を基本的にとどめたまま，ただ法の適用範囲を拡大・縮小することだけを目的としたと言ってよいであろう（以下，章末の年表を参照せよ）。従って前2世紀末以降，穀物供給に関しては本質的には相反する二つの方向 ── 統治権力による供給を行うか，あるいは従来通り統治側は介入しないか ── があったように見受けられ，実際この間の状況は従来そのように理解されてきたのである。すなわち統治階層内における二つの政治党派 ──「門閥派」と「民衆派」── の政治闘争の脈絡において，民衆の支持を得んとする「民衆派」政治家たちによって供給が拡大されようとする一方，「門閥派」（直接的には元老院内多数勢力の意向を受けた政務職によって）がこれを抑制せんとした，という権力闘争に関わる文脈の中で[43]。

　この見方を支えているのは，なによりもキケロー以降の史料における言説と考えられる。供給拡大を目指したと言われる諸法の提案者達，すなわち前

100年前後と考えられる法の提案者サトゥルニヌス，前58年の法の提案者クロディウス P. Clodius Pulcher は，護民官として平民会にて立法を行っている。その後，代表的な「門閥派」政治家のスッラが穀物供給制度を全廃した[44]。そしてスッラの死後には，反スッラ派であり，前73年のコーンスルであったレピドゥス M. Lepidus が，これを復活せんと試みている。これに対して，キケローとそれ以降の諸著作家は，「民衆を買う」あるいは「民衆を堕落させる」また「そのために国庫を枯渇させた」などと「民衆派」に対する典型的な非難をなしていることが，「党派」戦略としての供給法理解を導いたと考えられるのである[45]。

筆者は，穀物配給法に関して，この要素を完全に否定する根拠はないと考える[46]。しかし一方で，この点に関してはウンガーン＝シュターンベルクらの最近の諸研究が提示する通り，政治戦略としての要素に加えて，統治層内部の権力闘争を超えたところより発したと考えられる他の諸要因の検討が進められるべきであろう。それを要約すれば，前3世紀末以降の市場での供給困難が，統治権力に供給を要請したという状況を背景としつつ，統治層全体において，供給機構の整備の必要性が認識されており，ただ個々の事態に関して，自らの政治的影響力の縮小を招く恐れのある場合には，元老院内の多数が反対，非難したに過ぎないということである[47]。

こうした見解自体，既に第1節で述べた漸次的な統治側の介入強化という仮説と呼応している。しかしまたそれ以上に，配給諸法の導入経緯はやがて穀物供給そのものを元老院が推進するに至る過程を示唆しており，こうした推進の動きの中には，護民官による立法もまた含まれるのである。この経過を見てみよう。

まず前100年頃に，護民官サトゥルニヌスが穀物配給法を導入することを試みた際には，明らかに元老院の指示のもとでこれをクワエストルであったカエピオー Q. Caepio が，暴力的に妨害したことが知られている。

「ルーキウス・サトゥルニヌスが，6分の5アスにて（穀物を販売することを定める）配給法を可決させようとしたとき，都市のクワエストルであったクィントゥス・カエピオーが，元老院に，こうした『大盤振る舞い

largitio』に国庫は堪えられないことを報告した。元老院は，サトゥルニヌスがこの法を市民団に提案したならば，彼は共和政に対立する行為をなすものとみなされる，と決定した。サトゥルニヌスは提案を開始し，彼の同僚達が，拒否権を発動したのに，投票箱を設置した。カエピオーは……（中略）……『良き人士』達と共に，暴力に及び……（中略）……この妨害によって（立法は）妨げられた。」[48] (Cic. *Ad Herr.* 1, 21.)

これに対して，前90年代初頭に平民会議決として成立したオクタウィウス法は，センプロニウス法に代わって受給者数を制限しており，キケローはそれゆえこの法を賞賛している。

「（ガーイウス・グラックスの『大盤振る舞い』に比較して，）マールクス・オクタウィウス（の配給法）は穏健かつ共和政にとって耐えられるものであり，また民衆にとって必要なものでもあった。つまり市民達にとっても，国家にとっても健全なものであった。」[49] (Cic. *Off.* II, 72.)

この法の提案者である護民官オクタウィウスは，元老院の指令によって法案提出を行ったことが知られているが，つまりこの時には既に，元老院にはセンプロニウス法を廃止せんとする意図はなく，あくまでも適用範囲を縮小しつつも配給を続行することを認めていたのである。そして，上述のようにスッラの独裁期に廃止された穀物配給制は，結局元老院によって再導入された[50]。しかしそのこと以上に重要と思われるのは，前73年のテレンティウス＝カッシウス法である。この法はコーンスル提案による民会議決であるが，受給者数を制限しつつも，供給そのものに関しては明確に内容がセンプロニウス法に従うことが知られており，しかも既に前年の前74年には，この法案の民会提出を元老院が決定していたであろうと考えられている。

「もしかしたら，唐突に導入されたこの穀物配給法（テレンティウス＝カッシウス法）によって，そなたらの奉仕は購われるかもしれない。だが，彼ら（門閥派）は，自由を5モディウスと査定したのだ。間違いなく

牢獄の食事よりも，さして多くはない量ではないか。」[51] (Sallust. *Or. Macri.* 19)

また前62年には，前73年の法で定めた受給者枠を，拡大する内容を持つ元老院議決が行われたが，この議決が「門閥派」の指導的立場にいたカトー M. Porcius Cato によって提案されたことが知られている[52]。こうして見るならば，元老院のイニシアティヴがあったと考えられるこれら諸法ならびに議決が，供給制度を受給者枠を設定しつつも認め，あるいは受給者枠の拡大という意味でむしろ推進するものであったと言えよう。要するに配給諸法を「門閥派＝抑制」「民衆派＝推進」という構図で理解することはできず，むしろ少なくともある時期以降──それが明確に現れてくるのはスッラの死後，前70年代であると考えられるが──元老院においても供給制度が推進されるべきとの見解が優勢になっていた，と考えることも可能である[53]。

このことは，この時期に，元老院に対峙する諸勢力においても穀物供給が推進されたことと決して撞着するものではない。その最も先鋭なものが，前58年に護民官クロディウスが導入した，穀物の無料配給制度であることは周知のところである[54]。この立法について元老院側からの激しい反発があったことを，クロディウスの敵であったキケローの誇張と受け取る必要はない。しかしこのことについて，キケローが述べる元老院側の反発とは，穀物供給自体に対するそれというよりも，むしろ別の性格を帯びている。それは，一つにはクロディウスの，権力をめぐる戦略的な意図への危機感であろう。穀物配給法におけるクロディウス自身の意図を，デマゴーグのそれと決めつける，キケローの言説が全面的に受け入れ難いとしても，しかし一方でクロディウスの動機の中に戦略的な性格がないとはおよそ考えられない。この人物を固定的に「民衆派」の一員と位置づけること自体には異論があるにせよ，彼が元老院政治との対決姿勢を鮮明に示してきたことからも，また前58年における穀物配給法以外の諸立法の内容からも，その政治的手法の中で，一般市民からの支持取り付けが特に顕著であったことは，否定の余地がないものと考えられる。

この点に関連して重要なのは，前58年の穀物無料配給制定において，実

際にクロディウス自身がいかなる意図を持っていたにせよ，この時キケローのみならず，また元老院のみならず，ローマ政界全体が，この配給法を彼の戦略と認識していたことであり[55]，そしてまたキケローの非難が明確に示しているように，その際の争点が穀物の販売か無料配給か，という点に限定されていたということである。さらに，クロディウスが穀物供給に関わる権限をも含む諸要素を，全面的に統制せんとしたことが，元老院側を激しく動揺させていた，という状況がある[56]。つまり，クロディウスの穀物無料配給に対する元老院の反感（あるいは怖れ）は，穀物供給そのものにというよりもむしろ，国庫への影響と，そしてクロディウスが既にこの時点で手中にしている影響力を継続して行使する，ないしはさらに拡大することに対する政治的な意味でのそれであった。

要するに前１世紀前半期においては，統治権力による穀物供給は，元老院によっても，また統治層内部の勢力によっても基本的に推進されたと考えることができる。これに加えて，この方向が個々の場合において他の諸要素——その一つは確かに党派的思惑でありえようが——の作用を受けた，と考えることが，この時期の穀物供給をめぐる政治動向の全体像理解として適当であろう。

おわりに

ここまで，センプロニウス法を転換点とする，その前後の穀物供給の実態を，統治の理念との関わりから分析してきた。その結果，緊急時以外の統治権不介入の原則，従ってまた諸権限の不在が，共和政の穀物供給における本来の特質であったことが明らかにされた。このことが，ローマ共和政の本来的な都市共同体的性格と，これによって支えられた貴族社会という特質を意味するということは，既に述べた通りである。

しかし，市場による供給の困難という現実を背景として，この基本が（おそらくは，少なくとも当初，共同体の防衛の要請のもとに）漸次変化していき，その過程の中で，統治権力による供給の保障を自明視する意識も，また徐々に形成されるに至った。この経緯の一つの転換点として，国家による穀

物供給の保障と，そのための制度を確定したセンプロニウス法が位置づけられるべきである。こうした政策は，統治層内部において，当初はなるほど強い抵抗を受けた。しかし，少なくとも前1世紀初頭以降は，むしろ元老院のイニシアティヴによって，すなわち統治層全体の意志として，供給の制度化，機構形成が進行したのである。

　このことは，上で述べたローマ共和政の特質が，少なくとも理念面で失われつつあったことを明白に示している。第1節および第2節で見たように，既に前2世紀には徐々に貴族政的価値観とは異なる新たな価値観が，統治層のみならず被統治側にも生じつつあった。そして，第3節で見たように，この新たな価値観は，前1世紀，とりわけ前70年代以降は，ローマ社会に定着していたと考えられる。それは，一言で言えば，統治に携わる者が，彼らが帰属する特権集団の成員のみならず，社会の他の部分への（現実には都市ローマ在住の一般市民に限定されはするものの）配慮を行う責務を負うという理念であった。この理念が，特に前70年代以降は，統治層の主導のもとで，穀物配給法の継続ないし拡大をもたらすことになったのである。従って，この点に関してまず，筆者の共和政理解は，定説ともミラー説とも完全には重ならないことになる。第Ⅰ章で述べたように，双方が主張する共和像は大きく異なりはするものの，前2世紀の諸矛盾による危機的状況を認めつつも，しかし共和政の特質の持続と帝政への連続性を主張する。しかし，本章で検討された穀物供給の状況を見る限り，理念に関しては，共和政は前2世紀を転機として，決定的にそれ以前とは異なるものとなりつつあった，と考えるべきである。

　しかしまた，第Ⅱ章で考察した，アウグストゥス期の穀物供給制度に立ち返ってみるならば，アウグストゥス期と共和政末期の穀物配給諸法の展開経過との間には，本質的な断絶があり，上述の分析のみにては，これを埋めることはできないことに気がつくはずである。すなわち，帝政期の穀物供給制度が備えた諸権限を，共和政の配給諸法はついに生み出すことがなかったのである。上述のように，センプロニウス法とその内容に従う他の諸法においては，護民官がその職権内にて販売を監督したと考えられ，新たな役職の創設は行われていない。なるほど限定された受給者に対する販売という方策

自体には，それで対処できたのかもしれない。しかし，遅くともクロディウス法による穀物の無料配給によって，新財源と配給量の拡大が要請されたと考えられる。一方，また都市住民の急速な増大が，配給に限らず，都市全体としての穀物需要をますます増大させていたはずである。

「6と3分の1アスの免除によって，国庫収入がほとんど5分の1になった。」[57] (Cic. *Sest.* 55.)

「(前44年の状況について) その上，都市ローマのみで行われている穀物配給が，イタリア中の怠惰な者，物乞い，無宿者を呼び寄せたのだ。」[58] (App. *Bell. Civ.* 2, 120.)

前57年には，都市ローマ住民が穀物不足と穀物価格高騰を理由に騒乱を起こし，元老院に詰め寄っている。

「その二日間に，穀物価格が劇的な高値となり，人々が最初は劇場に，次に元老院に押しかけた。穀物欠乏は私(キケロー)のせいだというクロディウスの扇動によって，大声で叫びながら。」[59] (Cic. *Att.* 4, 1, 5.)

この事件は，配給諸法による穀物供給の限界を示唆していると考えられる。すなわち，この時点で事態打開のためにとられた措置は，もはや新たな配給法の制定(ないしは元老院議決)ではなく，ポンペイウスに対しクーラ・アノーナエのために異例の命令権を付与することを内容とした，コーンスル提案による民会議決であった。

「同日，穀物供給について元老院が召集され，また民衆のみならず『良き人士』達までもが，供給の配慮のためにポンペイウスを要請した。……(中略)……翌日，元老院に全員出席のもとで，コーンスル経験者達はポンペイウスの要求を全て受け入れた。彼は15人の副官を要求し，……(中略)……コーンスル達が法を可決させた。それによると，ポンペイウ

スは穀物供給のため，5年間にわたって，地上の全世界に及ぶ命令権を与えられる。」[60] (Cic. Att. 4, 1, 5.)

　理念上の変化がもたらした配給法のみでは，この事態は解決しえなかったということである。解決のための方針は，定説が描いてきた社会的諸関係に基づく共和政から帝政への連続とも，ミラーが唱える市民の主体性の強化とも一致しない。ローマ共和政は，どちらとも異なる経路で帝政への連続の経緯を露呈する。それは，政務職権限に由来し，従って共和政の制度によって承認されながら，しかし内容と手続きにおいてそれを逸脱している，「異例の命令権」と呼ばれるものの出現と，単独の者へのその賦与である。穀物供給に関しては，その最初の例が前57年の，クーラ・アノーナエのポンペイウスへの委託であった。

　この事件によって，ここまで論じてきた共和政の穀物供給の変質と，帝政のクーラ・アノーナエとの連続の最後の要素，すなわち権力面におけるそれ，が生じたと言ってよいだろう。この側面で，前57年の事件は，共和政の穀物供給の変化と，その背後に見える共和政の変化とを論じるにあたって重要な意味を持つのである。それでは，なぜこの時このような事態が生じたのであろうか。そして，ポンペイウスに与えられた「異例の命令権」が，共和政の権力にとって持つ具体的な意味はなんであろうか。次章では，この問題に議論を進めることにする。

註

1) 代表的なものとして以下を挙げておく。O. Hirschfeld, Die Verwaltung in der römischen Kaiserzeit, *Philologus* 29, 1870, 1-96. M. Rostovtzeff, 'Frumentum', in *RE*. D. van Berchem, *Les distributions de blé et d'argent à la plèbe romaine sous l'Empire*, Genève, 1939. G. E. Rickman, *The Corn Supply of Ancient Rome*, Oxford, 1980（以下 *Corn*. と略する）. P. Garnsey, *Famine and Food Supply in the Greco-Roman World*, Cambridge, 1988. C. Virlouvet, *Tessera Frumentaria : les procédures de distribution du Blé publique à Rome à la fin de la République et au début de l'Empire*,（以下，*Tessera*. と略する), Rome, 1995.
2) Van Berchem, 15. Garnsey, 208f., E. S. Gruen, *The Last Generation of the Roman*

Republic, Berkley/Los Angeles/London, 1992（Paperback 版。初版は 1974), 385ff. P. J. J. Vanderbroeck, *Popular Leadership and Collective Behavior in the Late Roman Republic (ca.80-50 B.C)*, Amsterdam, 1987, 93ff.; 121f. H. Benner, *Die Politik des P. Clodius Pulcher: Untersuchungen zur Denaturierung des Clientelwesens in der ausgehenden römischen Republik*, Stuttgart, 1987, 30f. C. Meier, *Res publica ammisa*, Wiesbaden, 1966, 110. しかしマイヤーは, 131ff. においてグラックスの諸政策自体には, 戦略を超えた新体制確立への志向を見る。

ただし「民衆派」「門閥派」の概念規定自体が多様であり，従って両勢力の戦略において，穀物供給政策が果たした具体的な役割については，これらの諸研究においても多様な解釈がある。また，穀物供給において戦略的性格を重視するという理解への反論として, P. Veyne, *Le pain et le cirque: sociologie historique d'un pluralisme politique*, Paris, 1976, 94; 425. J. B.von Ungern-Sternberg, Die politische und soziale Bedeutung der spätrepublikanischen leges frumentariae, in A. Giovannini (éd.), *Nourrir la plèbe: Actes du colloque tenu à Genève, les 28 et 29. IX 1989 en hommage à Denis van Berchem*, Basel/Kassel, 1991, 37f.

3）"Frumentariam legem C. Gracchus ferebat. Iucunda res plebi; victus enim suppeditabatur large sine labore. Repugnabant boni, quod et ab industria plebem ad desidiam avocari putabant et aerarium exhauriri videbant."

4）また Cic. *Tusc. Disp.* 3, 48: "Et quidem C. Gracchus, cum largitones maximas fecisset et effudisset aerarium, verbis tamen defendebat aerarium."（「そして実際，ガーイウス・グラックスも，莫大な『大盤振る舞い largitiones』を行い，国庫を浪費した時に，言葉では国庫を守ると言ったものだ。」）. Cf. Diod. 34-35.

D. Stockton, *The Gracchi*, Oxford, 1979, 127.

5）M. Gelzer, Die Nobilität der römischen Republik, in Chr. Meier/H. Strasburger (Hrsg.), *Kleine Schriften* I, Wiesbaden, 1962（初出は, Leipzig, 1912), 19-135. 吉浦（宮嵜）麻子「ローマ中期共和政の権力構造――ゲルツァー理論と「ノービリタース」概念――」『西洋史学論集』27, 1989, 45-53 頁。

6）こうした動向をより詳細に整理した上で，その展望を述べたものとして，石川勝二「共和政ローマと民主政」『西洋史研究』24, 1995, 1-22 頁。砂田徹「P. クロディウスをめぐる最近の諸研究――ローマ共和政末期の「都市民衆」とのかかわりで――」『史学（名古屋大学文学部研究論集）』36, 1990, 87-102 頁。同「共和政ローマの社会・政治構造をめぐる最近の論争について――ミラーの問題提起（1984 年）以降を中心に――」『史学雑誌』106-8, 1997, 63-86 頁。また，これらの動向に理解を示しつつ，共和政の本質を寡頭政と理解するものとして，安井萌『共和政ローマの寡頭政治体制』ミネルヴァ書房，2005 がある。

7）宮嵜麻子「アウグストゥス期における都市ローマの穀物供給制度」『古代文化』51-9, 1999, 21-28 頁および本論第 II 章。また, van Berchem, 69sq. Virlouvet, *Tessera.*, 10; 16sqq. 藤澤明寛「ローマ帝国下の穀物供給――Cura annonae について――」『西洋史学論叢』15, 1993, 21 頁。リックマンは，供給機構整備は緩やかに，元老院と皇帝との協力の下で行われたことを強調する。Rickman, *Corn.*, 67ff.; 73ff.

および 123ff.
8) Cf. Veyne, 425sqq. ただし，ヴェーヌ自身はローマにおける大規模・恒常的な穀物供給の可能性を，ただ国家的機構の下でのみ認めている。
9) Rickman, 32ff. Virlouvet, *Tessera.*, 42. Veyne, 425sqq. Garnsey, 178ff. P. Herz, *Studien zur römischen Wirtschaftsgesetzgebung*, Stuttgart, 1988, 33f.
10) "Multa igitur blandimenta plebi per id tempus ab senatu data. Annonae in primis habita cura, et ad frumentum comparandum missi alii in Volscos, alii Cumas."
11) "Eo anno...caritas primum annonae ex incultis per seccessionem plebis agris, fames deinde, qualis clausis solet. Ventumque ad interitum servitiorum utique et plebis esset, ni consules providissent dimissis passim ad frumentum coemendum...deo finitimorum odia longinquis coegerant indigere auxiliis...periculum quoque ab impetu hominum ipsis frumentatoribus fuit." Cf. Rickman, *Corn.*, 31f.
12) "Prodeundum in contionem Fulvio praetori esse, indicandas populo publicas necessitates cohortandosque, qui redempturis auxissent patrimonia, ut rei publicae, ex qua crevissent, tempus commodarent conducerentque ea lege praebenda quae ad exercitum Hispaniensem opus essent, ut, cum pecunia in aerario esset, iis primis solveretur. Haec praetor in contione; edixitque diem quo vestimenta frumentum Hispaniensi exercitui praebenda quaeque alia opus essent navalibus sociis esset locaturus. Ubi ea dies venit, ad conducendum tres societates aderant hominum undeviginti, quorum duo postulata fuere: unum ut militia vacarent, dum in eo publico essent, alterum ut quae in naves inposuissent ab hostium tempestatisque vi publico periculo essent."
13) "Et duodecim clipea aurata ab aedilibus curulibus P. Clodio Pulchro et Ser. Sulpicio Galba sunt posita ex pecunia qua frumentarios ob annonam compressam damnarunt."
14) Th. Mommsen, *Römisches Staatsrecht*（以下，*StR.* と略する），Bd.2, Berlin, 1887-1888³ (Nachdruck., 1969, Graz), 497ff. Rickman, *Corn.*, 35. von Ungern-Sternberg, 27.
15) "Ibi navibus longis deductis inpositoque quem secum advexerat milite Romam navigat Sardiniamque perdomitam nuntiat patribus ; et stipendium quaestoribus, frumentum aedilibus, captivos Q. Fulvio praetori tradit."
16) その他，前 203, 201, 200 年といった，第二次ポエニ戦争関連の例の他，前 129 年の Q. カエキリウス・メテルスによる，テッサリアからの調達（P. Garnsey/T. Gallant/D. Rathbone, Thessaly and the Grain Supply of Rome, *JRS.* 74, 1984, 36ff.），前 123 年の Q. ファビウス・マクシムスによるヒスパニアからの強制的な買い上げの例（Plut. *C. Gracc.* 6）。また，特に前 75 年の Q. ホルテンシウス・ホルタルスの例：
Cic. *Verr.* II, 3, 215 : "Quod nisi omnis frumenti ratio ex temporibus esset et annona, non ex numero neque ex summa consideranda, numquam tam grati hi sesquimodii, Q. Hortensi, fuissent, quos tu cum ad mensurae tam exiguam rationem populo Romano in capita descripsisses, gratissimum omnibus fecisti."（「もしも穀物に関する要因全体が，数や全体量からではなくて，季節や（その時の）市場価格で決まるのではないとしたら，ホルテンシウスよ，あなたがローマ市民へ一人あたりに，かくもわずかな量

で分配することにし，それが全ての者にとって最大の喜びとなった，1と2分の1モディウスというこの量は，決してかくも歓迎はされなかったであろう。」）．

前74年のM. セイウスの例：

Cic. *Off.* 2, 17, 58 : "Ne M. quidem Seio vitio datum est, quod in caritate asse modium populo dedit ; magna enim se et inveterata invidia nec turpi iactura, quando erat aedilis, nec maxima liberavit."（「実際，セイウスに対しても，（穀物）価格の高騰の折に，1モディウスを1アスで市民に売却することについての非難はなかった。彼は，古くからの甚だしい敵意を，不名誉な浪費によってでもなく（当時彼はアエディーリスであったのだから），また甚大な浪費によってでもなく，ぬぐい去ったのである。」（括弧内は筆者の補足。以下同様））．

17) Veyne, 429sq. Rickman, *Corn.*, 35f. Gruen, 36. Vanderbroeck, 93.
18) Veyne, 430. Vanderbroeck, 93.
19) Liv. 4, 13, 10（前439年）: "quod eas largitiones coetusque plebis in privata domo passi essent fieri."（「（穀物の）『大盤振る舞い』と，平民の参集は，彼の自宅で行われた。」）．

ただし，この記事自体は共和政末期の状況の投影であろうという見解が，諸研究に共通している。Virlouvet, *Tessera.*, 44sqq. Rickman, *Corn.*, 30f.

その他の穀物施与の例は，G. Cardinali, Frumentatio, *Dizionario Epigrafico* III, 1906, 225f. Cf. Hirschfeld, 2f. Virlouvet, *Tessera.*, 42.

20) Veyne, 16sqq ; 28.
21) Cic. *Off.* 2, 16, 57 : "Quamquam intellego in nostra civitate inveterasse iam bonis temporibus, ut splendor aedilitatum ab optimis viris postuletur."（「我々の都市では，良き時代に確立した慣行に従って，『最良の人士達』は，アエディーリスが栄光を持ってその役目を果たすことを期待している。」）．Cf. Gruen, 36.
22) Veyne, 21.
23) Garnsey, 176f. Vanderbroeck, 93. また特に220.
24) 最初の例は前299年。Liv. 10, 11, 9 : "Caritas etiam annonae sollicitm civitatem habuit ventumque ad inopiae ultimum foret, ... aedilem fuisse eo anno Fabium Maximum...ni eius viri cura...talis domi tum in annonae dispensationae praeparando ac convehendo frumento fuisset."（「更に，穀物価格の高騰が，市民を不安に陥れた……（中略）……もしもこの年のアエディーリスであったファビウス・マクシムスが……内地においてもこの事態に際し，市場価格の統制と，穀物の準備ならびに調達といった配慮をなさなかったならば，恐るべき飢饉がやってきたであろう。」）．
25) P. Garnsey/D. Rathbone, The Background to the Grain Law of Gaius Gracchus, *JRS.* 75, 1985, 20f. は，特に戦争の影響を強調する。Von Ungern-Sternberg, 21ff.; Rickman, *Corn.*, 36ff. 穀物（小麦）の生産性については，馬場典明「ローマ農業の生産性（上）」『古代文化』49-2, 1997, 16頁以下参照。
26) Rickman, *Corn.*, 38ff.
27) *Ibid.*, 45ff.; von Ungern-Sternberg, 27f.; Cf. Herz, 12.
28) Rickman, *Corn.*, 47f. ただし，以上の経過は，ローマ共和政における社会政策の展開

とは理解できず，むしろ，ヴェーヌが言うように，「国家防衛 la defense national」の一環として捉えるべきであろう。
29) 有名な例として，前138年の食糧不足と穀物価格高騰の際の，護民官クリアティウス C. Curiatius とコーンスルのスキーピオ・ナーシカー P. Cornelius Scipio Nasica との対立および，それに引き続いての民衆騒乱 (Val. Max. 3, 7, 3. Cf. Liv. Per. 55.)。前123年のグラックス，前100年（？）のL. サトゥルニヌスの行動については後述。しかし，むろん穀物供給の抑制を（元老院の指示により）試みる護民官もある。前119年には，護民官マリウスによる穀物配給法撤廃の試みに，民衆が反発したことが知られている (Plut. Mar. 4, 2-4.)。
　前1世紀に入ると，民衆の反応は過激になった。前75年には，海賊による穀物不足が原因で，民衆がフォールムにて，コーンスルならびに翌年就任予定のプラエトルに襲いかかる事態が発生している (Sall. Hist. fr. 2, 45. Gruen, 435. Vanderbroeck, 220f.)。前67年 (Dio 36, 23, 1-24, 4. Plut. Pom. 25, 1-4. Gruen, 435f. Vanderbroeck, 223ff.) にも同様の事件が起こっているが，これについては，第V章で詳しく扱う。Cf. Vanderbroeck, 153.
30) Benner, 24ff ; 30ff.
31) クロディウス：Dio 38, 13, 1. また，Ascon. In Pis. p. 8 : "Summa popularis." (「最も民衆に迎合した。」)。グラックスに関しては，本章「はじめに」を見よ。Cf. Benner, 59. Von Ungern-Sternberg, 38.
32) "C. Gracchus, Tiberii frater, tribunus plebis, eloquentior quam frater, perniciosas aliquot leges tulit, inter quas frumentariam, ut senis et triente frumentum plebi daretur."
33) この意味でも，センプロニウス法の主眼は明らかに，貧困者救済といった社会政策的なものではなく，一定量・一定価格の配給導入によって，投機と穀物不足を予防するという，穀物供給の安定化にあったと考えられる。穀物販売の持続については App. Bell. Civ. 1, 21-22. Veyne, 425 ; 430sq. Virlouvet, Tessera., 30.
34) Stockton, 154ff.
35) Rickman, Corn., 160.
36) Vell. 2, 6, 3. Rickman, Corn., 42f. Von Ungern-Sternberg, 33f.
37) Cic. Off. 2, 72 : "C. Gracchi frumentaria magna largitio ; exhauriebat igitur aerarium." (「ガーイウス・グラックスの巨大な穀物の『大盤振る舞いlargitio』は，国庫を使い果たした。」)。また，Cic. Sest. 103. ただし，「国庫の浪費」という言説が，「民衆派」に対する常套的非難として使用されていたことも，忘れてはならない。安井萌『共和政ローマの寡頭政治体制』ミネルヴァ書房，2005, 323ff.
38) Cic. Tusc. Disp. 3, 20, 48 : "L. Piso ille Frugi semper contra legem frumentariam dixerat : is lege consularis ad frumentum accipiundum venerat. Animum advertit Gracchus in contione Pisonem stantem; quaerit audiete populo Romano qui sibi constet, cum ea lege frumentum petat, quam dissuaserit. "Nolim" inquit "mea bona, Gracche, tibi viritim dividere libeat, sed si facias, partem petam."" Cf. von Ungern-Sternberg, 34f.
39) Virlouvet, Tessera., 167. このことをヴィルルーヴェは，共和政・帝政における穀物

供給の普遍的性格に関するファン・ベルヒェムの見解に結びつける。すなわち，穀物供給の都市国家的原則は，センプロニウス法以降，帝政期においても残り続ける。そこでは，穀物供給は（それが有料であろうとも，無料であろうとも），常に受給者数の制限を伴うが，その際の基準は財産額ではなく，市民権，出自，居住地等であり，ここからやがて，受給者の特権化が進行した，と。ファン・ベルヒェムがこの措置に看取したのは，貧民救済といった社会政策の出現ではなく，市民団維持という共和政の意思であった。ただ（とりわけクロディウス法によって無料化した以後）そうした意図の下で，穀物供給が国家に担われたという点のみが，従来とは異なる展開と理解される。Van Berchem, 17 ; 25sq. ; 55sqq. ; 60. et passim. C. Virlouvet, La plèbe frumentaire a l'époque d'Auguste, in Giovannini（éd.）, *Nourrir la plèbe : Actes du colloque tenu à Genève, les 28 et 29. IX 1989 en hommage à Denis van Berchem*, Basel/Kassel, 1991, 43sqq. ; 60sqq.

しかし，少なくとも共和政期における穀物配給法に関しては，その対象が貧民に限定されず，またとりわけクロディウス以前には，有料であったにせよ（すなわちセンプロニウス法以前のローマ社会が知っていた方法に近いにせよ），その結果として，最も恩恵を受けたのが，都市貧民であったことは疑う余地がない。これが，あくまでセンプロニウス法の帰結に過ぎないのか，それとも目的として意図されていたのか，という問いにはもはや穀物配給法の検討のみにて答えることはできない。ファン・ベルヒェム自身の見解を付け加えておくと（Van Berchem, 177），グラックス，さらにはクロディウスは，貧民化したローマ市民の救済を目指してはいたが，しかし社会政策としてではなく，むしろ政治的意図としてそれを行った，と理解される。この点をも含めて，配給法の意図するところを，グラックス，クロディウス等の政策全体から考察する必要があろう。だが，本章の目的に関する限りでは，配給諸法の制度的性格を確認するだけで十分である。

40) Virlouvet, *Tessera*., 117.
41) *Ibid*., 118sq.
42) Plut. C. *Grac*. 6, 3 :「また，彼（グラックス）の導入した法は，……（中略）……穀物倉庫を建築することなどであった。」. Festus 370L : "Sempronia horrea qui locus dicitur in eo fuerunt lege Gracchi ad custodiam frumenti publici."（「センプロニウスの倉庫は，グラックスの法によって，国家の穀物の保存のために設置されたと言われている。」. Stockton, 128. Von Ungern-Sternberg, 30. 穀物倉庫の一般的条件についてはRickman, *Corn*., 134ff.
43) 本章註3を見よ。
44) スッラによる穀物供給制度全廃は，従来彼の他の諸「改革」と共に，その守旧的性格が強調されてきた。しかし，スッラのこのような性格付け自体が，近年再検討を要請している。少なくとも，穀物供給制度に関して言うならば，彼の意図を読みとるには史料があまりに断片的である。Cf., A. Keaveney, *Sulla : The Last Republican*, Oxford, 2005², 57f. ; 138f. ; 183. また，岩井経男「スッラの体制——ローマ共和政末期の権力者と不正——」『西洋史研究』新輯24, 1995, 230-231頁参照。スッラの改革全体を，元老院主導の共和政体制建て直しとみなす岩井の見解は，穀物配給法の中

に元老院のイニシアティヴを見る筆者の考えとは，一致しないことになる。
45) 本章「はじめに」および註2を見よ。
46) Cf. Stockton, 128f.
47) Von Ungern-Sternberg, 34f.；38f.
48) Cic. *Ad Herr.* 1, 21： "Cum Lucius Satruninus legem frumentariam de semissibus et trientibus laturus esset, Q. Caepio, qui per id temporis quaestor urbanus erat, ducuit senatum aerarium pati non posse largitionem tantam. Senatus decrevit, si eam legem ad populum ferat, adversus rem publicam videri ea facere. Saturninus ferre coepit. Collegae intercedere, ille nihilominus sitellam detulit. Caepio...cum viris bonis impetum facit...impedimento est quo setius feratur." Rickman, *Corn.*, 162ff. Vanderbroeck, 73.
　また，この事件の年代確定については，H. B. Mattingly, Saturninus' Corn Bill and the Circumstances of his Fall, *CR.* 19, 1969, 267ff. A. R. Hands, The Date of Saturninus' Corn Bill, *CR.* 22, 1972, 12ff. サトゥルニヌスの「民衆派」としての位置づけについて，G. Doblhofer, *Die Popularen der Jahre 111-99 vor Christus : Eine Studie zur Geschichte der späten römischen Republik,* Wien/Köln, 1990, 73ff..
49) Cic. *Off.* 2, 72： "...modica M. Octavi et rei publicae tolerabilis et plebi necessaria; ergo et civibus et rei publicae salutaris". 年代確定は，Rickman, *Corn.*, 164ff.
50) Rickman, *Corn.*, 166f.
51) Sallust. *Or. Macri.* 19： "Nisi forte repentina ista frumentaria lege munia vostra pensantur ; qua tamen quinis modiis libertatem omnium aestumavere, qui profecto non amplius possunt alimentis carceris." ここで興味深いのは，門閥派に対抗して行われたこの演説中で，穀物配給法が，「民衆を買う手段」として扱われていることである。もはや，この時点では少なくとも，穀物配給法自体が，「民衆派」のみの手法と見なされえないことは，明白と考えられる。
　テレンティウス＝カッシウス法の内容に関しては，その他に，Cic. *Verr.* II, 52： "Denique cum ex senatus consulto itemque ex lege Terentia et Cassia frumentum aequabilite emi ab omnibus Siciliae civitatibus oporteret." (「最後に，元老院議決ならびにテレンティウスとカッシウスの法によって，穀物がシキーリアの全都市から均等に買い付けられた。」).
　Cf. *Verr.* II, 163. App. *Bel. Civ.* 1, 111. Rickman, *Corn.*, 167ff. Vanderbroeck, 220f. Veyne, 429.
52) Plut. *Caes.* 8：「カトーはなによりも……（中略）……貧困層の中に生じた革命的な動きを恐れ，彼らに月々穀物を分配するように元老院を説得した。」. Cf. Plut. *Cato Min,* 26. Rickman, *Corn.*, 168ff. Benner, 61. Veyne, 381. P. A. Brunt, *Italian Manpower,* Oxford, 1971, 277ff.
53) Vanderbroeck, 122. Von Ungern-Sternberg, 40f. 前73年以降の元老院の対応を，政治的配慮による一過性のものとと見なすガーンジィの見解には根拠がない。Garnsey, 208ff.
54) 本章第1節および註30を見よ。
55) Ascon. *In Pis.* 8. Dio 38, 13, 1. Benner, 59 ; 63. Van Berchem, 20. Rickman, *Corn.*, 172.

56) Cic. *Dom.* 25: " Scilicet tu... omne frumentum privatum et publicum, omnes provincias frumentarias, omnes mancipes, omnes horreorum claves lege tua (Sex. Clodio) tradidisti. Qua ex lege primum caritas nata est, deinde inopia. Impendebat fames, incendia, caedes, direptio: imminebat tuus furor omnium fortunis et bonis."（「お前（クロディウス）は，お前の法によって，全ての，公私を問わぬ穀物を，全ての穀物生産属州を，全ての請負人を，全ての穀物倉庫を（仲間の Sex. クロディウスの手に）渡した。この法からは，最初に価格の高騰が，次に穀物不足が生じた。我々の上に，飢饉，暴動，殺人と略奪が差し迫っていた。お前の見境のない企図が，全ての者の将来と財産を脅威にさらしたのだ。」). Cf. Van Berchem, 16; 19. Benner, 59.

57) "...ut remissis senis et trientibus quinta prope pars vectigalium tolleretur."

58) Dio 39, 24, 1. Benner, 58.

59) "Eo biduo cum esset annonae summa caritas, et homines ad theatrum primo, deinde ad senatum concurrissent, impulsu Clodi mea opera frument inopiam esse clamarent." Vanderbroeck, 249ff.

60) "...cum per eos dies senatus de annona haberetur, et ad eius procurationem sermone non solum plebis, verum etiam bonorum Pompeius vocaretur... Postridie senatus frequens et omnes consulares nihil Pompeio postulanti negarunt. Ille legatos quindecim cum posularet...Legem consules conscripserunt, qua Pompeio per quinquennium omnis potestas rei frumentariae toto orbe terrarum daretur."

　吉浦（宮嵜）麻子「ポンペイウスのクーラ・アノーナエ」『西洋史学論集』31，1993，15頁および本論第IV章を見よ。また，ポンペイウスの全権の内容に関しては，Herz, 47ff. に詳しい分析がある。

関連年表

年代	主要な政治的事項	穀物供給に関わる事項
218	第二次ポエニ戦争 (-201)	
215		商人たちがヒスパーニアの軍隊への糧食・衣料を国家に掛け売り
		サルディーニアでの勝利。戦利品のうち，金銭はクワエストル，穀物はアエディーリスの管理下へ
203		大量の穀物がヒスパーニアから流入。アエディーリスが市民に安価で売却
198	12,000人のラテン・イタリア人，都市ローマから故郷への帰還を要求される	
197	ヒスパーニアに二つの属州成立。その後，反乱が散発的に続く (-179)	
196		シキーリアから100万モディウスの穀物が贈与される
194	南イタリアに八つのコローニア建設	
193		
191	対シュリア戦争 (-188)	アエディーリス，港湾施設を設立
		シキーリア，サルディーニアから2度の十分の一税（穀物）徴収
190		ヌミディア，カルターゴーが50万モディウスの小麦と25万モディウスの大麦を贈与
188		シキーリア，サルディーニアから2度の十分の一税徴収
183	Mutia, Parma にコローニア建設	アエディーリス，穀物を買い占めた業者を処罰
182	Lex Orchia （奢侈禁止法）	
181	Lex Cornelia Baebia （選挙買収禁止法）	
180	Lex Villia annalis （政務職関連法）	
		シキーリア，サルディーニアから2度の十分の一税徴収
179		
175	ヒスパーニアで再び反乱	
173	都市ローマ居住ラテン人，帰国を要請される	港湾施設拡大
171	対マケドニア戦争 (-168)	シキーリア，サルディーニアから2度目の十分の一税
170	ヒスパーニアで再び反乱	
167	ローマ人からの直接税徴収廃止	
161	Lex Fannia （奢侈禁止法）	

第III章　ローマ末期共和政の穀物供給政策

穀物供給に関わる法（法案）および元老院議決

年代	主要な政治的事項	穀物供給に関わる事項
154	ヒスパーニアで大反乱	
153	ローマ軍，ヒスパーニアで敗北	
151	マルケッルス（cos.），ヒスパーニア側と和平交渉。元老院はこれを拒否 募兵に関して護民官とコーンスルが対立し，コーンスルが一時投獄される	
149	第三次ポエニ戦争（-146) Lex Calpurnia（属州総督不当搾取に関する常設法廷設置法）	
147	ヒスパーニアで大反乱	
146	対アカイア同盟戦争。コリントゥス破壊。アカイア同盟解体 カルタゴ破壊，ローマの属州へ マケドニア，ローマの属州へ	
144	ヒスパーニアで大反乱	
142-1	スキーピオ＝アエミリアーヌスのケーンソル職	穀物価格高騰
140	ラエリウス（cos.）による農地分配法案の試み	
139	Lex Gabinia（秘密投票法）	
138	シキリアで大奴隷反乱 クリアティウス（tr. pl.），募兵を巡ってコーンスルと対立。コーンスルを投獄	クリアティウス，穀物供給を巡って，元老院と対立
137	Lex Cassia（秘密投票法）	
134		シキリア，十分の一税徴収不能に（-132)
133	スキーピオ＝アエミリアーヌ（procos.）がヒスパーニアで最終的勝利 Ti. グラックス（tr. pl.）の農地分配法	
129	属州アシア設立（旧ペルガモン王国）	飢饉。メテッルス（aed.）がテッサリアから穀物調達
126	対ガリア人戦争	
123	C. グラックス（tr. pl.）の改革	
121	元老院最終議決によるグラックス殺害	
120	属州ガリア・ナルボネンシス設立	
119		マリウス（tr. pl.），新たな穀物法案導入を妨害して市民の怒りをかう

穀物供給に関わる法（法案）および元老院議決

Lex Sempronia de frumentaria
  提案者：C. Sempronius Gracchus (tr. pl.)
  内容：1) ローマ市民一人当たり，毎月一定量の穀物を国家が売却
       2) 価格を1モディウスあたり，6と1/3アスとする
       3) 穀物倉庫の建設？
       4) なんらかの受給者枠？
Lex frumentaria（マリウスの介入により不成立）
  提案者：不明（tr. pl.?）
  内容：不明
  対象：不明

年代	主要な政治的事項	穀物供給に関わる事項
114	ヒスパーニアで反乱（-111）	
111	対ユグルタ戦争（-105）	
100?		カエピオー（quaest.）が，穀物法案導入を妨害して，市民の怒りを買う
101	Lex de pirate	
90代		
91	M. ドルスス（tr. pl.）よる改革の試みと，ドルスス暗殺 イタリア同盟市戦争（-89）	
84	元老院議決により新市民を全トリブスに登録	スッラ，国家による穀物配給を全廃
82	スッラによる都市ローマ攻撃と敵対者の殺戮 スッラ，独裁官へ。護民官職権の撤廃	
78	スッラ，死亡	海賊により穀物輸送困難。都市住民が騒乱
75		
73	スパルタクスの反乱（-71）	
70	ポンペイウスとクラッスス（coss.），護民官職権を復活する	
67	Lex Gabinia：海賊討伐のため，ポンペイウスに「異例の命令権」賦与	海賊により再び穀物輸送が途絶える。都市住民騒乱ポンペイウスの海賊討伐により，穀物供給量，価格が正常化
63	カティリーナの陰謀	
62		
60	「第一次三頭政治」	

穀物供給に関わる法（法案）および元老院議決

Lex frumentaria（カエピオーが暴力的に成立阻止）
 提案者：L. Appuleius Saturninus (tr. pl.)
 内容：1) 価格を1モディウスのあたり，5/6アスに定める（6と1/3アスの誤りか）
   2) 対象は不明

Lex Octavia（キケロー，この法を賞賛）
 提案者：M. Octavius (tr. pl.)
 内容：不明だが，受給者枠制限？

Lex Livia（導入直後に廃止）
 提案者：M. Livius Drusus (tr. pl.)
 内容：不明

穀物法復活の試み
 提案者：M. Aemilius Lepidus (cos.)
 内容：1) 毎月一人当たりモディウスの，国家による販売
   2) 受給者枠は不明

Lex Terentia Cassia
 提案者：M. Terentius Varro/C. Cassius Longinus (coss.)
 内容：1) 毎月一人当たり5モディウスの，国家による販売
   2) 価格は1モディウスあたり6と1/3アス
   3) シキリア産穀物（1/10税）についてなんらかの規定？
   4) なんらかの受給者制限（40,000人程度？）

穀物供給に関する元老院議決
 提案者：M. Cato
 内容：1) 安価な穀物受給者の拡大
   2)「貧民と土地を持たぬplebs」を対象（Plutarc.）

年代	主要な政治的事項	穀物供給に関わる事項
58	カエサル，ガリアへ (-49) P. クロディウス (tr.pl.) の諸立法 キケロー追放	
57	キケローの追放解除を巡って，市内で武力闘争。キケローの帰還	穀物不足により住民が騒乱 ポンペイウス，クーラ・アノーナエを引き受ける (-53) ・シキーリア，サルディーニア，アフリカから穀物輸送 ・穀物受給者リストを再編
52	都市ローマが内戦状態へ。クロディウス殺害 ポンペイウスの，consul sine collega 就任	
49	カエサル，イタリア侵入。両コーンスル，多数の元老院議員，ポンペイウス等がイタリア脱出	
48	カエサル，独裁官へ ポンペイウスの殺害	Caesar，新たな政務職として aedilis cerialis を設立
46	Caesar の諸立法	
44	カエサル暗殺される	
43	「第二次三頭政治」	
40		Sex. ポンペイウス，シキーリアを統制し，ローマへ飢饉の脅威をもたらす。オクタウィアーヌスとアントニウス，都市住民の要請により，ポンペイウスと条約締結
36		オクタウィアーヌス，シキーリアを占領して穀物供給源確保。
31	オクタウィアーヌス，アクティウム沖海戦に勝利	
27	オクタウィアーヌス，アウグストゥスの名と，複数の属州におよぶコーンスル命令権を得る	
23		飢饉 (-22)。アウグストゥス，市民の要請に応えてクーラ・アノーナエを引き受ける
18		アウグストゥス，私財から10万人以上に穀物施与
2		穀物受給者を制限
紀元5?		食糧供給長官 praefectus annonae 設置

＊年代は特記されていないものは，すべて紀元前である。
＊略号：cos.：コーンスル。coss.：コーンスル（複数）。procos.：プロコーンスル。
　　　　praet.：プラエトル。aed.：アエディーリス。quaest.：クワエストル。tr. pl.：護民官。

穀物供給に関わる法（法案）および元老院議決

Lex Clodia
　提案者：C. Clodius Pulcher（tr. pl.）
　内容：1) 穀物無料配給
　　　　2) 受給者枠は不明だが，おそらくは全市民

コーンスル法
　提案者：P. Cornelius Lentulus Spinther/Q. Caecilius Metellus Nepos
　　　　（coss.）
　内容：クーラ・アノーナエのために，ポンペイウスに「異例の命令権」
　　　　を賦与

Lex Iulia
　提案者：C. Iulius Caesar（cos.）
　内容：穀物受給者数を 150,000 人に制限

元老院議決
　内容：クーラ・アノーナエの，個人への委任を禁じる

第 IV 章

ポンペイウスのクーラ・アノーナエ

はじめに

　前57年，ローマにおいて穀物不足と穀物価格急騰に起因した食糧危機が発生した。この危機を解決するための措置として，ポンペイウス・マグヌス Cn. Pomeius Magnus に，「食糧供給のための配慮 Cura annonae（クーラ・アノーナエ）」が委託された。この経緯のみを見れば，この事件は，経済史的ないし社会史的な意義を持つと考えるのが自然であろう。しかしこの事件については，むしろ常に共和政の政治，制度面におけるその意義が問われてきたのである。

　政治面について。ゲルツァーからグリーナル P. Greenhalgh に至るポンペイウス研究は，前1世紀前半期のこの政治的巨人の言動を通して，共和政末期の政治の特徴と変遷を読み取ろうというものである。こうした試みの中で，一つの典型的事例研究として前57年の事件は取り上げられ，分析されてきたのである。その際には，クーラ・アノーナエを名目として元老院統治に対抗する，個別の有力者の権力獲得のための手法としての側面が強調されてきた[1]。

　制度面について。政治的手段という理解とも連関するが，共和政における政務職権限の性格と，そこから派生しつつもそれを超越する，共和政末期の「異例の命令権」の意義を問う国制史的研究の流れの中で前57年の事件を理解しようという試みがある。この場合はとりわけ，リックマンやヘルツのように，クーラ・アノーナエのためのこの「異例の命令権」に，カエサルを経

てアウグストゥスが備えることになる,同様の目的のための権限との連続性が見いだされることになった[2]。

このように相関しながら,政治面,制度面でのこの事件の意義が先行研究によって問われてきたという経緯がある。しかしいずれの場合にも,こうした傾向の前提となったのは,共和政の穀物供給問題そのものの性格についての理解であろう。第Ⅲ章で見たとおり,それ自体,前2世紀以降,一般に政治的次元で語られるものであった。特に前2世紀末以降に関しては,「門閥派」「民衆派」の対決の構図の中で,その抗争の一つの焦点として当時の穀物供給のあり方が,議論されてきたのである[3]。

伝統的な貴族的価値観に支えられた,ノービリタースによる寡頭政としての共和政統治を,直接的には元老院の主導のもとで持続させようとする「門閥派 optimates」と,一般市民の支持を基盤に,一般には護民官の立場を利用しつつこれに対抗する「民衆派 populares」。この両者の対立を基調として前2世紀末以降,政策決定をめぐる,あるいはまた権力掌握をめぐる闘争が展開した,という定説の理解に対しては,第Ⅰ章でみたように,統治層の定義に関して,あるいは党派の固定的理解に関して,作業概念としての有効性が問われている。しかしなお,原則的にはこうした理解が一般的であると言って差し支えあるまい[4]。

穀物供給に関しては,ガーイウス・グラックスという典型的な「民衆派」の一員に数えられる人物が護民官として提案した穀物配給法以来のその展開は,一般市民の支持を取り付けることを目的として,穀物供給制度の確立ないしは拡大を目指す「民衆派」と,こうした政策を一般市民への迎合であるとし,共和政の本来的な穀物供給のあり方である,各市民による自力での穀物調達（具体的には市場での購買）を堅持しようとする「門閥派」との拮抗の歴史である,というのが一般的な理解であることを既に第Ⅲ章で述べた。そして,こうした従来の理解に対して,このような党派闘争のコンテクストのみで,共和政末期の穀物供給事情を読み解くことはできないということがそこでは確認された。すなわち,前123年のグラックスの意図からしてそうであるように,その後の穀物配給諸法の意図もまた,従来の理解される形での党派抗争の色彩を全く否定することはできないにせよ,それと並んで

理念上の変化が作用していた可能性を考慮すべきである，と。とりわけ前70年代以降，この傾向は顕著となり，グラックス以来の「民衆派」の路線に加えて，元老院主導による，つまりは「門閥派」の承認を得た上での穀物供給の拡大が目指されたのである。

しかしまた，前57年の事件をこうした理念上の変化と，その結果としての配給法による配給制度と同一線上に理解することが困難であることも，第III章末尾において確認されたとおりである。決定的な違いは，穀物供給の，国家による定期配給制度という形態とは異なり，単独の私的な立場にある有力者による遂行という方法であり，しかしこれを伝統的方法である私的な施与としてではなく，「異例の命令権」行使による，すなわち政務職が権限を行使することと原理的には同質の，統治行為の一環として行う，という事態であった。このような事態をどう理解すればよいのであろうか。なぜ前2世紀以降の穀物供給の展開は，一見，突如としてこうした異質な方法へと向かったのだろうか。あるいはこの事件は，政治権力を追求する有力者達と，またこれに苦しむ元老院の，それぞれの行動の一貫性のなさしか見いだされえないという，先行研究の見解に従って理解すべきなのだろうか。あるいはまた，党派闘争のコンテクストの中に埋め込まれるべきものなのだろうか。前57年のクーラ・アノーナエの本質について，こうしたさまざまな解釈の是非を吟味しつつ，前2世紀以降の穀物供給の変化との，ひいては共和政の変化との連関を問う作業が，本章の課題となる。最初に，この時クーラ・アノーナエのためにポンペイウスに賦与された命令権そのものの性格について考察してみよう。

第1節　前57年の命令権

前57年の事態については，キケローが友人アッティクス Ti. Pomponius Atticus にあてた書簡の中で，詳細な叙述を行っている。なぜならこの事件の発端には，深くキケロー本人が関与していたからである。かの政敵クロディウスによって引き起こされたキケローのローマ追放と，その取り消しおよびローマ帰還という一連の経緯の直後に，この年の食糧危機は発生した。

まずはこの事件について伝える，キケローの叙述を詳しく読んでみよう。

「（キケローのローマ帰還の）翌日9月5日，私は，元老院において（追放刑取り消しに対する）感謝を表明した。その2日後に穀物価格が劇的な高値となり，人々が最初は劇場に，次に元老院に押しかけた。穀物欠乏は私のせいだという，クロディウスの扇動によって，大声で叫びながら。同日，元老院が穀物供給に関して開かれ，民衆 plebs のみならず，「良き人士達 boni」までもが，事態の収拾のためにポンペイウスを要請した。ポンペイウス自身もそれを熱望し，群衆 multitudo は名指しで私にそのことを元老院で提案するよう求めた。私はそれを実行して，入念に意見を表明した。

メッサラとアフラニウスを除くコーンスル経験者達の欠席のもとで——彼らは，安全に意見を述べることができないと考えたのである——私の意見に沿って，ポンペイウスに，この事態を収拾することを要請するという元老院議決がなされ，法が導入されることになった。この元老院議決が市民の前で読み上げられた時，彼らは愚かな新しい習慣に従って，私の名を拍手で迎えた。私は『集会 contio』で演説したが，それは1人のプラエトルと2人の護民官を除く，全ての政務職が承認を与えたものだった。

翌日，元老院に全員出席のもとで，すべてのコーンスル経験者達はポンペイウスの要求するところを全て受け入れた。彼が15人の副官を要求した時，私は第一に指名され，そして彼は私を彼自身と同じと思う，と言った。コーンスル達が法を成立させた。それによると，ポンペイウスは5年間にわたる権限を，穀物供給のために地上の全世界にわたって賦与される。

かわりの法をメッシウスが提案した。それは，全ての国庫金と権限を与え，艦隊と軍隊，属州総督の命令権に優越する命令権を伴なう。コーンスル経験者達の法は，こうなると穏便とも思われるが，メッシウスの法は耐え難い。ポンペイウスは前者の法を望むと言うが，彼の友人達は，（彼が）後者を望んでいると言う。」[5] (Cic. *Att.* 4, 1, 5f. 括弧内は，筆者の補足。以下，

同様)

　前57年の穀物不足と価格高騰の直接の原因は，穀物を生産する属州に穀物がなかったということであり，さらにこれに便乗して投機がなされたことが状態を悪化させたと，キケロー自身が，その演説『神官達の前で行った自身の邸宅についての演説 De Domo sua ad Pontfices』の中で述べている。この演説は，パラティヌスの丘にあった彼の邸宅が，追放中にクロディウスの立法によって競売にかけられたことに対し，異議を唱える内容のものである。前57年9月の末に，神官団の前でクロディウスを相手に行われたものであり，従って食糧危機関連の事件直後の状況を最も直接的に伝えている。

　ここで彼が「穀物を生産する属州には穀物がなかった」と述べている中身が問題である。無論，なんらかの自然の要因による不作が単純に想起されえるが，しかしまた同じ演説の中でキケローが，前年にクロディウスが導入した新たな穀物配給法によって，穀物の無料配給が制度化されたことを厳しく非難していることが合わせて考慮されるべきであろう。すなわちキケローは，この無料配給制度の導入によって，前年以降，膨大な量の穀物がイタリアに流入した，と述べている。ここから既に全ての穀物をイタリア向けに供出したがゆえに，「属州には穀物がない」というクロディウスへの非難がこの表現には込められている，ということが考えられる[6]。

　当事者であるキケローが，この事件を政治的次元で利用しようとすることは，当然であろう。現にキケローのみではなく，上のアッティクス書簡で見たように，クロディウスもまたこの時の食糧危機の責めをキケローに負わせようとしている。すなわち，キケローのローマ帰還を出迎えようと，大勢のイタリア住民がローマに押しかけたため，穀物不足が生じた，というのである。

　しかしまた，この事件を政治的なコンテクストで理解するのは当事者に限らない。プルタルコスによれば，クロディウスはポンペイウスを非難したと言う。穀物不足は，ポンペイウスが権力獲得のために仕組んだのだ，と。また，これに付け加えてプルタルコスは，他の者達は，この年のコーンスル，レントゥルス＝スピンテル P. Cornelius Lentulus Spinter が，当時発生して

いたエジプトでの王位継承問題からポンペイウスを遠ざけ，自らが翌年，エジプト問題の処理の任を得るために，全てを目論んだ，と噂したことを付け加えている[7]。食糧危機の原因が，スピンテルによって作られたということも考えがたいことであるし，また仮にそのようなことが可能だとしても，危機の兆候は既に9月以前にあったらしいことがわかっており，エジプト問題処理の任を定めるにはそれは間が空きすぎている。要するに，以上のような原因説や陰謀説は，全て疑わしいと言わざるをえない[8]。ただ，本章の課題にとって重要と思われるのは，信憑性はともかくとして，これらの説明が当然のように，前57年の事件がポンペイウスをめぐる，ないしは巻き込んだ当時の政治状況と連動していると見なしているという，その点である。

　この点について，「ポンペイウス自身もそれを熱望し idque ipse cuperet」と告げるキケローの言葉は，この時ポンペイウス自身が明確にクーラ・アノーナエの遂行を希望していた，ということを示唆している。末尾の言葉，「ポンペイウスは前者の法を望むと言うが，彼の友人達は，（彼が）後者を望んでいると言う Pompeius illam velle se dicit, familiares hanc」は暗示的な表現である。ここで「（彼が）」という言葉は原文にはなく，「彼の友人達が後者の法を望む」と読めなくもない。しかし前後関係から推して，ここで「（彼が）」という語を補って読むのが，適当であろう[9]。その場合は，ポンペイウスが，実際に獲得した以上に強大な命令権を提案する護民官の法案を望んでいると，彼の支持者達が考えていたことになる。仮に護民官の法案を望んだのが，ポンペイウスではなく，支持者達であった，とキケローが述べているとしても（つまり「（彼が）」という言葉が隠されていないとしても），このことは慎重に考慮する必要があろう。ポンペイウスは，その政治的経歴の中で，前57年以前にも繰り返し「異例の命令権」を獲得しているが，その際，常に自らはそれを望まない，という態度をとり続けていることが知られている。常にその種の命令権賦与を要求するのは，ポンペイウスの支持者達であった。しかし，彼がその種の命令権を望んでいなかったとは，周囲が全く信じていなかったことを，キケローの別の書簡が教えてくれるのである[10]。

　そもそも，もしも仮にポンペイウスが本当に望まなかった場合，彼の支持

第Ⅳ章　ポンペイウスのクーラ・アノーナエ

者達が護民官法案を彼に望む，と表明するだろうか。ありえないとは言えないかもしれない。しかし，上で見た状況を総合すると，ポンペイウス本人が，より強大な権限を伴う「異例の命令権」を望んでいた（と，少なくとも周囲は考えていた），と読み取ることが自然であろう。しかし，もし仮に彼が前者の法のみを望んだとしても，彼が「異例の命令権」を獲得することを明確に望んでおり，それを表明したこと自体は疑いない。

　では，ポンペイウスが望み，獲得した「異例の命令権」は，具体的には彼にどのような権限と利点を与えたのだろうか。しかし，前57年のコーンスル法が，ポンペイウスに与えた権限の内容は，きわめて不明瞭にしか知られていない。そこで，共和政末期の他の「異例の命令権」，就中ポンペイウス自身が前67年と前66年に獲得した，「異例の命令権」と比較しながら分析したい。前67年，前66年に獲得した「異例の命令権」は，その内容，また獲得の経緯が，共に前57年のそれと大きく共通すると考えられるからである[11]。

　海賊討伐を直接の理由として，護民官ガビニウス A. Gabinius によって平民会議決を経て認められた前67年の命令権については，その全容がわかっている。それは，地中海全域と内陸約75キロメートルにおよぶ，3年間期限のプロコーンスル権限であり，24人の副官，2人のクウェストル，国庫金利用権，12万人の歩兵，5,000人の騎兵，500隻の船舶を動員する権限であった。前66年の護民官マニリウス C. Manilius は，さらにこの権限を拡大した[12]。この，二つの強大な命令権のポンペイウスへの賦与なしには，当時ローマが置かれていた軍事的困難の解決はありえなかったということを，前57年の当事者達が想起すべきであると，キケローは述べている[13]。

　これに比べて，上述したように前57年の命令権については，具体的な内容はほとんど伝わっていない。ディオは，その政務職権限がプロコーンスル格のものであった，と伝える[14]。キケローは，上のアッティクス書簡の中で，「5年間にわたる権限が，穀物供給のために地上の全世界にわたって与えられた per quinquennium potestas rei frumentariae toto urbe terrarum」と述べている。ここからまず，この命令権が5年間という時間枠を備えた，プロコーンスル格権限であったことが認められるであろう。こうした時間的

制限は，前67年，前66年の命令権をはじめとして，一般に「異例の命令権」に設定されていた[15]。前67年，前66年の場合，それは3年間の枠であったが，前57年のそれは5年間であった。このことがすぐさま，前57年の権限が前67年，前66年のそれに比べて，強大であるということを意味してはいない。しかし，任期1年の正規の政務職とは異なり，前57年以降，5年の長期にわたってプロコーンスル権限を行使しえたことは，制度上，政務職に就任できなかった当時のポンペイウスにとっては，政治的影響力の維持のためにはこの段階において可能な限り，最大の利点を意味していたはずである。この種の複数年の権限保持は，後にアウグストゥスが政務職ないしその権限を複数年にわたって保持し続けることによって，権力の座を長期化したことを想起させる[16]。

では，「地上の全世界」とは，具体的にはどのような範囲を指すのか。ヘルツはそれを，ローマの命令権 Imperium Romanum が及ぶ範囲，すなわち属州の広がりを超えた（従ってローマ帝国の領域を超えた，と言うこともできる）空間でありうる，という[17]。しかし，プルタルコスとディオは明確に，「ローマの支配権が及ぶ範囲」と述べており，その外での命令権適用を想定することには無理があると，筆者は考える[18]。しかし，帝国の全域におよんだということは，複数の属州において命令を下すことが可能であったことを意味している。このことは政務職権限を備える属州総督が，一人あたり単一の属州のみを管轄するという制度と併せて考えると，慣行を超えた広範囲な空間におよぶ命令権であったことが理解できる。またこのことは，属州統治について，事実上の決定権を握っており，その意味で帝国統治を行った元老院の影響力にとって，由々しき事態であったはずである。同様の事態は，前67年，前66年にもあるが，前57年の適用範囲はそれらを大きく超えているだけに，その影響力は甚大であった，と考えられる。実際に，ポンペイウスが穀物を調達するために，シキーリア，サルディーニア，アフリカといった，穀物生産属州を訪ねたということが知られている[19]。この点に関しても，アウグストゥスがプロコーンスル格の権限を，全属州の3分の2に対して獲得したことの先例としての意味を持つ。

さらに，前57年の命令権のこの空間的な広がりと，副官の任用権とを合

わせて考える必要があるだろう。命令権保持者が自らの副官を任用すること自体は，この年の15人や，前67年，前66年の24人といった多数は例外的であるとしても，従来から認められていた。しかし，上述したように，通常は命令権の適用範囲は単一属州のみである。つまり，このような副官の行動範囲もまた，単一州内に限定される。しかし，前67年，前66年ならびに前57年の場合は，副官の活動も属州の枠を超え，広範囲におよぶことになる。前57年に関しては，実際には副官としてキケローならびに彼の弟クィントゥスの名しか知られていない。このうち，キケローが，シキーリアに赴いて，現地の穀物商人としきりに交渉している様子が窺える[20]。またプルタルコスは，その他の多くの副官も，各生産属州に出向いたことを伝えている[21]。このような，命令権保持者と私的な関係を保つ副官の活動もまた，元老院の属州統治にとって障害となったはずである。属州の枠を超えて命令権保持者の代理が行動する有様は，皇帝代理人の立場と行動を想起させる[22]。

　ポンペイウスが，クーラ・アノーナエのために行使した権限については，この他には，実際の彼の行動から推測する以外に方法はない。例えば，既に述べたように，彼は自ら穀物生産属州に渡り，あるいは副官を派遣して，穀物調達に当たっているが，その際に，現地の穀物商人と一定期間の契約を結ぶと共に，彼らに多様な特権を与えていることがわかっている。その一つは，彼ら属州商人へのローマ市民権の賦与であった[23]。ただしこのことを，自らが保持している命令権を行使して行ったのか，それとも元老院なりコーンスルなりへ働きかけたに留まるのかは，確定できない。しかし，いずれにせよ，同様の措置が，帝政期には盛んに行われたことを付け加えておこう[24]。

　また，ポンペイウスは前58年のクロディウス法によって激増した穀物無料配給の受給者を見直すために，受給者リストの査定と受給者枠の改訂をも行っている。穀物配給の受給者枠は，前123年以降，たびたび制定された穀物配給諸法によって，その都度設定されてきた。換言すれば，それは政務職による法案作成および民会における投票という，統治行為の一環として行われたわけである。これに対し，前57年以降は受給者枠の設定は，クーラ・

アノーナエを引き受けた者の任務となった。同様の再設定をカエサルが行い，そしてアウグストゥスが行っている[25]。

前57年の「異例の命令権」について，入手可能な情報からわかることが整理された。この命令権については不明の点が多いながらも，確認されうる限りにおいて，その強度，その制約の少なさにおいて正規の政務職の命令権を凌駕し，元老院統治にとって脅威的であったと結論してよいであろう。さらにその個別の内容が，皇帝権に通じるものであることも示した通りである。

ただし，こうした「異例の命令権」の性格を，ポンペイウス自身がどの程度認識していたかは定かでない。彼が自らの政治的立場を有利にするために，こうした命令権を獲得することを目指していた，と考えられることは上で確認したとおりである。しかもそれは彼にとって初めての試みではなく，既に前67年，前66年に経験したものであり，その上で再びこうした命令権の獲得を目指したということが，その実効性を示唆している。従ってこの段階でまず確認しうるのは，この意味で前57年の事件は政治的性格を帯びている，ということのみである。

ただし，前57年の命令権には，制約がなかったわけではない。それは，この年の護民官であったメッシウス C. Messius の提案が語っていることから明らかになる。すなわち，まず前67年，前66年には認められていた国庫金の自由な使用および軍の動員権が，前57年にはない。このことは，穀物供給という，もともと軍事的性格から遠い課題の性格上，当然であるかも知れない。しかし，他の属州総督に優越する上級命令権 imperium maius が，前67年，前66年と並んで，この時も認められていない。これは，上で確認された如く，複数の属州において命令を下すことができるというこの種の命令権の性格にもかかわらず，実際にはそれに歯止めがかけられえたことを意味する。ポンペイウスが後者の法を望んでいる，とする支持者達のコメントは，具体的にはこれらの点において彼が不満であった，ということを示唆しているのかもしれない。

なぜ，このような制約が課せられたのか，キケローは詳しく述べようとしない。ただ，メッシウスの提案に比べれば，コーンスルの法も穏便であると

思えると述べ，メッシウスの提案は耐え難いと述べる彼の言葉は，そもそもこの時コーンスル法が認めた「異例の命令権」自体が，キケローにとってさえ，尋常ならざる（あるいは不必要な）大権と受け止められていたことを暗示している。従って，純粋に，共和政の制度を大きく逸脱することへの危機感が，この制約をもたらしたのかもしれない。しかし，上で確認したポンペイウスの明白に政治的な意図を考えると，彼への権力の集中を阻もうとする別の政治的勢力の意図があったこともまた，考えられえる。ここで，「異例の命令権」の性格から議論を移し，クーラ・アノーナエの委託をめぐっての，主たる関係者や集団の動向から，さらにこの事件の政治性について考察を深めていこう。

第2節　クーラ・アノーナエ委託の経緯

　キケローによれば，事の発端はローマ住民の騒乱 ── 最初は劇場に，次に元老院に押しかけ，食糧危機の収拾を強要した ── にある。キケローはさらに，この騒乱がクロディウスによって画策されたものであると言う。確かに，この種の扇動はクロディウスの得手とするものであり，現にこの年の7月にも，既に穀物供給問題をめぐって，同様の騒乱が彼によって演出されている[26]。だが，9月の経緯は，元老院に詰めかけた住民が，事態改善のためにポンペイウスを要請した点で，7月のそれとは大きく異なっている。住民の，この劇場および元老院議場前での叫びが，ポンペイウスへのクーラ・アノーナエ委託の，少なくとも発端となったことは疑いない。

　都市住民の暴力的な動きは，前67年，前66年にもあった。この時にも都市住民は，ポンペイウスに事態の解決を委託することに難色を示した元老院および政務職に対し，野次を飛ばし，暴力におよぼうとしたのである。その住民の反応の前に，反対していた有力元老院議員達は沈黙した[27]。都市住民の支持と，このような暴力的行動を伴う要求を支えとして，政治的有利を獲得する，あるいは政策の貫徹を目指すという方法は，一般に「民衆派」の方法と考えられている。ここから，ポンペイウスの前67年，前66年および前57年の権力獲得方法は，「民衆派」的，との印象を与える[28]。

だが，こうした「民衆派」的と呼ばれる方法と，前57年の経緯の間には，立法手続きにおいて決定的な相違がある。従来，元老院の意志に対抗する「民衆派」的政策を反映した法案は，護民官によって平民会に提出されるのが一般的であった[29]。ちなみに前67年のガビニウス法も，前66年のマニリウス法も平民会議決である。そして，この二つの立法の後，元老院とポンペイウスとの敵対関係は，抜き差しならぬものになっていくと考える研究者もいる[30]。

だが前57年の法は，コーンスル提案による民会議決であった。しかも，それに先立って元老院は元老院議決によって，第一にポンペイウスに穀物供給を引き受けるように要請すること，第二に，それに対応した法を成立させることをコーンスルに命ずることを決定している。これは，立法手続きとしては，完全に共和政の慣行に従った，元老院統治における常套的方法である[31]。なぜ前57年は，元老院が主導する形で，ポンペイウスにクーラ・アノーナエの委託と，そのための「異例の命令権」の賦与が決定されたのであろうか。それはポンペイウスにとっては大きな政治的得点になること，そして元老院統治にとっては打撃になることは，前67年，前66年の先例から見て明白であったことは，前節で確認された通りである。しかも今回は，ポンペイウスが先例と異なり，露骨に命令権獲得への意欲を示していたというのに。

一つの可能性は，この年のポンペイウスが持っていた影響力と，元老院および政務職における政治勢力地図であろう。この時，ポンペイウスへのクーラ・アノーナエ委託には，どうやら一人のプラエトルと2人の護民官以外は，公然と反対の姿勢を示しはしなかったようである。少なくとも，この年の2人のコーンスルは，ポンペイウスへのクーラ・アノーナエの委託に反対は唱えていない。特にスピンテルは，この時までポンペイウスと対立したことはなく，キケローとは常に友好関係を保ってきた[32]。また，上で示したプルタルコスの言葉をそのまま鵜呑みにはできないとしても，少なくともポンペイウスがクーラ・アノーナエを引き受けることは，スピンテルにとっては歓迎すべき事態であったかもしれない[33]。

だが，もう一人のコーンスル，メテッルス＝ネポス Q. Caecilius Metellus

Nepos は，クロディウスの従兄弟であり，しかも前 62 年にポンペイウスが彼の姉であるムキア Mucia を離縁して以来，ポンペイウスとは公然の敵対関係にあった[34]。この敵対関係は，それほど根強いものでも，激しいものでもなかったのかもしれない[35]。ネポスは，前 57 年にはキケローの追放刑取り消しに反対しないことを言明している[36]。しかし実際には，たびたびキケロー呼び戻し運動を邪魔しているし，最終的に彼がキケローの呼び戻しに賛成したのは，事が定まってしまった 8 月の段階であった[37]。これらの状況を総括すると，ネポスがポンペイウスへのクーラ・アノーナエ委託を，少なくとも積極的に後押ししたとは考えにくい。

プラエトルのうち，あくまで反対姿勢を示した一人とは，誰であろうか。もっとも考えやすいのは，クロディウスの実兄，クラウディウス・プルケル Ap. Claudius Pulcher であろう。ポンペイウスと彼の間に，敵対的な関係があったという証拠はないが，前 57 年を通して，彼はクロディウスを支援し続け，キケローの呼び戻しにも反対している[38]。その他のプラエトル達は，少なくともキケローの呼び戻しには全員賛成している。特にカエキリウス・ルフス L. Caecilius Rufus は，キケロー呼び戻しを元老院に提案した後に，クロディウスによって自宅を包囲された人物である[39]。

アエディーリスおよびクワエストルの影響力は，考慮に入れる必要は少ないだろう。アエディーリス・クルーリスのメテッルス＝ピウス＝スキーピオ Q. Caecilius Metellus Pius Scipio は，前 52 年にポンペイウスの岳父となる人物であるが，前 57 年に，両者の関係がどのようなものであったかは不明である[40]。アエディーリス・プレービスのカルプルニウス・ベスティア L. Calpurnius Bestia は，翌年に選挙買収のかどで告発され，キケローによって弁護されている[41]。

護民官の中で，反対姿勢を示した二人を確定することは難しい。キケロー呼び戻し運動において，クロディウス側に立った二人，セッラヌス＝ガウィアヌス Sex. Atilius Serranus Gavianus と，ヌメリウス・ルフス Q. Numerius Rufus が，この時も反対にまわった可能性は高いであろう[42]。

こうして見ると，政務職の中で，ポンペイウスへのクーラ・アノーナエに敢えて反対を唱えた者は少ないとは言え，彼と政治的友好関係を結んでいた

と確定できる者も多くはない。なるほど彼らは，キケロー呼び戻しに関しては，ほぼ一致してポンペイウスに協力した。だが，そのことと，ポンペイウスとの友好関係とは必ずしも一致するとは限らない。キケロー呼び戻しには，この時むしろクロディウスへ対抗せんとする，元老院の意思が働いていたと考えるべきである（その理由は第3節で詳説する）。むしろ，この意図のもとに，元老院とポンペイウスが共闘したのが，キケロー呼び戻しの最終局面であった[43]。

その意味で，この年の政務職在職者達は，ポンペイウスに対して，というよりもむしろ元老院の意思に忠実であったと考えるべきであろう。そうであるならば，ポンペイウスへのクーラ・アノーナエ委託においても，彼らが敢えて反対しなかったのは，元老院の意思に従った，と考えるのが妥当であろう。

だが，クーラ・アノーナエ委託に関して，元老院が最初からポンペイウスと協調していたことは考えられない。最初の元老院会合では，アフラニウスとメッサラを除く，全てのコーンスル経験者達が欠席している。キケローによれば，彼らは安全に意見を述べることができないから，と主張したという。この行動は，おそらくポンペイウスへのクーラ・アノーナエ委託に対する反発を物語っており，しかも彼らの中に，その点で意志の統一があったことが窺われる。

当時，元老院にいたコーンスル経験者達全てを，具体的に確定することは無論できない。元老院議員は終身が原則であるとは言え，実際に没年がわかっている者はわずかであり，またそれ以外にもなんらかの理由で，議席を失っている者もいるからである。だが，一部の例外を除いては，前70年代初頭のコーンスル達は，この年にはほとんど死去していることから，さしあたり前70年代以降のコーンスル経験者に限定して，どのような顔ぶれが，当時元老院議場にあったと考えられるか，見てみよう。

第 IV 章　ポンペイウスのクーラ・アノーナエ　　　　　　　　　　　123

コーンスル在職年	名前	REの記載番号[44]	当該元老院開催時の状況*
58	L. Calpurnius Piso Caesonius	Nr. 90	不在
	A. Gabinius	Nr. 11	不在
59	C. Iulius Caesar	Nr. 131	不在
	M. Caelpurnius Biblus	Nr. 28	生存
60	Q. Caecilius Metellus Celer	Nr. 86	死去
	L. Afranius	Nr. 6	出席
61	M. Pupius Piso Frugi Calpurnianus	Nr. 10	
	M. Valerius Messalla Niger	Nr. 266	出席
62	D. Iulius Silanus	Nr. 163	死去
	L. Licinius Murena	Nr. 123	
63	M. Tullius Cicero	Nr. 29	出席
	C. Antonius	Nr. 19	ローマ追放
64	L. Iulius Caesar	Nr. 143	生存
	C. Marcius Figulus	Nr. 63	死去
65	L. Aurelius Cotta	Nr. 102	生存
	L. Manlius Torquatus	Nr. 79	
66	M'. Aemilius Lepidus	Nr. 62	生存
	L. Volcatius Tullus	Nr. 6	生存
67	C. Calpurnius Piso	Nr. 63	
	M. Acilius Glabrio	Nr. 38	生存
68	L. Caecilius Metellus	Nr. 74	
	Q. Marcius Rex	Nr. 92	死去
69	Q. Hortensius Hortalus	Nr. 13	
	Q. Caecilius Metellus Creticus	Nr. 87	死去
70	Cn. Pompeius	Nr. 31	生存
	M. Licinius Crassus	Nr. 68	生存
71	P. Cornelius Lentulus Sura	Nr. 240	死去
	Cn. Aufidius Orestes	Nr. 32	生存？
72	L. Gellius Poplicola	Nr. 17	生存
	Cn. Cornelius Lentulus Clodianus	Nr. 216	死去
73	M. Terentius Varro Lucullus	Nr. 109	生存
	C. Cassius Longinus	Nr. 58	
74	L. Licinius Lucullus	Nr. 104	死去？
	M. Aurelius Cotta	Nr. 107	元老院追放
75	L. Octavius	Nr. 26	死去

コーンスル在職年	名前	REの記載番号[44]	当該元老院開催時の状況[*]
75	C. Aurelius Cotta	Nr. 96	死去
76	Cn. Octavius	Nr. 22	
	C. Scribonius Curio	Nr. 10	生存
77	D. Iunius Brutus	Nr. 46	
	Mam. Aemilius Lepidus Liviavus	Nr. 80	
78	M. Aemilius Lepidus	Nr. 72	死去
	Q. Lutatius Catulus	Nr. 8	死去
79	P. Servilius Vatia Isauricus	Nr. 93	生存
	Ap. Claudius Pulcher	Nr. 296	死去

*死去：前57年当時，死去していることが，確実な人物
　生存：前57年当時，生存していることが，確実にわかっている人物。特に出席の言及がない限り，最初の元老院集会の際にローマにおり，かつ欠席した，と考えられる
　空欄：死去の年代が確定できない。当然，早い時期にコーンスルを経験した者ほど，生存していない蓋然性は高いと思われる

　最初の元老院会合の際に出席していたのは，アフラニウス，メッサラにキケロー，ポンペイウスを加えて4人。死去その他の理由で，出席不可能であったのが18人，死去の年代が確定できない者が10人となる。残りが，生存が明確に確定できない者も入れて，当時ローマにいて，かつ最初の元老院集会に出席することを拒んだ者達である可能性が強い。これが，全体44人中で，12人となる。このうち，ポンペイウスとの関係が，明確に知れている者は，残念ながら多くはない。

　キケローは当然として，最初の元老院会合に出席したアフラニウスとメッサラは，ポンペイウスへのクーラ・アノーナエ委託に，最初から賛成であったと考えてよいであろう。アフラニウスは，ポンペイウスの支持者として有名な人物である。彼は，ポンペイウスと同郷のピケヌム Picenum 出身者であり，おなじくピケヌム出身の，前67年の法の提案者，ガビニウスとならんでポンペイウスの支援を受けながら，ローマにおける政治的経歴を積んでいる。メッサラについては，政治的な傾向は知られていないが，前59年のポンペイウスの退役兵への農地配分のための委員を務めており，また少なくともキケローとは友好関係にあった[45]。以上から，彼らの出席と（おそらくは）賛成は，ポンペイウスとの政治的な友好関係からなされたこと，と考え

ることは妥当であろう。

　では，欠席した者達はどうであろうか。例えば，前67年のコーンスル，ピーソーがその中にいることは意外ではない。彼は，コーンスル在職中に，ガビニウス法の成立に激しく反対し，そのために憤激した都市住民に殺されかけている。また，その後も，海賊討伐のためのポンペイウスの出陣を妨害しようとしたことが知られている[46]。また，前69年在職の，メテッルス＝クレティクスは，前67年に管轄属州としていたクレタにおける軍の指揮を，ポンペイウスに妨害されたことから，以後両者の間には根強い敵意が残った[47]。前59年在職のビブルスは，小カトーの女婿にあたり，その期待と支援のもとに，三頭政治の阻止に努めた人物として名高い。彼らは，それぞれ前57年に，ポンペイウスに敵対する理由を持っていたわけだが，しかしそれがポンペイウスへのクーラ・アノーナエ委託に対する彼らの反対の理由と，確言することはできない。なるほど，ピーソーはプルタルコスが言うように，ポンペイウスに対して個人的な嫉妬と怒りを抱えていたのかもしれない。しかし，少なくとも前67年において，彼がポンペイウスへの命令権賦与に反対した公式の理由は，単独の者に，このような強大な政務職権限を与えることの異例さであった[48]。前67年と類似した，前57年の状況に対して，彼が一貫した反対理由を挙げたとしても，不思議ではない。

　ビブルスとポンペイウスの間には，そもそもはっきりとした敵対関係は認められない。ビブルスとカエサルとの敵対関係は，もともと声望争いに起因するものであったと言われており，前59年に彼が三頭政治に対抗したのは，元老院統治に対する脅威を除かんとする，カトーをはじめとする多数の元老院議員の意向を汲んだものであった，と考えるべきである[49]。

　クレティクスとポンペイウスの敵対関係は，根強いものであった。しかし同時に，そもそもクレティクスが熱烈な「門閥派」であったことを，考慮に入れるべきであろう。つまり，これらの3人が，ポンペイウスとの政治的関係から反対したのか，それともその他の理由で反対したのかを，明言することは困難である，ということになる。

　しかし，この点に関して，一つのヒントになる事実がある。最初の元老院会合を欠席したと思われるコーンスル経験者達の中には，おそらく前61年

在職のピーソー・フルーギー，前66年在職のアエミリウス・レピドゥス，前72年在職のゲッリウス・ポプリコラ，前79年在職のセルウィリウス・ウァティアといった，ポンペイウスと極めて良好な関係にあった者達も含まれているのである。このことは，コーンスル経験者達の反対が，必ずしもポンペイウスとの個人的な敵対関係に根ざすものからのみでは説明しにくい，という判断を支えることになる。

　だとすれば，反対者の理由はなんだったのだろうか。残された理由として，最も説得力があるのは結局，彼らのうちの数人がガビニウス法やマニリウス法に反対した際のそれ，すなわち，共和政の制度と慣行を擁護するという「門閥派」的な理由ではないだろうか。

　しかし，ここで注目すべきであるのは，その可能性が高いにもかかわらず，彼らは現にいともたやすく反対の姿勢を曲げた，否，それどころか翌日には率先して，ポンペイウスへのクーラ・アノーナエ委託の手続きを行わせたという，そのことである。キケローによれば，それは彼自身の説得が功を奏したから，ということになる。ではなぜ，そもそもキケローがこの問題で説得にあたったのか。しかも，キケローはアッティクスに対して，「群衆multitudo」が，元老院を説得するように，自身に名指しで要請したと言う傍らで，民衆のみならず，「良き人士達」までも，その要請に関わっていたことを示唆している50)。つまりは，「門閥派」に数えられる者達も，この時，ポンペイウスへのクーラ・アノーナエ委託を要望し，そのための説得をキケローに求めた，ということである。

　その理由をキケローとポンペイウスとの関係，さらにキケローの雄弁に置くことには無理はあるまい。また，追放から戻ったばかりの彼の影響力，特に元老院との謂わば蜜月関係も考慮されたはずだ。しかし，この問題に関連してはむしろ，キケローのこの事件への関与が元老院への説得に限定されるものではないという事実に，ここで立ち戻ってみるべきであろう。

　第1節冒頭で述べたように，前57年の事件には，彼の名はこの事件に最初から関わっていたのである。すなわち，穀物の不足と価格の急騰は，キケローのローマ帰還の日に始まっており，そしてまさにそのことをクロディウスが取り上げ，危機の原因をキケローに付していた。クロディウスのこの非

難が，明らかにこじつけであることは，既に述べた。しかし，問題はなぜ，クロディウスがこのようにキケロー帰還と食糧危機とを結びつけようとしたのか，ということにある。次に，キケローとクロディウスとが，前57年の問題にどのように関わるのか，検討してみよう。

第3節　キケロー，クロディウス，ポンペイウスそして元老院

　前57年の，ローマにおける最大の政治的焦点が，キケローの追放取り消しをめぐる闘争であったことは疑いの余地がない。そして，この闘争の主眼が，マイヤーが指摘するように，単なるキケロー救済以上のところにあったことも，言うまでもない。それは，前58年以来の，クロディウスとその一派の席巻へ対抗して，いかにして元老院の権威を再建するかということであり，そのために元老院は前67年以来冷たい関係にあり，とりわけ前60年以来は明確な敵対関係にあった，ポンペイウスとの協調路線を選んだのである。元老院はクロディウス等が前58年に極めて効果的に実現した反元老院，反「門閥派」の政策に対して，他方ポンペイウスは彼の権威に挑戦するクロディウスの扇動に対して戦う必要があった。利害が一致した両者にとって最も効果的な手段が，クロディウスの犠牲者としての，キケローの呼び戻しであった[51]。

　この闘争の結果は元老院とポンペイウスの勝利に終わった。しかしその勝利が容易にもたらされたものではないことも知られている。既に前58年12月，翌年の護民官に選出されたミロー T. Annius Milo，セスティウス P. Sestius 等の宣言以来，キケローの呼び戻し運動は公然化されており，前57年に入ってからはスピンテルをはじめとする，コーンスル他多くの政務職在職者達がこれを支持した。元老院はイタリア諸都市に対して，この問題に関する公布を発し，キケロー追放の取り消しに票を投じることを要請している。一方，ポンペイウスは，元老院に向けてキケローの国家への貢献を賞賛する書簡を送っている。しかし今や政務職を離れているクロディウスは，依然として強力にこの動きに対抗しえ，ローマ市内は両派による市街戦の様相を帯びた。最終的にキケロー呼び戻しが確定されたのはようやく8月に入ってか

らのことである[52]。しかしながら，この決定すらクロディウスの影響力失墜を意味しなかったことは，元老院側の激しい妨害にもかかわらず，彼が前56年のためのアエディーリス選挙に当選したことが示している[53]。

つまり，9月のキケロー帰還の際には，クロディウスとその対抗者との間には，極めて緊迫した状態があったということである。そしてキケローの帰還の際，すなわち元老院とポンペイウスにとっては謂わば勝利のクライマックスにおいて，穀物をめぐる騒乱が起こった。この騒乱を演出したのは他ならぬクロディウスであり，彼はよりによって，キケローの帰還そのものが穀物不足と価格急騰の原因である，と非難したのである。

この事情に関連して，第1節で紹介したキケローの『自身の邸宅について』が，さらなるヒントを与えてくれる。ここでまず明らかにされるのは，この演説が行われた9月末の段階で，クロディウスは未だにポンペイウスへのクーラ・アノーナエ委託に対し，反対を主張しているということである。その理由として彼が強調したのは，まさしく異例の命令権賦与が共和政の制度へ抵触する，ということであった[54]。また，キケロー自身がポンペイウスへのクーラ・アノーナエ委託を元老院に提案したことを取り上げ，キケローを非難している。キケローによれば，クロディウスは彼のこの行為を「民衆派」的であり，元老院の権威の再建を裏切るものであると主張した，という[55]。その上でキケローは，こうした非難が自身の帰還と結びつけられていることを明らかにする。すなわち，「我々が，その帰還が元老院の権威再建をもたらすと期待しているその人物が，（騒乱の際に）真っ先に現れないとはどういうことか」と，キケローは自分の演説の中で，クロディウスに言わしめているのである[56]。

このことと並んで注目すべきは，自分の家屋の再建を訴えるキケローのこの演説の冒頭で，かくも詳細に穀物供給問題ならびにポンペイウスへのクーラ・アノーナエをめぐる論議が取り上げられ，かくも徹底してこの問題についてクロディウスに対する反論がなされたことの意味であろう[57]。それは，第一にキケローのローマ政界における復帰を完全なものにするためには，まずこの問題に関する自身とポンペイウスへの非難を突き崩す必要があることが，キケローの，そしておそらくは元老院の認識であったことを示唆してい

ることは，上で見てきたとおりである。しかもこれに加えて，クロディウスが前年導入した，新しい穀物配給法の問題がある。既に述べたように，キケローはこの演説の中で，明確に前58年に導入された穀物の無料配給制度こそが，むしろこの度の穀物不足の遠因であった，と主張して逆にクロディウスを攻撃しているのである[58]。

以上から，次の結論に達することができよう。

これら全ての状況は，前57年の穀物供給問題がキケローの帰還をめぐる，元老院ならびにポンペイウスと，クロディウスとの政治闘争と連動していた可能性が濃厚であることを示す。穀物不足はおそらく自然条件によって，価格高騰は投機の結果，引き起こされたものであろう。しかし，その事態を都市住民の扇動に利用し，政争の武器としたのは，クロディウスであった。キケローの帰還を阻止することに全力を投じて，失敗した彼は，今度はキケローの帰還そのものを，元老院への攻撃材料にしようとした。この攻撃は，元老院にとってなんとしても対抗せねばならぬものであり，またこれを逆にクロディウスへの非難に用いることによって，前年以来の元老院への挑戦を跳ね返すチャンスを与えるものでもあった。この状況が，ポンペイウスへのクーラ・アノーナエ委託の背景として考慮されねばならない。

前57年の時点で元老院統治にとって最も危険であったのは，カエサルでもポンペイウスでもなく，クロディウスであった。それゆえに元老院は，彼を抑制せんがためにポンペイウスと共闘した。この戦略は確かに効果があり，両者はキケロー帰還という象徴的な勝利を収めた。しかしクロディウスがこれを，穀物供給という共和政末期の政治における焦眉の問題と絡めて逆襲を開始した時，この勝利は元老院にとって謂わば諸刃の剣になる危険性があったのであろう。もし都市住民が，クロディウスの思惑通り，一旦自らが歓呼したキケローを攻撃し始めたら（そして，9月7日の騒乱で，実際に彼らはそうした），それはおそらくキケロー一人では収まらず，彼の呼び戻し運動を支援した元老院そのものへの攻撃となったであろう。元老院は何としてもこの危険性を回避したかったはずである。『自身の邸宅について』において，キケローは明確に言う。もし住民の騒乱が，穀物不足から来る自然発生的なものだったとしても十分に険悪である。あるいはクロディウスの扇動

によるものとしてもそれはいつものことである。だが，この両者が合わさった場合には，それは国家の存亡に関わる，と[59]。

この状況で，ポンペイウスへのクーラ・アノーナエの委託が提案されたとき，元老院はそれを選ばざるをえなかったのではあるまいか。既に見たように，コーンスル経験者達はこの提案に最初は反対した。その理由は，少なくとも公式の見解としては，おそらくは前67年，前66年の場合と同じく，共和政の制度からの逸脱であった。この反対を変えたのは，キケローの説得であったという[60]。これは，必ずしもキケローの自画自賛ではなかったのではないだろうか。この時の元老院にとって，キケローが——すなわち，クロディウスの非難を浴びている当人が——解決の先頭に立つことが最も望ましかったことは，自明であろう。少なくともこの時に，キケローの意見は元老院にとって黙殺できないものであったはずである。

ここで注目すべきであるのは，キケローの説得を受け入れざるをえないという認識が，元老院側に生じる素地があった，ということである。その前提は，この年の前半を通して元老院とポンペイウスがクロディウスに対して共闘した経緯であろう。クロディウスによる元老院統治への再びの攻撃に——しかも，都市住民を巻き込んだ騒乱という形で——比べれば，ともかくも元老院と協調しているポンペイウスと妥協する方が望ましい，と元老院が判断したとしても，不自然ではない。キケローの言葉が，この推測を支持している。「この状況が，新しい方針をもたらしたのだ」，と[61]。

そして，ひとたび妥協を余儀なくされたならば，元老院が自らイニシアティヴを取ろうとしたこともまた，当然である。そうしてこそ元老院には，体面を失わずにこの事態の収拾をなす可能性が残されていたからである。そのことが，元老院の主導によるコーンスルの立法をもたらした，と考えることが妥当であろう。

おわりに

前57年のクーラ・アノーナエがポンペイウスにもたらした命令権は，共和政の制度を逸脱し，かつ元老院統治にとって脅威となる可能性を持ってい

た。そしてポンペイウスが，このような命令権を，自らの政治的利益のために欲していたことは明白である。前57年の事件は，まずこの意味で政治的性格を備えている。

　しかし，この事件の政治性の本質は，それとは異なる次元にあった。発端は前58年，否，むしろ前60年にある。それは元老院統治と，それに攻撃を加える者との闘争であり，その象徴としてキケローの追放と帰還があった。この脈絡の中で，前57年の穀物供給問題が，それもまさにキケロー帰還と絡んで，都市住民扇動の武器として元老院に向けられた時，元老院はポンペイウスへのクーラ・アノーナエ委託も「異例の命令権」賦与も受け入れ，ればかりか率先してこれらの立法化の道を選んだ，と考えられる。

　この選択は，実際にクロディウスへの対抗措置としては，有効であったのではないだろうか。だからこそクロディウスは徹底してポンペイウスへのクーラ・アノーナエ委託に反対し，典型的「民衆派」政治家として知られる彼の日頃の言動からすると，不可解な反対理由さえ挙げている。すなわち，単独の者への命令権賦与が，共和政の制度を逸脱するという，前67年，前66年に「門閥派」がポンペイウスに向けた，まさにその理由である。共和政の制度，慣行を逸脱し続けてきたクロディウスがこうした主張を固持したこと自体，この主張が，常に同じ理由から「異例の命令権」を拒み続けてきた元老院を攻撃するために効果的であるという，彼の認識を示唆する。しかし聴く者に矛盾を感じさせたはずである，このような主張をなさねばならぬほどに，クロディウスもまた追いつめられていたことがうかがわれる。

　一方，前57年の命令権に備わっていた制約は，ポンペイウスへ権力を与えることが，元老院の本意ではなかったことを暗示している。前57年の措置がポンペイウスと元老院との最終的な和解を意味せずに，元老院にとっては一時凌ぎの戦略に過ぎなかったことは，翌56年に，元老院が再びポンペイウスに激しく反発したことが示している[62]。しかし，共和政にとって重要な点は，元老院がこの危機に際して，単独の有力者にその解決を委託することへ，そしてそのために彼に「異例の命令権」を賦与することへ，自ら踏み切った，というそのことである。

　前57年の事件は，共和政の統治の担い手たる元老院そのものが，別の性

格の統治の可能性を受け入れたという意味において，政治的であったと言うべきなのである．

　最後に残された疑問が，ここで立ち現れてくる．ではなぜ，元老院はこの方針を選んだのか．クロディウスとの闘争，穀物供給問題に起因する都市住民の騒乱，キケローの帰還を利用されることへの危惧，それらに比すれば当面協調しているポンペイウスと妥協することを選んだ，といった直接的な経緯については，既に見てきたとおりである．それにしてもなお，なぜ，という疑問が残る．「異例の命令権」賦与は，元老院統治という，共和政の本質である政治体制を損なう危険性の方が，前58年に引き続いてクロディウスに権威を踏みにじられるという目前の事態よりも望ましい，という判断の結果だというのだろうか．あるいは穀物不足を叫ぶ都市住民が騒乱を起こす，という前2世紀後半以降しばしば見られる光景は，統治層が自らの政治的地位を損なう危険を冒してでも，回避すべきものだったのだろうか．

　その可能性は否定できない．この段階の元老院には，単独の有力者に対するこの処遇が，それほど深刻な意味を持っている，という認識がなかったのかもしれない．あるいはあったとしても，あくまでも一過性の戦略として利用できる，という判断が働いたのかもしれない．しかし前67年，前66年における元老院の反対を想起すると，既にこの段階で元老院が危険性を十分に認識しており，それを回避しようとしていたと考えることが，より妥当ではないだろうか．

　そうであるにもかかわらず，前57年には現実にポンペイウスにクーラ・アノーナエが委託され，しかもそればかりか，元老院はこの種の措置をその後も繰り返すことになる．例えば，5年後の前52年には，クロディウスとミローの最終的な激突によって，都市ローマ内が再び市街戦状態となり，その中で同年のコーンスルが殺害された．その時，事態を収拾するために元老院がとった方策は，他ならぬポンペイウスを，「同僚なきコーンスル consul sine collega」に選び出すことであった[63]．一方，穀物供給自体に関しては，ポンペイウスに委託されたごとき，単独の有力者による供給への「配慮」は，カエサルに引き継がれる[64]．いかに遅く考えても，この段階で元老院がこうした「配慮」の委託の危険性を十分認識していたことは，前43年に穀

物供給の単独の者への委託が禁止されたことが示唆している[65]。

そして前23年に，再び深刻な食糧危機が起きた時，都市住民が，最初は元老院に，しかし次にアウグストゥス個人に，クーラ・アノーナエを要請したことは，既に第II章で述べた通りである。すでにアウグストゥスによる単独政権がほぼ確立していたとはいえ，この時点ではまだ，都市住民は問題の解決を，共和政末期以降の騒乱の場合と同様，共和政の統治者に求めた。しかし，事態が好転せぬと知るや否や，即座に単独の有力者への委託を要請したのである[66]。単独の有力者への問題解決の委託と，そのための命令権賦与は，ポンペイウス，カエサルを経て，ここに帰結することになる。

そこで上の疑問にもう一度，立ち帰ろう。このような，やがてまもなく現実のものとなる元老院統治にとっての危険を，前57年の当事者達は認識できなかったのであろうか。現時点でいずれとも断言できる材料を筆者は持たない。だが，ここまで見てきた全体から推測するに，既に前57年の段階では認識されていた，と考えることが最も妥当ではないだろうか。この推論に従うならば，ではなぜ前57年の選択がなされたのか，という点に結局立ち返る。この問いに対してなんらかのより踏み込んだ知見を得ることは，すでに前57年の事態の分析のみからでは困難である。当該時期を含む前1世紀前半における，元老院および統治層が，こうした異例の権限についていかなる認識と対応をなしていたのか，という観点での考察が必要となるのである。その際に考察の手がかりとなるのは，既に前57年の事件との関連性を指摘した，前67，前66年のポンペイウスへの「異例の命令権」賦与の経緯である。

註

1) M. Gelzer, *Pompeius*, München, 1959², 145ff. P. Greenhalgh, *Pompey*, London, 1981, 22ff. 他に，R. Seager, *Pompey*, Oxford, 1979, 32ff. J. Leach, *Pompey the Great*, London, 1978. M. Cary, The First Triumvirate, in *CAH.*, vol.9, Cambridge, 1932, 530. E. Gruen, *The Last Generation of the Roman Republic*, Berkley/London, 1972, 297 を挙げておく。
2) G. E. Rickman, *The Corn Supply of Ancient Rome*, Oxford, 1980, 55ff. P. Herz, *Studien zur römischen Wirtschaftsgesetzgebung*, Stuttgart, 1988, 46ff. D. Kienast, Der

augusteische Prinzipat als Rechtsordnung, *ZRG.* 104, 1984, 124, Anm. 36.
3) Rickman, 48ff. Cf. P. Garnsey/D. Rathbone, The Background to the Grain Law of Caius Gracchus, *JRS.* 75, 1985, 23. J. B. von Ungern-Sternberg, *Untersuchung zum späten römischen Notstandsrecht*, München, 1970, 49. Leach, 135ff.
4) 本論第Ⅰ章および, 吉浦（宮嵜）麻子「ローマ中期共和政の権力構造(1)」『西洋史学論集』26, 1989, 43-54頁参照。
5) Cic. *Att.* 4, 1, 5f.: "Postridie in senatu, qui fuit dies Nonarum Septembrum, senatui gratias egimus. Eo biduo cum esset annonae summa caritas, et homines ad theatrum primo, deinde ad senatum concurrissent, impulsu Clodi mea opera furmenti inopiam esse clamarent, cum per eos dies senatus de annona haberetur, et ad eius procuationem sermone non solum plebis, verum etiam bonorum Pompeius vocaretur, idque ipse cuperet, multitudoque a me nominatum, ut id decernerem, abessent consulares, quod tuto se negarent posse sententiam dicere, praeter Messallam et Afranium, factum est senatus consultum in meam sententiam, ut cum Pompeio agereturm, ut eam rem susciperet, lexque ferretur. Quo senatus consulto recitato cum more hac insulso et novo populus plausum meo nomine recitando dedisset, habui contionem. Omnes magistratus prasentes praeter unum praetorem et duos tribunos plebis dederunt. Postridie senatus frequens et omnes consulares nihil Pompeio postulanti negarunt. Ille legatos quindecim cum postularet, me principem nominavit et ad omnia me alterum se fore dixit. Legem consules conscripserunt, qua Pompeio per quinquennium omnis potestas rei frumentariae toto orbe terarum daretur, alteram Messius, qui omnis pecuniae dat potestatem et adiungit classem et exercitum et maius imperium in provinciis quam sit eorum qui eas obtineant. Illa nostra lex consularis nunc modesta videtur, haec Messiu non ferenda. Pompeius illam velle se dicit, familiares hanc."
6) Cic. *Dom.* 11 : "Frumentum provinciae frumentariae partim non habebant, patrim in alias terras, credo propter avaritiam venditorum, miserant, patirm, quo gratius esset tum, cum in ipsa fame subvenissent, custodiis suis clausum continebant, ut sub novum mitterent."（「穀物は, 部分的には穀物生産属州で生産されなかったのであり, 部分的には, 疑いなく販売者の強欲のために, 他の場所に送られたのであり, また部分的には, 飢饉の際に, 新たに到来したばかりのものとして放出し助けとすることに, より大きな喜びを感じるであろう者達によって, 彼らの倉庫に隠されていたのである。」）.

クロディウス法への非難。Cic. *Dom.* 25 : "Scilicet tu...omne frumentum privatum et publicum, omnes provincias frumentarias, omnes mancipes, omnes horreorum claves lege tua (Sex. Clodio) tradidisti.Qua ex lege primum caritas nata est, deinde inopia. Impendebat fames, incendia, caedes, direptio: imminebat tuus furor omnium fortunis et bonis."（「お前は, お前の法によって, 全ての公私を問わぬ穀物を, 全ての穀物生産属州を, 全ての請負人を, 全ての穀物倉庫を（仲間のSex. クロディウスの手に）渡した。この法からは, 最初に価格の高騰が, 次に穀物不足が生じた。我々の上に, 飢

饉，暴動，殺人と略奪が差し迫っていた。お前の見境のない企図が，全ての者の将来と財産を脅威にさらしたのだ。」括弧内は筆者の補足。以下，同様）．

7) Plut. *Pomp.* 49.
8) Cf. Cary, 530.
9) 参考までに，『キケロー選集 13』の該当箇所の訳を挙げておく：「ポンペイウスは自分は執政官たちの法案（すなわち，本文訳での「前者」の法）の方を望むと言っているが，彼と親しい人たちは，彼が実際に望んでいるのはメッシウスの法だと言っている。」（根本和子訳，「アッティクス宛書簡集Ⅰ」『キケロー選集』13，岩波書店，2000，197-198頁）
10) Cic. *Fam.* 7, 9, 1.
11) Dio 34, 9, 2-3：「キケローは彼ら（民衆）に対して，ポンペイウスを穀物委員に選ぶように，また彼に，そのためにイタリアと外における5年間のプロコーンスル権限を与えるように説得した。こうして，かつての（前67年の）海賊の場合と同様に，今度は穀物供給のために，彼は再びローマの命令権の下にある世界全体に対して力を持つことになった。」
12) Plut. *Pomp.* 25. App. *Mit.* 92-96. Dio 37.
13) Cic. *Dom.* 18："...Rem maximam fuisse summique periculi, non solum a fame, sed etiam a caede incendiis vastitate, nemo negat, cum ad causam caritatis accederet iste speculator communium miseriarum, qui semper ex rei publicae malis sceleris sui faces inflammaret. Negat ooprtuisse quicquam uni extra ordinem decerni. Non iam tibi sic respondebo ut ceteris, Cn. Pompeio plurima, periculosissima, maxima mari terraque bella extra ordinem esse commissa: quarum rerum si quem paeniteat, eum victoriae populi Romani paenitere."（「最重要の要件は，最大の危機である。それは単に飢饉だけによるのではなく，誰が否定しようか，常に国家の災厄から自身の益を得ようとして，公けの窮状を見張っているあの輩が価格高騰の原因につけ加えた窮状の故の，暴動が引き起こす流血にもよる。単独の者の異例の（命令権）が，事態を解決するべきであることを，誰が否定しようか。この点に関して，私はお前（クロディウス）にも他の者にも（いまさら）告げようとは思わない。グナエウス・ポンペイウスには，多くの，最も危険な，最大の海陸の戦争が異例にも託された，ということを。これらを彼に託すことを拒む者は，ローマ市民の勝利を拒む者である。」）．
14) 註11を見よ。
15) Gruen, 537.
16) 前151年の法によって，コーンスル経験者の再選は禁止されている。Liv. *Per.* 56. 従って，前70年にコーンスル職を経験したポンペイウスには，ケーンソル職以外の政務職に就任することは制度上許されていなかった。異例の方法でこの制約を乗り越えることと，アウグストゥスの権力掌握との関連については第Ⅴ章で，また政務職就任に関する諸立法の導入経緯については第Ⅵ章で，詳しく論ずる。
17) Herz, 47, Anm. 89.
18) Dio 39, 9, 3. Plut. *Pomp.* 49.
19) Plut. *Pomp.* 50.

20) Cic. *Fam.* 13, 75.
21) Cic. *Q. fr.* 2, 1-6. Plut. *Pomp.* 50.
22) Kienast, 125f. Herz, 67ff. Rickman, 180.
23) Rickman, 56f.
24) Herz, 51f. Rickman, 57.
25) クロディウス法：Cic. *Sest.* 55 ; *Dom.* 26. App. *Bell. Civ.* 2, 120. カエサル：Dio 39, 24, 1-2. Suet. *Caes.* 41, 3. Plut. *Caes.* 55, 3. アウグストゥス：Dio 55, 12,1. Suet. *Aug.* 40. Cf. Rickman, 174ff.
26) Cic. *Fam.* 7, 9, 1. Lucan. 1, 114 ; 5, 473. クロディウスに関しては，砂田徹「P. クロディウスをめぐる最近の諸研究：ローマ共和政末期の「都市民衆」とのかかわりで」『史学』36, 1990, 87頁以下。また，H. Benner, *Die Politik des P. Clodius Pulcher : Untersuchungen zur Denaturierung des Clientelwesens in der ausgehenden römischen Republik*, Stuttgart, 1987 が，共和政末期におけるクロディウスの政治的意味について，包括的に論じている。
27) Cic. *Imp. Cn. Pomp.* 44. Dio 36, 24, 1-3. Plut. *Pomp.* 25.
28) R. Syme, *The Roman Revolution*, Oxford, 1939, 65. しかし，G. Doblhofer, *Die Popularen der Jahre 111-99 vor Christus : Eine Studie zur Geschichte der späten römischen Republik*, Wien/Köln, 1990, 120f.
29) Chr. Meier, Res publica amissa, Wiesbaden, 1966, 108ff.
30) Ibid., 289.
31) J. Bleicken, *Die Verfassung der römischen Republik*, München, 1995[8], 93f.
32) F. Münzer, 'Cornelius', Nr. 238, in *RE*.
33) Plut. *Pomp.* 49.
34) Münzer, 'Caecilius', Nr. 96 in *RE*. D. Epstein, *The Personal Enmity in Roman Politics 218-43 B.C.*, London/New York/Sydney, 1987, 35f.
35) Syme, 43.
36) Cic. *Att.* 3, 12, 1 ; *P. Red. Sen.* 72, 87 ; *Dom.* 7.
37) Cic. *Sest.* 79 ; 89 ; 130. Dio 39, 6, 3 ; 7, 4.
38) Münzer, 'Claudius', Nr. 297 in *RE*. Epstein, 44. Gruen, 297. Dio 39, 6, 3.
39) Cic. *Mil.* 48.
40) Münzer, 'Caecilius', Nr. 110, in *RE*.
41) Cic. *Q. fr.* 2, 3, 6.
42) Cic. *P. Red. Quir.* 12 ; *Sest.* 72 ; 77 ; *Piso.* 35.
43) Meier, 285 ; 290f.
44) 以下，各人物について，*RE*.のみを使用した場合は，註で指示することを省略する。
45) *ILS*. 46.
46) Dio 24, 3. Plut. *Pomp.* 25 ; 29.
47) Plut. *Pomp.* 29. Epstein, 65.
48) Plut. *Pomp.* 25.

49) Gelzer, 130ff. Meier, 282ff. Epstein, 81.
50) Cic. *Dom.* 7 では，両コーンスルと元老院議員がキケローの助言を要請した，と言明されている。
51) Meier, 286. Gelzer, 142ff. Gruen, 294ff.
52) Cic. *Att.* 4, 3, 3; *Fam.* 2, 6, 3; *P. Red. Sen.* 19-20. Vell. 2, 45, 3. Plut. *Cic.* 33.
53) Cic. *Att.* 4, 3; *Q. fr.* 2, 1, 3; *Sest.* 88-89. Dio 39, 7-8.
54) Cic. *Dom.* 26: "Extra ordinem ferri nihil placet Clodio."（「いかなる異例の方法もクロディウスは認めない。」）.
55) Cic. *Dom.* 4-9.
56) Cic. *Dom.* 4: "'Tune es ille' inquit, 'quo senatus carere non potuit, quem boni luxerunt, quem res publica desideravit, quo restituto senatus auctoritatem restitutam putabamus quam primum adveniens prodidist?'"（「お前（クロディウス）は問うた。『元老院がその不在を耐えられなかった，『良き人士達』が（その不在を）嘆いた，国家が熱望した，そしてその帰還によって元老院の権威の復活を（もたらすと）我々が期待した，そのあなた（キケロー）が，（騒乱の際に）真っ先に現れようとしなかったのか？』と。」）.
57)『自身の邸宅について』全147節のうち，最初の32節（全体の1/4強）が，穀物問題に割かれている。
58) 註6を見よ。
59) Cic. *Dom.* 12: "Erat igitur et praesens caritas et futura fames; non est satis; faca lapidatio est. Si ex dolore plebei nullo incitante, magnum malum; si P. Clodi impulsu, usitatum hominis facinerosi scelus; si utrumque, ut et res esset ea quae sua sponte multitudinis animos incitaret, et parati atque armati seditionis duces, videturne ipsa res publia et consulis auxilium implorase et senatus fidem?"（「まず価格高騰が起き，次に飢饉が来た。それだけではない。投石がある。もしも民衆の脅威がなんら扇動されたものでないとしても，大きな災難である。もしも P. クロディウスに刺激されたものであるにしても，（我々は）罪深い者によるこの種の悪行には慣れている。（しかし）もしもこの二つが共にあったら，この事態が群衆の心を自然に駆り立て，同時に武装して待ちかまえている騒乱の指導者が（扇動したというなら），国家がコーンスル達へ助力を，元老院へ（国家の安全の）保障を懇願するであろうと，思わないのか。」）
60) Cic. *Dom.* 10-11; *Att.* 4, 1, 5.
61) Cic. *Dom.* 14: "Fuit causa capiendi novi consili: videte nunc fuerintne partes meae paene praecipuae."（「この事情が，新しい方針をもたらしたのだ。そして今や見よ，そこでは実際，私の役割は主要なものではなかったのか。」）.
62) Plut. *Pomp.* 51-52. Meier, 294ff.
63) Cic. *Phil.* 1, 18; *Att.* 7, 1, 4; 8, 3, 3. Dio 40; 50. App. 2, 22-25. Plut. *Pomp.* 54-55; *Cato Mai.* 47-48.
64) Rickman, 58ff.
65) Dio 46, 39, 3.

66）本論第II章第1節を見よ。

第 V 章

ローマ共和政末期の「異例の命令権」
――ガビニウス法（前67年）の検討――

はじめに

　第 IV 章において，前57年のポンペイウスのクーラ・アノーナエ引き受けの経緯と，その際にポンペイウスが得た権限が分析された。その結果，この事件の中にアウグストゥスの統治に帰結する，ローマ共和政の変質の一見矛盾する二つの潮流が見て取れた。その一つは社会構成員への全体的な配慮という統治理念の変化であり，いま一つは共和政の制度を逸脱した「異例の命令権 imperium extra ordinem」の，単独の有力者への賦与である。

　この結論は，必然的に共和政から帝政への傾斜へという方向へ議論が展開する可能性をもたらす。従って，今や穀物供給問題から，これら二つの潮流の共和政における意味について考察することに重点を移すことにしよう。本章では後者の問題，すなわちより実体を伴う政治上の変化について検討したい。その上で再び理念の問題に目を向けることによって，この先の議論をより具体的なものにできるからである。

　アウグストゥスの権力と，共和政の「異例の命令権」との関係は，皇帝権の本質を問う諸研究によって注目されてきた。制度面における元首の権力の実体が，前27年以降アウグストゥスが自身に集約させた共和政の政務職権限の「束」であることは，ブライケンが極めて簡潔に述べているが，それらは，「異例の」方法で元首に集約されたからである。否，むしろ共和政の政務職に課せられた諸規制からして，「集約」それ自体が「異例」であると言うべきであろう。そしてその「異例さ」とはまさしく，第1節で詳説するよ

ウスによるこの種の命令権の獲得は，他の有力者に比べて群を抜いて回数が多い．ポンペイウスは，前80年代末以降前50年代末まで（すなわち彼の政治活動期間のほぼ全体）を通して，繰り返し「異例の命令権」を求め続けているのである[4]．長期にわたって，他の者に比べて格段に多く繰り返してこの種の命令権を獲得し続けたということと，その間の彼の政治的立場および言動とを併せて考えると，ポンペイウスが明らかにこの方法を，当時のローマ政界において，とりわけ元老院統治体制に対抗して，権力を拡大，維持するために有効な武器であるとみなしていたことがわかる．また，彼がこの方法を取ることに対して，他の有力者および元老院が示した強い反発は，そうした認識が彼一人のものではなかったことを示唆するであろう．このように，共和政末期の「異例の命令権」の歴史の中で，最も典型的に当時の政治的状況を示す例として，ポンペイウスのそれが位置づけられるのである．

さて，ポンペイウスが獲得した数々の「異例の命令権」の中でも，特に前67年，前66年，そして前57年のそれはその規模，範囲において，突出して大きな権力と影響力獲得の可能性をもたらした．このうち前57年の権限の大きさについては，既にアウグストゥスのクーラ・アノーナエに関わる権限に通じることを第II章および前章で確認したとおりである．そしてまた，前57年の命令権が，前67年，前66年のそれを先例としたものであることもまた，同じく既に見てきた[5]．これら二つの命令権はまた，当時，他の有力者が取得した同種のものに比しても群を抜いて強大であり，またその獲得経緯において，激しい論争があったことが知られている．前67年および前66年の命令権について，まずは概観してみよう．

前67年，海賊掃討のための命令権が護民官ガビニウスによって提案され，平民会において可決された．その結果，ポンペイウスに対してこの命令権が与えられた．それは地中海全域および海岸線から約75 km以内に及ぶ，3年期限のプロコーンスル権限であり，また膨大な軍艦，正規軍団兵士と補助軍兵士，国庫金の使用およびポンペイウスの任意による副官の任用権を伴っていた[6]．海賊に対抗するためのこの種の命令権には前74年に，同じく海賊掃討のためにプラエトルのアントニウス M. Antonius が得たものがあるが[7]，ポンペイウスのそれは，上で述べたように，スケール・質ともに前例をはる

かに凌駕している。そして海賊掃討を果たしたポンペイウスに対して，翌66年には，ポントゥス王ミトリダテス Mithridates との戦争の終結を目的として，さらに適用範囲を広げた命令権が，護民官マニリウスの提案により新たに賦与されたのである[8]。その結果が，ミトリダテスに対するローマの最終的な勝利と，地中海東部のローマ支配下への再編成であり，またポンペイウスの軍事的名声と政治的影響力の飛躍的増大であったことは，周知のとおりである[9]。さて，ポンペイウスに，こうした決定的な成果をもたらした前67，前66年の二つの命令権は，権限内容自体が通常の軍最高司令者のそれに比べてずばぬけて強大かつ広範囲であることは述べたとおりであるが，加えて前67年時点では無任であったポンペイウスに，しかも彼単独に，こうした権限を認めたという点においても，共和政の制度を逸脱したものであった。この意味で，この時のポンペイウスが得た権限は共和政末期に頻出する「異例の命令権」の典型例に数えられるのである。

　以上から，ポンペイウスの「異例の命令権」，それも前67年，前66年のそれが本章の考察の材として適当であると考えられる。従って次に論じられるべきは，そもそも「異例の命令権」とは共和政において，何であったのか，という点となる。つまりは，「異例さ」の内実であり，また共和政の政治にとって，すなわちここまでの論考の中で共和政の本質と位置づけることができた，元老院による（そしてその背後にある特権的な層による）統治にとって，なぜこの種の命令権が脅威であったのか，あるいはそもそも脅威でありえたのか，という問題である。

第1節　Imperium extra ordinem

　「異例の命令権」についての，先行研究の評価は大きく二つに分かれる。古典的とも言える一つの見解は，上で紹介したように元首の権力の先例としてそれを位置づけるものである。それは，「異例の命令権」がその獲得者にとって，制度を逸脱しているがゆえに通常の命令権行使では不可能な程度の軍事力と声望および属州を通しての帝国統治への影響力の獲得の可能性をもたらし，その結果元老院統治という共和政の政治体制を揺るがすことになっ

第Ⅴ章 ローマ共和政末期の「異例の命令権」

た，という理解に基づいている。

しかしまた一方で，こうした見解に対する批判も早くからあった。その中でもすでに1970年代に，グルーアン E. Gruen が，共和政末期の政治史研究書の中で，その題名も「異例の命令権 imperium extra ordinem」なる補遺によって，ポンペイウスのそれをはじめとする，共和政末期の「異例の命令権」の意義に対して，全面的な疑問を投げかけている。グルーアンは，異例な命令権と呼ばれるものの「異例」の意味を，以下の三点に整理している。

① 私的な立場の者 privati への命令権賦与
② 権限の時間的な長さと適用する空間の広さ
③ 属州統治への民会の介入

その上で，どの点についても共和政末期以前に多くの先例があることと，それら全体に元老院のコントロールがあったことを指摘して，これらの命令権は厳密にとらえれば制度を逸脱しているにしても，それは非常事態においては柔軟に制度外的な対処を行うという共和政の指導者層の体質から生じたものであり，従って元老院支配に対して対抗しうる武器になることはなかった，と結論しているのである[10]。

「異例の命令権」に，グルーアンが挙げるように，多様な先例があること自体は確かに史料上確認でき[11]，その限りで彼の見解は説得力を備えていると言える。とはいえグルーアンのここでの結論には，筆者はいくつかの点で疑問を感じずにはいられない。まず彼が挙げている先例の大部分は，第二次ポエニ戦争およびその前後の対外戦争に関連するものである。この点に関連して，グルーアン自身が，ローマ統治層の本来的に柔軟な姿勢を表す例として引用している，キケローの前66年の言葉を，正確に思い返してみる必要があるだろう。彼は祖先達が「戦時においては」状況に即して行動したと述べ，さらにポエニ戦争とヒスパーニア戦争を例として上げている[12]。つまりキケローが言う「非常事態」とは，外敵によるローマへの攻撃と，その結果としての国家の消失さえあり得た，極限的な状況のみであったことを度外視すべきではないのではなかろうか。そう考えるならば，ここから元老院が，グルーアンが考えるほどに，本来的な柔軟性を備えていたということにはならない。

次に筆者にとって不可解に思われるのは、①について、前67年の命令権に対しては私人への権限賦与ではなく、単独の人物が大きな権限を取得することが、反対の理由として挙げられたことを指摘し、従って私人への権限賦与が問題視されていなかった、と結論づけている点である[13]。仮に問題視されなかったという彼の解釈自体が正しいとしても、ではなぜここで問題視された、単独の個人への権限賦与という事態については注目しようとしないのか。独裁官を除くすべての権限を複数の定員に適用するという、政務職に関する制約から逸脱したこの点こそは、単独の最高権力者としてのアウグストゥスの前27年以降の権力に通じるものとして、重要であるように筆者には思われる。そして②に関して、実はグルーアンは時間的な幅のみを具体的に論じ、適用空間の広さにはほとんど言及していない[14]。しかし、同一人物が長期間命令権を保持することにより、兵士との紐帯と軍事的名声を得ることが重要であるとしても、むしろそのことよりも属州の枠を越えた命令権が創出されたことにこそ、より本質的に、既存の体制にとって危険な権力の出現が示されているのではないだろうか。こうした命令権の前では、③の属州統治に対する元老院のイニシアティヴは意味を失うことになるだろう。そしてこの点に関連しても、前27年にアウグストゥスに、全属州の3分の2にあたる数の統治権が認められたことが、皇帝による帝国統治の根拠となったことは、あまりに有名である。

以上を見渡してみると、グルーアンの「異例の命令権」の定義および、これに関する見解には、頷きがたい面が多いと言わざるをえない。とりわけ上で述べたように、単独の人物に賦与された、属州の枠を超える命令権こそが、共和政末期においては元老院統治にとって打撃であり、後にはアウグストゥスの権力を支えることになる最重要の要素であったと、筆者は考える。従って、その二つを兼ね備えた最初の例である、前67年の命令権の意義が大きい。

では、なぜ前67年にこのような命令権が創出されたのだろうか。それに関係する者達、提案者のガビニウス、命令権取得者のポンペイウス、そして当然こうした命令権を歓迎しなかったはずの元老院はその際に何を考え、何を目指していかなる行動を起こしたのだろうか。

これらの論点を検討するために，次に前67年にガビニウスがこのような命令権を提案してから，平民会で可決されるまでの経緯と，それを巡る政治的動向を整理しつつ，先行研究の見解を説明しておこう[15]。

第2節　ガビニウス，ポンペイウス，元老院

前67年，護民官ガビニウスが，新たな命令権の導入を，平民会に提案した際の経緯を叙述する史料は，一様に一般市民の賛成と元老院議員達の反対という反応を記している。その上で反対を巡っては史料によって，コーンスルの一人（カルプルニウス・ピーソー C. Calpurnius Piso），元老院有力議員であったルタティウス・カトゥルス Q. Lutatius Catulus，およびガビニウスの2人の同僚護民官が集会 contio で反対の演説をなしたが，集まった市民達の激しい野次を受けたこと，護民官の一人トレベッリウス L. Trebellius が平民会でガビニウス案に拒否権を発動しようとしたところ，反対にガビニウスが彼の罷免を提案したため拒否権を撤回したこと，あるいは激昂した元老院議員達がガビニウスに暴力を振るおうとすると，逆に興奮した都市住民に襲いかかられ，這々の体で逃げ出した，といった様々な経緯が具体的に語られている[16]。一方，命令権が賦与されることが誰からも目されていたポンペイウス自身は，ガビニウスの提案についてはコメントをせず，ただ自分は休息が必要であると繰り返すのみであり，しかも法案に関する平民会投票当日には，ローマを離れたという[17]。こうした状況で開催された平民会は，ガビニウス案を可決した。その翌日，平民会はポンペイウスに，「はじめに」で見た種々の権限を与えることを，改めて決定した[18]。そしてポンペイウスは，早速，元老院議員の中から副官を選び，地中海各域に各々の配置を決めた[19]。

以上がガビニウス法導入までのあらましである。ここからまず，元老院が明確に，命令権導入に反対していたことがわかる。その反対を押し切る形で，ガビニウスの提案を平民会が可決したが，その前には都市住民による，元老院や政務職への暴力があった。先行研究の多くは，史料のこうした叙述を下敷きに，この事件を典型的な「門閥派」対「民衆派」の抗争の枠内で理

解してきた[20]。この理解に関連して，上の経緯を巡る各要素について今少し踏み込んでみよう。

　前58年にはコーンスルとなるガビニウスの，政務職としての言動がしばしば元老院内の多数の利害と対立したことは確かであり，このことが，ほぼ自動的に典型的民衆派の一員として，ガビニウスを性格づけてきた[21]。ここで彼のそうした人物評価や，当時の党派闘争理解に関して議論を展開する余地はないが，前67年の命令権の提案に関してのみ言うと，彼が元老院支配への対抗手段として，それを行ったと考える必要はない。むしろ既に先行研究が着目しているように，彼がポンペイウスと同郷であること，そして前67年以前も以後も，ポンペイウスと極めて親密な関係にあり，彼のために貢献をなしているという事実によって[22]，前67年の彼の行動は説明できる。海賊掃討のための命令権の提案は，ポンペイウスへ権力をもたらすため，という限りにおいて元老院と対立する性格のものであったと考えてもよいだろう。

　一方ポンペイウス自身は，ガビニウスの提案に事前から関与していたというよりも，もっと大胆に言うことが許されるならば，計画段階から指示を下していたと考えられている。彼が沈黙を守っていたにもかかわらず，こうした理解が大勢を占めるのは，この時以外にも異例の命令権取得の際に，ポンペイウス自身が，躊躇する様子を見せはするが，少なくとも周囲の誰も，彼が本心では望んでいることを疑わない，というパターンが常に史料に語られるからであるが[23]，海賊掃討のための命令権を得た後の，極めて迅速な行動を併せ考えても，到底彼があらかじめ準備していなかったとは考えられないからでもある。

　この点に関連して前70年代以降の，とりわけセルトリウス戦争の勝利で名声を高めるまでのポンペイウスの地位と，前70年前後のそれとが比較されえる。つまり前70年にコーンスルに就任するまでの彼の権力は，軍事的功績に基づくものであったが，この時以来彼の政界における影響力はむしろ低下した，と[24]。この考えに従うならば，政治活動開始以来ほぼ初めて，軍事行動の埒外で政界に影響力を行使しようとして，成功できなかったポンペイウスが，再び軍事面での名声を欲した結果が，前67年の命令権創出で

あった，ということになる。

しかしそもそもこの年，彼にすぐさまそうした命令権をもたらす状況はなかった。彼が求める「異例の命令権」の導入のためには，既に述べたように国家の存亡に関わるごとき重大な「非常事態」が必要であったはずである。当時ローマにとってその種の「非常事態」とは，前78年に再発した，ポントゥス王ミトリダテースとの小アジアを巡る戦争であった。この戦争が，ローマの地中海東部における支配権拡大の過程にとって大きな障壁となっていたこと，またこの戦争によって小アジアで活動していたローマの商人・徴税請負人および駐留軍が甚大な被害を被っていたこと，にもかかわらず前78年からの，所謂第三次ミトリダテース戦争を早期に終結させることができなかったために，元老院の求心力自体が問われる事態となっていたことはここで詳しく述べるまでもない[25]。しかし，この戦争における軍命令権は，前74年以来プロコーンスルであったリキニウス・ルクッルス C. Licinius Lucullus が握っていた。元老院の中心的人物であったルクッルスの保持していた命令権を，直ちにポンペイウスへ移すのは困難であったはずである[26]。

ここから前67年と前66年の命令権創出は，最初から練り上げられた一連の計画の結果と見なされてきた。というのも前67年にガビニウスは，ルクッルスからポントゥス，ビテュニアでの命令権を取り上げ，同年のコーンスル，アキリウス・グラブリオ M. Acilius Glabrio に与えているからである。この行動は明らかに，やがてはポンペイウスへ対ミトリダテース戦争指揮権が付与されることを企図したことをうかがわせる[27]。ルクッルスに代わって命令権を得たグラブリオは，ポンペイウスと親しい関係にあったことが知られており，ルクッルスからよりは彼からの方が，ポンペイウスへ指揮権をスライドさせることがはるかに容易であったことは疑いない[28]。

これに加えて重要と思われるのは，前67年に問題となった海賊の跳梁は，次節で詳しく述べるように，当時ミトリダテスの支援を受けて活発化していたという事実である。つまり前67年に海賊掃討のための命令権を取得すれば，そこからミトリダテスに対抗する命令権を取得することはそれほど違和感がなかったはずだ。ポンペイウスはおそらく前67年の段階で，海賊掃討のための命令権そのものを欲していたのではなく，当時のローマにとって

最大の「非常事態」であり，それだけに，そこでの成功は絶大な名声をもたらすことが目に見えていた，ミトリダテース戦争における軍の指揮と，それに必要な権限こそを目指していた。従ってこの見解に沿うならば，前67年の命令権創出の要因として，史料に挙げられている海賊問題の重要性は大きく後退し，むしろ実際はポンペイウスの権力獲得の手段という，政治的意味が本質をなすということになる。その意味でのみ，すなわち元老院統治に対抗する者の手法という意味において「民衆派」的であったと言ってもよいだろう[29]。

しかしながらこの見解に対して最近は，前67年および翌年の命令権創出にこのような意味での「民衆派」的戦略を見いだすことに，批判が向けられるようになった。簡単にその要旨を述べると，ルクッルスの罷免はポンペイウスの権力獲得の手段といった政治的意図からではなく，元老院の小アジア統治の展望から行われたものであり，従って当時のローマの対外政策上の姿勢を反映しているものである，となる[30]。当時のミトリダテース戦争を含む，小アジアの全体的な情勢を分析した上でのこの批判もまた，少なくとも一定の説得力を備えていると筆者には受け取れる。二つの見解のうち，どちらが前67年（そして前66年）の事態の本質を突いているのだろうか。この問題に対する一つのヒントとして，ここで史料が述べる，ガビニウス法の直接の理由，すなわち海賊のローマにもたらした被害について検討してみよう。もしそれが，ローマ社会にとって「非常事態」と言えるほどの意味を持っていたならば，上述の批判は納得しえるということになるからである。その際とりわけ検討を必要とするのは，史料が述べる海賊の「被害」とは，具体的にはいかなる被害だったのか，という点である。

第3節　ガビニウス法の背景

(1) 前75年以降の海賊問題

ガビニウス法の，直接の理由として挙げられている海賊問題については既に多方面から様々な言及がなされているので，ここでは本論の検討内容に必

要な情報のみを整理しておこう。地中海東部では古くから海賊が跳梁して，これが船舶や，場合によっては沿岸部の住民を脅かしており[31]，ローマ人もまたその被害を被ってきた。しかし前1世紀に関しては，海賊がローマ人にもたらした被害に関する史料の叙述が，数，スケール共に突出している。では海賊は具体的にいかなる被害をもたらしたのか。無論，史料は船舶や乗客からの金品の強奪，捕虜の殺害や，身代金の強要ないし奴隷としての売却，あるいは港湾設備の破壊といった多様な被害を挙げている。しかしその中で注目すべきは，海賊の跳梁とその影響を述べるあらゆる史料が，最大の被害として海上交易の停滞に起因する穀物調達の困難という事態を挙げていることである。既に前2世紀末には，これを原因とする食糧危機すら発生している。特に前70年代以降に関して，この問題への言及は顕著に多い[32]。

その一つの頂点が，前75年の食糧危機である。この時，ローマ住民は食糧不足のために暴動を起こし，コーンスルと翌年のプラエトル選挙の候補者を，フォールム内の「聖なる道 Via Sacra」で追い回した挙げ句，元老院議員にも脅迫的な態度を見せている[33]。食糧危機に起因する住民の蜂起は，共和政末期の社会における，都市民衆の争乱と暴力行為の一つの典型的なケースとして近年注目されているが，前75年の事件はそうした例の一つである[34]。そしてその後，この種の都市住民の騒乱や暴動はたびたび史料に現れることになる。

ここで問題となるのは，そもそもなぜ前70年代に，海賊の跳梁はそれほど激しさを増していたのかという点であろう。そこに先に挙げたポントゥス王ミトリダテースの支援があった。

ミトリダテースは，小アジア一帯の多様な勢力を，ローマに対抗して自身の側に引きつけたのだが，その中に，キリキア地方を拠点とした海賊がいたことが，よく知られている。彼らの中には，この時期，ローマの収奪によって生活基盤を奪われた結果，海賊行為を行うようになった者が多く含まれていたと言われる。つまり自らもローマに対して抵抗する理由を持っていた彼らを，ミトリダテースは戦列に加えただけでなく，また彼らの略奪行為を，ローマに対する攪乱行為と見なして支援した。とりわけ，当時ヒスパーニアでまだ元老院に頑強に対抗していたセルトリウスを援護するものとして，地

中海西部にまで海賊の横行が拡大することを積極的に支援したため，この時期以降，その跳梁は勢いを増したのである。それは特に前78年に，第三次ミトリダテース戦争が開始されて以来激しくなった[35]。

上述の前75年の場合，当時騒乱を起こした都市住民に対して，コーンスルが演説を行って，そこで食糧不足の原因を，東方とヒスパーニアでの戦争に帰している[36]。これはこの年の食糧危機が，まさにすぐ上で述べた，ミトリダテースの作戦が引き起こしたものであることを意味しているだろう。しかもこの状況は，後述するように前75年以降もおそらくそれほど変わらなかった。前75年以降というよりはむしろ，おそらく前78年以降穀物調達の困難という状態は継続していると見てよい。

こうした状況に対して，元老院はどのように対処しようとしたのか。まず重要と思われるのは，既に言及したルクッルスのミトリダテース戦争における命令権が，まさにこの時期与えられたことである。そして彼の命令権が，前67年の命令権にとっての先例と言える異例なものであったことも注目に値する。この命令権は属州の枠を超え，小アジアの複数の属州にまたがるものであり，従ってグルーアンの整理に従うと③の意味で制度を逸脱している。また前67年までの7年間，この命令権が継続したという点で，同じグルーアンの整理の②にあたる。この命令権は明らかに元老院の意向によってルクッルスに与えられた[37]。

そしてこれとならんでこの年，もう一つの元老院の対処として，特に注目せねばならないのが，アントニウスへの海賊掃討のための特別な命令権の付与である。プラエトルであったアントニウスに，元老院が認めたプロコーンスル権限は，ルクッルスのそれをさらに超えて，特定の属州に限定されない地中海全域の沿岸に及び，また前70年に彼が死去する時まで継続する，これも前67年の先例となる命令権であった[38]。前75年の直後に，二つの，相互に類似した「異例の命令権」が創出されたこと，しかも一つはミトリダテース戦争の，そしてもう一つが海賊掃討のためのものであったということ。これは，この頃元老院が，ミトリダテース戦争と，それがもたらした事態を解決するためには，制度を逸脱する方策もやむなしとの認識を持って，それを実行したということを示唆している。

(2) 前70年代以降の穀物供給 —— 前2世紀後半以降の経緯を前提に ——

ただしこれに関連して看過すべきでないのは、当時の食糧供給事情が、海賊の横行によってのみ左右されていたわけではないことである。この時期の供給状況については、食糧の不足、価格高騰ないしは、不足の危惧に関する史料の言及は少なくない。それは無論天候不順や疫病といった、散発的な自然発生的原因にもよるが、これに加えて状況を恒常的に危険にさらしていた要因として、前2世紀末以降の、都市の人口増大、商人の投機、（特に生産地における）奴隷反乱、また増大する海外駐留軍への糧食の供給などが挙げられる。そしてとりわけ前1世紀に入ると、同盟市戦争と、さらにはスッラ、マリウス等の闘争とその余波が事態を悪化させていた[39]。

他方、既に前2世紀後半以降、ローマではガーイウス・グラックスの穀物配給法導入をはじめとする食糧供給制度が徐々に整備され始めている。こうした新たな供給政策と制度の整備に対し、元老院は当初反発していたが、後には積極的に供給に関与するようになったこと、他方一般市民側もこうした権力側の姿勢を当然視する傾向を強めていたということは、既に第III章で詳しく述べた通りである[40]。前2世紀末以降、元老院および個々の政治家によって、海賊への対処を含む、穀物の安定供給のための多彩な方策が打ち出され始めたことは、これと同じ脈絡で理解されるべきである。

すでに前102年に、元老院は海賊掃討のための特別任務をプラエトルであったアントニウス M. Antonius（前74年のプラエトルの父）に与えている。また、翌年には地中海沿岸諸国に対して、海賊制圧のために協力を要請することが民会で決議されている[41]。一方、前100年頃に、「民衆派」の一人と見なされるアプレイウス・サトゥルニヌスが護民官として穀物配給法を新たに導入しようとした。これがおそらく海賊の横行と関係するだろうと思われるのは、ちょうど同じ頃、「海賊に関する法 Lex de pirate」が提案されているからである[42]。

特に前70年代以降の方策に関しては、一般に言われるような、「民衆派」の手法としての穀物供給政策と、これに対抗せんとする「門閥派」といった構図は、もはやなりたたない[43]。前78年から前76年までの間、プロコーン

スルのセルウィリウス・ウァティア P. Servilius Vatia がキリキアで命令権を行使していたが，その一環として海賊掃討を行っている[44]。前78年には，「民衆派」のコーンスル，アエミリウス・レピドゥス L. Aemilius Lepidus が，スッラ期に廃止されていた穀物配給法を復活させようと試みた[45]。一方で伝統的な方策も見られる。上述の前75年には，アエディーリスであったホルテンシウス・ホルタルス Q. Hortensius Hortalus が，翌年にも同じくアエディーリスのセイウスが，私費で市民に穀物を無料分配しているし，前75年のクワエストルであったキケローも，赴任地のシキリアから，穀物をローマに送らせている[46]。そして前73年には，レピドゥスが果たせなかった穀物配給法の復活が，両コーンスルの提案により実現した。元老院の意向によって成立したこの穀物配給法が，穀物配給法イコール民衆派的手法という，穀物供給の従来のあり方を転換させたことについては，既に第III章で論じているのでここではこれ以上触れない[47]。

　前2世紀後半以降の，食糧供給制度の漸進的な整備。これに伴う，供給を統治者の責務と見なす理念の形成。しかしその一方での，全体的・慢性的な食糧供給の危機的状況という現実。こうした素地に，海賊問題の深刻化が加わったのが，前70年代であるということである。この状況に至って，元老院は食糧供給の安定化のために，従来の姿勢を変えることすら辞さなくなった。その表れが一方では前73年の法であり，他方では供給を阻害する要因を排除するための方策，すなわちルクッルスとアントニウスの命令権であった。

　しかしながら，元老院のこの「方向転換」にもかかわらず，この時期の食糧供給事情は抜本的に改善されなかった。アントニウスが，地中海西部では部分的な成功を治めたにもかかわらず，同じ頃にシキーリアでは，総督ウェッレース C. Verres が海賊に苦しめられているし，なによりもアントニウスは，海賊の本来の勢力圏である東部では大敗北を喫している[48]。また当初成功を収めていたルクッルスも，戦争を終息させえずにいた[49]。一方で前70年に，コーンスルのクラッスス M. Licinius Crassus が，再び私費を投じて都市市民に穀物の施与を行っていることは，穀物供給自体の状況も改善されていないことを示唆している[50]。そして海賊の跳梁は，前60年代初頭に

むしろ激化することとなり，前67年にはついにオスティアまでもが，直接海賊の攻撃を受ける事態が発生する[51]。

　効を奏しない海賊掃討の試み，そしてローマの主要港への直接攻撃，その中でこの年に再び起きた穀物の価格高騰は，どうやら実際に穀物供給が滞ったというよりも，住民の不安による買い占めが原因だったようだ。しかし，いかなる原因にせよ，穀物の入手困難という事態に変わりはない。パニックに陥りかけた都市住民が，この段階で前75年と似た暴力行為に走ったという叙述はないものの，容易に走りえたことは，後にガビニウスの提案が，元老院と他の政務職の激しい抵抗を受けた際に，実際に起きた騒乱が明らかに示している。

　元老院はこの時期，前74年以降の対処を継続していた。それは，一面ではルクッルスによる小アジアそのものでの軍事行動の継続であり，また他面ではアントニウス亡き後，前68年以降に，やはり元老院の中心的議員であったカエキリウス・メテッルス Q. Caecilius Metellus のクレタ派遣という形で表れている[52]。しかしこの方法では前67年の事態が防げなかったことは明らかである。

おわりに

　以上をまとめてみよう。ガビニウス法の直接の理由として挙げられた海賊問題は，ミトリダテース戦争と連動していた。その点で，ガビニウス法と，翌66年のマニリウス法は一連の目的で創出されたものであり，最終的にはミトリダテース戦争の命令権を目指したものであった，という推測は自然であろう。また当時の政界におけるポンペイウスの立場を考慮しても，そしてガビニウスとポンペイウスとの関係を考えに入れても，ここに政治的思惑がなかったと考えることはできない。実際，史料はすべてその脈絡でガビニウス法成立を説明している。

　史料の挙げる元老院の具体的な反対理由は，表向きは制度に関わる理由に終始している。その典型的な例は，単独の人物への権力の集中を危惧する，前67年のカトゥルスの言葉であろう。彼は前66年の命令権についても，同

じ理由から反対している[53]。この原則論そのものが，グルーアンの言うように，意味を持たないと考える必要はあるまい[54]。しかしながらウェレイウス Velleius が述べる微妙な言葉は，元老院の反対の理由を端的に表しているように思われる。

「しかし時によっては，上の例のような（『異例の命令権』を得る）者の性質が敵意を増しも軽減もする……（中略）……なぜならば……（中略）……人は異例の権力を，自身の恣意によって手放したり，保持したりするであろう者達に与えることを躊躇するからである……（中略）……（この理由で）最良の人々は（ポンペイウスに命令権を与えることに）反対する提案をした。しかし良き助言は暴力的な刺激に破れたのだ。」[55] (Vell. 2, 31, 4.)

この時，ポンペイウスへの命令権付与に反対した者達は，単独の人物への強大な命令権賦与という事態に躊躇したかもしれない。しかし彼らがより懼れたのは，明らかに単なる単独の人物ではなく，ポンペイウスという単独の人物に権力が集中することであった。

しかし海賊問題の実情に踏み込むと，単純に第2節で見たような「民衆派」的戦略として二つの法を理解することも無理があるように思える。ここで注目すべき点は，上で見たように元老院はガビニウス法に反対しながらも，それが持続しなかったことである。プルタルコスの叙述を信じるならば，ガビニウスが提案をなした段階では，「カエサルを除く全ての元老院議員が反対した」にもかかわらず，カトゥルスは集会において，市民がポンペイウスを求めて譲らないという状況に直面して，自説を撤回し，その他の元老院議員達も結局，都市住民がガビニウスを支持して騒乱すると，あっさりと引き下がった。そればかりか前66年の護民官マニリウスによる，ポンペイウスへの対ミトリダテース命令権についてはキケローの演説が残っているのだが，唯一反対を表明したカトゥルスもすぐさま意見を撤回し，その他には元老院内には，前年のような反対はなかった[56]。そしてなによりも，命令権取得直後にポンペイウスが副官を選定した時，そこには元老院議員の主

だった者達が含まれていたが,彼らは誰もこの任命を拒まなかったし,その後もポンペイウスに協力を惜しまなかったようである[57]。

　なぜ元老院は反対を容易に翻したのか。そこには海賊問題の最大の焦点であった食糧危機の深刻な状況が作用していた。さらにはそれを含める前2世紀後半以降の,ローマの穀物供給の全体的な状況があったと考えられるのである。それは端的には,前75年のように,食糧危機の際の都市住民の騒乱という形で表出する。この直後に,元老院は制度を逸脱する命令権をアントニウスとルクッルスに認めた。それは,騒乱する民衆を懼れてのことだけではあるまいし,彼らを味方としようという戦略だけでもあるまい[58]。むしろ,当時の元老院自体に,穀物供給を責務と見なす新たな意識が定着しており,その意識に従うならば,こうした状況は異例の命令権を創出するだけの,まさにかつてのポエニ戦争やヒスパーニアの状態に等しく,国家統治にとって危機と認識される「非常事態」であったがためにこそであろう。統治する者の,責務に関するこの新たな意識が,前67年に都市住民の騒乱——一般市民が市民集会で,ガビニウス法案に反対する政務職を野次り倒し,また,ガビニウスに暴力を加えようとした元老院議員達に,都市住民が襲いかかるといった[59]——に直面した時,事態の改善のために,制度を再び逸脱することに対しての逡巡は持続することはなかったのではないだろうか。問題として残ったのは,政治戦略としての側面と,その結果としてポンペイウスが新たに権力を獲得することへの危惧という側面だけであり,それすらも穀物供給の安定化と,都市住民の沈静化の可能性の前には容易に容認されることになった結果が,ガビニウス法の成立であった。

　海賊とミトリダテース戦争という,明確に軍事的性格を帯びた前67年および前66年の命令権の最大の任務は従って,ポンペイウスがそれをどの程度認識していたかどうかはともかく,穀物供給の安定化ということになる。実際,ポンペイウスがガビニウス法によって命令権を取得するや穀物価格は安定化し,40日間で地中海上の海賊は掃討された[60]。穀物供給問題は,この時点で一応の解決を見た。しかし前57年に,再び深刻な食糧危機が起きた時,都市の一般住民も,そして「良き人士達」も即座にポンペイウスに再び穀物供給の安定化を目指す責務を委任したのである。その際に,再びポンペ

イウスに，前67年と類似の，強大な「異例の命令権」が認められたことは，前67年と前57年の事態の類似性を考慮すれば，当然のことと理解されるであろう。

本章では，共和政末期の「異例の命令権」の政治的意味を考察することを課題とした。その結果，まず共和政末期における「異例の命令権」が，共和政の制度を逸脱すると共に，元老院統治にとって本質的な脅威であったこと，そしてとりわけ，単独の個人に与えられる，複数の属州にまたがる権限が，直接的にアウグストゥスの権力に通じるということが確認された。従って，この種の命令権が現れる前67年頃の状況は，元老院統治から単独の者による統治へという政体の移行が開始されつつあったことを示している。

しかも，こうした命令権の出現の背後には，元老院そのものの，そしてその背後にある共和政の統治層そのものの意識の変化が看取される。本章では，冒頭で述べたように前章までの主題である穀物供給問題から，「異例の命令権」そのものに考察の重点を移したが，しかし考察の中で，共和政末期における「異例の命令権」そのものに穀物供給問題が深く関わっていたことが明らかになった。なるほど元老院なり統治層成員なりは，前67年の命令権をポンペイウスが獲得することに反発はした。しかし，その反発は，結局都市ローマ住民への穀物供給の安定化という観点に直面すると，持続しえなかったのである。そしてまた，統治層だけではなく，統治される側である都市住民もまた，この種の配慮を自明視し，これが行われていないと判断するや，統治側に対して激しい抗議を示すのである。共和政の政治を動揺させた「異例の命令権」の出現は，こうした統治の理念に裏打ちされることによって実現したと考えるべきであろう。それだけに，この理念が既に前2世紀末には用意されていた，ということを併せて考えると，「異例の命令権」そのものについても，前2世紀におけるそのありようを考察する必要が生じてくる。

さて，「異例の命令権」の「異例さ」は共和政の制度を逸脱した強大な権力の出現という意味で，共和政の帝政への傾斜の過程の中で決定的な意味を持つことは，既に述べたとおりである。しかしまた，「異例の命令権」の問題の本質は「異例さ」にあるのではなく，「命令権」そのものにある，ある

いは別の観点からすれば元老院と政務職の位相にある，ということも「はじめに」において確認した。従って，本章で明らかになった結論──前67年段階で既に共和政の解体が進行しつつあったことを示す「異例の命令権」の前提が，前2世紀に用意されていたということ──は，政務職と元老院との前2世紀における関係を，この先の議論の射程に入れる必要を意味するであろう。

以上を踏まえて，次章では，前2世紀において，共和政の統治（その権力および理念）が，いかなる状況にあったのか，ということを考察することにしたい。

註

1) J. Bleicken, *Die Verfassung der römischen Republik : Grundlage und Entwicklung*, Paderborn, 1995[7]. ブライケンのこの理解の前提には，モムゼンの帝政理解がある。Th. Mommsen, *Römisches Staatsrecht*, Berlin, Bd.2, 1887[3]（Nachdruck, 1969, Graz），647ff..

2) A. Lippold, *Consules: Untersuchungen zur Geschichte des römischen Konsulates von 264 bis 201 v. Chr.*, Bonn, 1963. M. Gelzer, *Pompeius*, München, 1959, 67ff. Chr. Meier, *Res publica amissa*, Wiesbaden, 1966, 169ff. E. Badian, *Foreign Clientelae, 264-70 B.C.*, Oxford, 1958, 288. R. Syme, *The Roman Revolution*, Oxford, 1939, 293ff. 上級政務職の限界については，W. Kunkel, Magistratische Gewalt und Senatsherrschaft, *ANRW*. 1-2, Berlin, 1972, 11.

3) E. Gruen, *The Last Generation of the Roman Republic*, Los Angels, 1995（1st. ed. 1974), 534ff. に整理されている。

4) 前82年，スッラによりシキーリアとアフリカ遠征のため，前78年，対レピドゥス戦のため，前77-74年，対セルトリウスのための，それぞれプロプラエトル権限。前67年，海賊掃討のため，前66年，対ミトリダテースのための，それぞれプロコーンスル権限。前57年，クーラ・アノーナエのためのプロコーンスル権限。そして前51年には，「同僚無きコーンスル」に就任。

5) このこと自体が，当時，穀物供給がいかに重要な問題として，政治的に認識されていたかを示している。

6) Cic. *Imp. Cn. Pomp.* 44 ; 52-58. Liv. *Per.* 99. Vell. 2, 31, 2. Dio 36, 23, 37. App. *Mithr.* 94. Plut. *Pomp.* 25-26. 使用できる人員数や金額等に関しては，史料によって細かい食い違いがあるが，本論ではその差は重要ではない。

7) Cic. *Verr. II* 2, 8 ; 3, 312. Sall. *Hist.* 3, 2. App. *Mithr.* 94.

8) Cic. *Imp. Cn. Pomp. passim*, esp. 60 ; *Fam.* 1, 9, 11 ; *Phil.* 11, 18. Liv. *Per.* 100. Vell. 2,

33, 1. App. *Mithr.* 97. Dio 36, 31-36 ; 42-44. Plut. *Pomp.* 30.
9) Liv. *Per.* 101. Plut. *Pomp.* 43-46. Gelzer, 122ff. R. Kallet-Marx, *Hegemony to Empire, The of Development the Roman Imperium in the East from 148 to 62 B. C.*, Berkeley/Los Angeles, 1985, 323ff. Meier, 267 ; 270ff. は，ここからポンペイウスと元老院との本格的な対立が始まると見る。
10) Gruen, 534ff.
11) Ibid., 536 に多くの例。
12) Cic. *Imp. Cn. Pomp.* 60 : "Non dicam hoc loco maiores nostros semper in pace cunsuetudini, in bello utilitati paruisse...non dicam duo bella maxima, Punicum atque Hispaniense, ab uno imperatore esse confecta."（「ここで我々の祖先が平時においては慣習に，戦時においては実益に従ったことは言うまでもない……（中略）……二つの最大の戦争，ポエニ戦争とヒスパニア戦争が単独の最高指揮者によって終結したということも。」）.
13) Gruen, 535f.
14) Ibid., 537f.
15) ガビニウスは護民官（前 67 年）およびコーンスル（前 58 年）就任中に，計 12 の法案を提案し，可決させている。従って，「ガビニウス法」と呼ばれるものも，複数存在するが，本論では考察の対象としている，前 67 年の海賊掃討のための命令権を導入した法のみを「ガビニウス法」と呼ぶことにしたい。
16) Cic. *Imp. Cn. Pomp.* 44. Dio 36, 24, 1-3. Plut. *Pom.* 25.
17) Dio 36, 16, 3 ; 36, 24, 8. Plut. *Pomp.* 26.
18) Plut. *Pomp.* 26.
19) App. *Mithr.* 94-95.
20) Gelzer, 70. Syme, 31f. J. Leach, *Pompey the Great*, London, 1978, 66ff. Kallet-Marx, 311ff.
21) 護民官としての活動として例えば，Cic. *Att.* 5, 2, 12 ; 6, 1, 5. コーンスルないしプロコーンスルとして例えば，Cic. *Dom.* 23 ; 55. Liv. *Per.* 105. Cf. Gruen, 143. Syme, 31.
22) Plut. *Pomp.* 25 :「ポンペイウスの取り巻きの一人」。Badian, 87-99 に詳しい分析。同じ方向のものとして Syme, 31. Gruen, 63.
23) 有名なのは，Cic. *Fam.* 8, 1, 3 のカエリウスの言葉：「彼（ポンペイウス）は，いつも考えていることと話すことが違っているので」。また Plut. *Pomp.* 30. そして，前 66 年に関して Vell. 2, 33, 2. Cf. Gelzer, 72ff.
24) Plut. *Pomp.* 22-23. Gelzer, 60ff. Badian, 267ff. Syme, 29ff.
25) Kallet-Marx, 261ff.；292ff. W. Z. ルービンゾーン，「ミトリダテス 6 世エウパトル＝ディオニュソス──ローマ秩序の的なのか犠牲者なのか──」『躍動する古代ローマ世界：支配と解放運動をめぐって』理想社，2002，49頁以下および田村孝「ミトリダテス 6 世のイデオロギーとプロパガンダについて」『西洋史研究』新輯 23, 1994, 1頁以下参照。
26) F. Münzer, 'Licinius', Nr. 104, in *RE*.
27) Cic. *Imp. Cn. Pomp.* 26 ; *Sest.* 93. App. *Mithr.* 90. Vell. 2, 33, 1. Plut. *Luc.* 33 ; 35.

Gruen, 131. C. Williamson, *The Laws of the Roman People : Public Law in the Expansion and Decline of the Roman Republic*, Ann Arbor, 2005, 369.

28) F. Münzer, 'Acilius', Nr. 38. in *RE*. この時期，ルクッルスの東方における行動には批判があり，指揮者交代の気運が高まってはいた。しかし元老院がその対応として独自の方針を持っていたことは，Kallet-Marx, 313.

29) Cf. Meier, 148 ; 563. A. Keaveney, *Lucullus : A Life*, London/New York, 1992, 120f.「民衆派」概念の，一般的内容については，安井萌『共和政ローマの寡頭政治体制』ミネルヴァ書房，2005，293ff. に詳細な史料分析がある。また吉村忠典「閥族派，民衆派」『キケロー選集』15，岩波書店，月報15，2002，1ff. における，これら概念の歴史性に関する鋭い指摘をも参照せよ。

30) Kallet-Marx, 312ff. esp. 315.

31) 例えば，P. Garnsey, *Famine and Food Supply in the Graeco-Roman World*, Cambridge, 1988, 134ff. L. Casson, *Travel in the Ancient World*, Baltimore/London, 1994, 72f.

32) App. *Mithr.* 91-93. Plut. *Pomp.* 24. Cf. Cic. *Imp. Cn. Pomp.* 33-34. P. de Souza, Rome's contribution to the Development of Piracy, *The Maritime World of Ancient Rome* ed. R. L. Hohlfelder, Ann Arbor, 2008, pp. 78ff.

33) Sall. *Hist.* 2, 45.

34) P. J. J. Vanderbroek, *Popular Leadership and Collective Behavior in the Late Republic*, Amsterdam, 1987, 153 ; 220. A. Lintott, *Violence in Republican Rome*, Oxford, 1999, 87f.

35) Plut. *Pomp.* 24. App. *Mithr.* 92-93. Gruen, 35f. ; 68ff. ルービンゾーン，前掲論文，70頁参照。

36) Sall. *Hist.* 2, 47. G. Peal, Die Rede Cottas in Sallusts Historien, *Philologus* 109, 1965, 80ff.

37) Cic. *Mur.* 33. App. *Mithr.* 72. Plut. *Luc.* 6-7. ルクッルスの命令権取得の年代に関する議論について，T. R. S. Broughton, *The Magistrates of The Roman Republic*（以下，*MRR*. と表記），New York, 1951, vol. 2 (reprinted in Atlanta, 1996), 106ff.

38) 本章註7に加えて，Liv. *Per.* 97. Vell. 2, 31, 3-4. Rickman, 50. Garnsey, 200. 証拠はないが，この年アントニウスに異例の命令権が賦与された背景としては，彼の父が前102年に挙げた海賊掃討の，（凱旋式をもたらした）成果の記憶があったのではないだろうか。Cf. F. Münzer, 'Antonius', Nr. 29, in *RE*.

39) Cic. *Planc.* 64 ; *Verr.* II 3, 215. Obseq. 46. Diod. 37, 24. App. *Bell. Civ.* 1, 67-70 ; 1, 76-88. Plut. *Mar.* 42.

40) 宮嵜麻子「ローマ共和政末期の穀物供給政策」『西洋史学』193, 2000, 23-44頁および本書第III章を見よ。

41) Broughton, *MRR.*, vol.1, 568 ; 569, n. 2. F. Münzer, 'Antonius', Nr. 28 in *RE*.

42) Cic. *De Or.* 1, 18, 82 ; *Har. Resp.* 43. Liv. *Per.* 68. Rickman, 50. ただしサトゥルニヌスの穀物法の年代は確定できていない。Cf. H. B. Mattingly, Saturninus' Corn Bill and the Circumstances of His Fall, *CR.* 19, 1969, 267ff. A. Hands, The Date of Saturninus' Corn

Bill, *CR.* 22, 1972, 12ff.

前100年頃の「海賊に関する法」については，詳細が不明。ブライケンは，これがマリウスに対して「異例の命令権」を賦与することを目的とした法である可能性を示唆している。J. Bleicken, *Lex publika : Gesetz und Recht in der römischen Republik*, Berlin/N. Y., 1975, 116, Anm. 34. Cf. L. Thommen, *Das Volkstribunat der späten römischen Republik*, Stuttgart, 1989, 100.

43) 穀物配給に対する元老院の積極性を認める点では，グルーアンと筆者の見解は一致しているが，この点では分かれる。すなわちグルーアンがこのような元老院の積極性を本来的なものとみなし，それゆえに穀物供給法自体を「民衆派」的手法と理解することに否定的なのに対し，筆者は元老院の積極的姿勢は前70年代以降のものと考える。Gruen, 35；385f. および宮嵜前掲論文，36-38頁。

44) Cic. *Verr.* II, 1, 56； *Leg. Agr.* 2, 50. Liv. *Per.* 93. Oros. 5, 23. M. Hassal/M. Clawford/J. Reynold, Rome and the Eastern Provinces at the End of the Second Century B.C., *JRS.* 64, 195ff. Kallet-Marx, 294ff.

45) Gran. Licin. 34. アエミリウス・レピドゥス家と穀物供給との伝統的関わりについて，A. Alley, Les Aemilii Lepidi et l'approvisionnement en blé de Rome (IIe-Ie siècles au J-C.), *Revue des etudes anciennes* 102, 2000, 29-52. esp. 39sqq.

46) ホルテンシウス：Cic. *Verr.* II, 2, 3, 215. セイウス：Cic. *De Off.* 2, 58. キケロー：Cic. *P. Red. Sen.* 21； *Div. in Caec.* 2； *Verr. II,* 2, 3, 182； 215-216. Plut. *Cic.* 1, 4； 6, 1-4.

47) 宮嵜前掲論文，37頁。またこの法が，穀物生産地であるシキーリアからの穀物強制買い付けを定めたことによって，穀物の分配だけではなく調達面でも新たな要素を取り入れたことを，Cic. *Verr.* II., 3, 163；5, 52. が示唆する。

48) Liv. *Per.* 97. Sall. *Hist.* 3, 2, 3； 3, 5, 8. Flor. 1, 42, 3. Diod. 40, 1, 1. ウェッレースについては，Cic. *Verr.* II 5, et passim.

49) Kallet-Marx, 313ff.

50) Plut. *Crass.* 12, 2.

51) Cic. *Imp. Cn. Pomp.* 33. Dio 36, 22. Cf. Plut. *Pomp.* 24.

52) Liv. *Per.* 98. Cic. *Flac.* 30； 63； 100； *Brut.* 1, 8. Vell. 2, 34, 1.

53) Plut. *Pomp.* 25（前67年）；30（前66年）. Cic. *Imp. Cn. Pomp.* 50；52-53. Vell. 2, 31, 3-4. Dio 36, 1-4.

54) Gruen, 534ff.

55) "Sed interdum persona ut exemplo nocet, ita invidiam auget aut levat...enim...in iis homines extraordinaria reformidant, qui ea suo aritrio aut deposituri aut retenturi videntur et modum in voluntate habent. Dissuadebant optimates,sed consilia impetu victa sunt."

56) Cic. *Imp. Cn. Pomp.* 49ff. Plut. *Pomp.* 25（前67年）. Plut. *Pomp.* 30（前66年）. Cf. Gruen, 535.

57) App. *Mithr.* 94-95. Cf. *MRR.*, vol.2, 148f.

58) Cf. Garnsey, 208ff.

59) 本章註16. Cf. H. Mouritsen, *Plebs and Politics in the Late Roman Republic*,

Cambridge, 2001, 47.
60) Cic. *Imp.Cn. Pomp.* 53. Plut. *Pomp.* 26. App. *Mithr.* 95.

第 VI 章

ローマ共和政中期の政務職関連諸法

はじめに

　第 I 章で概説したように，モムゼン等によるローマ共和政国制史研究は，20世紀初頭にゲルツァーによる共和政統治層研究が著されて以来，統治の実態から乖離していると見なされてきた[1]。この見解は端的には，ノース J. A. North がその論文の中で簡潔に述べたことに集約されるであろう。つまり，ローマ共和政においてはその制度は政治から切り離されている，ということである。
　ノースの論点は以下のように整理できる。統治層が広範で強大な権威を通して事実上統治を掌握していた寡頭政の状態で，事実上その意思代表機関として機能していた元老院ならびに政務職に対し，民会は市民団の自立的意思決定を行いえず，このような状態では市民団はただ統治層内部におけるなんらかの重大な意見の対立が生じた場合にのみいわば仲裁者として機能する，というのである[2]。このノースの論点が，ミラー以来のローマ民主政論の妥当性を検証するところに置かれていることは，既に第 I 章で述べた通りである[3]。しかし，ここで整理した彼の見解自体は，ローマ共和政の本質に関するゲルツァー以来の定説の系譜を，批判的にであれ継承したものであり，必ずしも民主政論の議論の枠内に留まるものではない。
　ところでノースの見解はまた，共和政においては社会的な諸要素が統治の大前提であるが故に，慣習（モース mos）こそが公・私の生活における価値基準（そしてそれは統治者の価値基準なのだが）であった，という定説の

共通した了解に基づくものである[4]。従って、このような存在としての共和政において、民会の意思決定の表れである立法は、慣習によって処理されえない事態においてのみ行われるということになる。

ところで筆者は、前章までに論じてきた穀物供給の本来的なあり方とその変化の分析に基づいて、前2世紀前半段階までについては、ノースの見解に集約されている定説の共和政理解に基本的に同意することを、第III章で述べた。この結論を前提として、本章で検討されようとしている前2世紀の諸立法をとりまく状況に関しても、定説の上記の了解を共有しつつ、次のような仮説を立てることが可能となる。すなわち、身分闘争が一応終結して以降は僅かにしか伝わっていない共和政の立法が、第二次ポエニ戦争期の非常事態はともかくとして、その後の前2世紀以降、再び顕著に多く行われたという事態は、この時期の統治層内部において、慣習によっては解決不可能であった意見の対立が頻発したことを背景とする、と[5]。

この仮説に関して特に注目されるべきは、慣習によっては解決不可能であったと理解される意見の対立の内容である。すなわち前2世紀の諸立法の多くは、何らかの意味で政務職選挙ないしは政務職就任資格に関わるものであった。

政務職は大別して二つの意味で、身分闘争後の共和政政治史研究において、重要な位置を占めている。それはまず、前4世紀以降には、元老院議席が原則として政務職経験者によって構成されることとなり、従って政務職就任は統治者集団への前提と言えることになるからである。そのため、とりわけ定説に連なる諸研究において、いかなる出自の者が、いかなる政務職経歴を経て、そしてまたそれら政務職ポストにいかなる経緯で就任しえた結果、元老院に到達するのか、という点が検討されてきた[6]。しかし一方、そしてこれこそが前章までに確認した、共和政の変質を促す要素により直接的に関わるのだが、政務職それ自体の共和政統治における位置づけが議論されてきた。それはなによりも、命令権を備える政務職（就中、通常時に毎年選出される職としては最上級のコーンスル職）ならびに護民官と、元老院との位相を議論するという形で展開してきたのである。具体的には、一方でコーンスル職が備える命令権が、元老院に比肩しうる統治への影響力をもたらしえた

かどうかという点が，他方で平民会を主宰し，また他の政務職に対して拒否権を発動しえ，かつ不可侵の属性を持つ護民官が，身分闘争後の共和政において元老院といかなる位置関係を持ったか，という点が問題とされた[7]。この問題はしかしまた当然，このような制度的観点に立脚した議論と並んで，狭義の政治的観点に立つ議論をも生んだ。そこでは上級政務職にせよ，護民官にせよ，上に挙げた制度上の特性を前提に，それらポストに就任した個々の人物が —— 彼らは大部分の場合，自ら統治層の成員なのだが —— 統治層の集団的意志に対抗して自己の意志を貫徹しえたか，あるいは自己の政治的優越性を確立，維持しえたか否か，ということが問題となった[8]。

このように政務職に関しては，その制度上の性格に着目しても，また就任者の権力に関して見ても，要するに元老院統治によって表現される寡頭政にとって，脅威でありえたか否か，ということが問題なのである。そして，この観点からして自明なことに，それが皇帝権へ通じるものであったか否か，という議論に通じるのである。

この議論への筆者の見解は当面保留するとして，冒頭で述べたノースに代表される理解と，前2世紀の状況とを併せて考えると，次のような事態が想定しえるのではないだろうか。つまり，統治に関わる —— より明確に言えば，元老院統治に関わる —— 新局面がこの時期に出現しつつあり，かつそれに関して統治層内部に解決不可能な意見の対立があった，ということである。

では，それはいかなる新局面であったのだろうか。そしてそれは実際に，元老院による共和政統治にいかなる変化をもたらしたのか，あるいは結局もたらさなかったのであろうか。この点について，本章で考察してみることにしたい。

さて，この時期の政務職関連諸立法のうち（章末の表参照），まず政務職選挙・就任資格に関わる基本ラインを定めたのは，前180年成立のウィッリウス法 Lex Villia annalis であるが，その後，同じく政務職選挙・就任に関する諸法が前2世紀を通して頻出した。しかし，それらの大部分については，リーウィウス本文の前168年以降部分の消失を最大の要因として，我々は史料をほとんど持たず，具体像を知ることができない。ただ前150年前後成立

のアエリウス＝フフィウス法 Leges Aelia et Fufia についてのみ，キケローの比較的豊富な言及が残っている。この法の約100年後に導入された，とキケローが述べるところの前58年のクロディウス法に対する攻撃の中で，クロディウス法が無効にしたというこの法に関して言及されているからである[9]。従って，我々が前2世紀における政務職関連の動向を知ろうとする際に，アエリウス＝フフィウス法の内容，導入意図の分析が手がかりとして有効となるのである。

ウィッリウス法ならびにアエリウス＝フフィウス法の具体的な内容について，多様な研究があるが，その中で1950年代以降の，アスティン A. E. Astin のそれに注目したい。既に述べたように，ウィッリウス法については史料が限定され，アエリウス＝フフィウス法ですら周辺的な言及および立法後の状況から法の内容を類推せざるをえない。従ってそこには解釈の余地が残されているとはいえ，アスティンの整理が現在なお，基本的に受け入れられている。アスティンの理解を叩き台としつつ，アエリウス＝フフィウス法を軸として，前2世紀の政務職関連諸法の内容および導入意図を再検討することが本章の目的である。最初に，この法の検討に入る前に，その前段階（つまりは前2世紀前半頃）に導入されたウィッリウス法をはじめとする諸法について，簡単に整理しておこう。

第1節　前2世紀前半の政務職関連諸法
―― ウィッリウス法を軸に ――

前180年前後は，第二次ポエニ戦争と，その直後に勃発した地中海東部での諸戦争が収束したことに呼応して，内政面でもローマがようやく混乱の時期を脱しようとする時期である。その時期に制定され，共和政中期における政務職選出制度の転換点を画した，と一般に言われるウィッリウス法の内容について，史料は極めて漠然とした言及しか残していない[10]。それらの言及を元に，アスティンが再構成したウィッリウス法の内容は，以下の三つで構成されている。

① 身分闘争終結以前から存在し，故に起源的にはパトリキィにのみ開か

れていた政務職ポスト（以下，これを「上級政務職」と呼ぶ）に関して，就任の順序を規定する。それ以前から就任階梯は慣習的にほぼ遵守されていたと考えられるが，それは前3世紀までは，ウィッリウス法後の就任階梯とは必ずしも一致しない。

② （少なくとも上級政務職の）政務職ポストに就任できる最低年齢を規定する。たとえば，アエディーリス・クルーリス職36歳，プラエトル職39歳，コーンスル職42歳というように。

③ 各職の就任前に，少なくとも2年間の無任期間 biennium を置く[11]。

この法案の平民会への提出ならびに通過の経緯は知られていない。ただ提案者の護民官ウィッリウス L. Villius Annalis は祖先に上級政務職経験者を持たぬ，いわゆる「新人」であること，またかのカトー M. Porcius Cato（以下，大カトーと呼ぶ）が彼の後ろ盾であったらしいことが伝えられている[12]。

既に第V章で確認したように，ローマ共和政においては，国家存亡に関わる緊急時においては有能な個人に対し，その時々における慣習ないし法の規制を逸脱して命令権を与え，そのことによって事態解決を図るという発想は常にあったと言ってよい。とは言え，前4世紀後半から前3世紀前半頃にかけて，政務職就任階梯，また就任の最低年齢，そして再選に先立つ10年間の空白期間といった，政務職立候補および就任に関する基本的なルールがほぼ定まり，それは慣習的に，あるいはものによっては法として遵守されてきたのである。それは統治層の権力掌握と，元老院によるその意思の実行という体制が確立する過程の中で，元老院の共和政統治を維持するために，必要不可欠な方針であった，と理解される[13]。

この体制の維持が困難となったのが，第二次ポエニ戦争であった。この，ローマ存続に関わる危機的な戦争中には，階梯を乗り越えて，あるいは空白期間を経ずに繰り返して上級政務職に就任するという事例が繰り返されることになった。ただしその際ですら，元老院がかかる状況において主導権を掌握しようとしたことは，多くの場合，軍事的力量に優れるだけではなく，年配の人物に命令権が認められたことが示している。このことは，経験を重視したということを意味するであろうが，おそらく同時に，自らが元老院議員としての実績を長年積んでいるであろう人物を選ぶことによって，元老院へ

の脅威を緩和しようという試みと解される。しかしなお，第二次ポエニ戦争中のこうした政務職就任には元老院を通しての集団統治にとって脅威となりえるという認識があったことは，スキーピオ＝アフリカヌス P. Cornelius Scipio Africanus の事例のみが示しているわけではない[14]。

このように第二次ポエニ戦争は，優れた軍事能力を備えた個人が，政務職に関する原則を破って，謂わば異例な形で次々と政務職に就任するという事態を生み出した。この戦争およびその直後に続いた地中海東部での諸戦争が一旦収束した前180年代末に，当時の元老院における最大のオピニオンリーダーの主導で行われた立法がウィッリウス法ということである。このことは，個人の突出に対する抑制というウィッリウス法の目的を示唆している。そしてそう考えるならば，少なくともウィッリウス法直前の段階で，有能な個人による命令権獲得をコントロールすることが，元老院統治の安定にとって必要である，という認識が統治層にあったということになる。

しかし既に述べたように，直接にウィッリウス法の導入意図について，史料は多くの情報を与えてくれない。そこで，ウィッリウス法成立前後のローマの政治的状況および，同時期に導入された他の政務職関連諸法の内容を併せて検討してみよう。

前180年代に関する史料は，大カトーの一連の活発な行動を伝える。所謂スキーピオ裁判におけるスキーピオ＝アフリカヌスならびにその周辺への攻撃。バッカナリア弾圧。その双方においてイニシアティヴをとった大カトーがまた，前184年にはケーンソルとして抜きんでて厳格な奢侈および風紀紊乱の取り締まりを行い，そのことによって Censorius なる添え名を与えられたことは周知の通りである[15]。

また，同時期は政務職選挙および政務職就任に関して，慣習に抵触する事例がそれ以前と比べて目立って消えることでも特徴的である。ギリシア，北イタリア，マケドニアでの戦争と，新たに属州に加えられた両ヒスパーニアでの反乱にもかかわらず，第二次ポエニ戦争期の再現はおろか，コーンスルの再任そのものが減少している。また再任した者は全て，同一政務職への再任には10年間の間隔を置くという，既に前4世紀に導入された規定を遵守している[16]。その一方で，相次いで政務職選挙および就任に関連する法が制

定された。前181年には，実に170年ぶりに選挙不正取締法 Lex ambitus が導入されている。この立法は「元老院の承認に基づいて ex auctoritate senatus」と，リーウィウスがわざわざ明記している[17]。同年，奢侈禁止法 Lex sumptuaria もまた制定されたが，当時，豪奢な宴会が政務職経歴を求める者達によって度々開かれていたことが知られている[18]。さらに前179年には，アエディーリスによる，公けの祝祭への出費を制限する元老院議決が出されている[19]。

　以上の動向が，一つの意図に基づいた一連のものであった，と断言するに足る確証はない。しかし，第二次ポエニ戦争と，直後の東方における戦争が一応の決着を見た後で，政務職に関連する規制が相次いで行われたこと，そして同じ時期に，まさに第二次ポエニ戦争期の非常事態の中から突出した有力者一門への鋭い攻撃が行われたこと，しかもその攻撃のイニシアティヴをとった同じ人物が，当該時期における保守規正の担い手であったということ，これら全てが同方向にあるものと見なすことは，妥当と言えるであろう。そしてこれらの動向のただ中に成立したウィッリウス法の導入意図もまた，同一線上にあるという推測がなりたつ。

　以上に加えて，ウィッリウス法の帰結についても考察してみよう。年齢による政務職立候補の規制と，政務職階梯の固定は，個人の突出と急激な経歴上昇を防ぎ，翻って元老院の権威を強化したと考えられる[20]。一方で，元老院議員は原則的に政務職経験者によって構成されるがゆえに，元老院内部においても，階梯に従って議員の序列化が進む。つまりは，統治層内部における年齢と政務職経験を積んだ人物が，より大きな発言力を持つという秩序が確立した[21]。合わせて民会への影響も考慮されるべきである。民会は，理論的には自らの望む者を政務職に選出できたが，この権利はウィッリウス法によって法的に制限されたことになる。実際，ウィッリウス法成立の約30年後（前148年）に，民会はこの理論上の権利を主張し，元老院と対立した。それが，スキーピオ＝アフリカヌスの養孫であり，養祖父と同じく個人的力量によって，同じアフリカヌスの添え名を得ることになる，スキーピオ＝アエミリアーヌスの，ウィッリウス法に抵触するコーンスル選出をめぐる対立であったこと自体は偶然ではあろうが，極めて暗示的とも言える[22]。この事

件については，第5節で論じることにしよう。

以上から，少なくともウィッリウス法のもたらした帰結は，第二次ポエニ戦争以前の秩序およびそれに支えられた元老院統治の再建であったことは明らかである。この帰結が，立法過程において，例えばウィッリウスの後援者であった大カトーによって意識されていたと考えることは，ウィッリウス法に関する史料状況の限りにおいて，最も妥当な推測と言えよう。

第2節　アエリウス＝フフィウス法をめぐる学説史

アスティンは，アエリウス＝フフィウス法の導入の背景として，有能な個人による政務職への異例の就任が，元老院統治へ脅威をもたらすという事態への危惧があったことを挙げる[23]。しかし一般には，この法についての理解はむしろ，元老院対護民官，という構図においてなりたっていた。まずはキケローの演説から読み取れる，アエリウス＝フフィウス法の内容を，アスティンの整理に沿いながら，上の二つの見解を検討してみよう。それによると，この法は「凶兆の宣言（オプヌンティアティオー obnuntiatio）」と，民会開催に関する二つの規定を持つと考えられる。

①オプヌンティアティオーとは，民会開催の吉凶を占って行われる鳥占において凶兆が表れた時に，そのことを宣言する行為をさす。ただしこの行為は護民官には許されず，また上級政務職はこれを護民官主宰の民会（すなわち平民会）に対して向けることを許されていなかった。アエリウス＝フフィウス法の一規定は，このオプヌンティアティオーを護民官と上級政務職相互に新たに認めたものと考えられる。

②政務職選挙民会開催の公示があってから選挙当日までの間に，立法のための民会が開催されることが禁止された[24]。

このように二つの規定からは，アスティンが主張するごとき背景を容易に想定することは難しい。それ以前に，これら二つの規定の相互の連関自体が見えにくい。

そもそも「アエリウス＝フフィウス法」と通常呼ばれるこの法は，実は二人の護民官によって提案され，可決された別々の平民会議決である可能性が

第 VI 章　ローマ共和政中期の政務職関連諸法　　　　　　　　　　*171*

大きいことがわかっている。そうであるにもかかわらず，主史料であるキケローはこの二法を明らかに一組のものとして理解している。例えば，

　"centum prope annos *legam Aeliam et Fufiam* tenueramus." (「(クロディウス法の）約 100 年前に，我々はアエリウス＝フフィウス法を成立させた。」(Cic. *Pis*. 10. 原文中のイタリックは筆者による。また括弧内は，筆者の補足。以下，同じ)

　キケローのこうした理解に従って，アスティンもこの二法を一組のものと見なし，そこに先に述べた如き意図を見いだすのである[25]。こうして両法に共通すると考えられている立法の意図についてさらに検討してみよう。
　最初に，アエリウス＝フフィウス法の二つの規定内容をより詳しく検討してみる。
　選挙直前の立法民会の制限について。政務職選挙は，ポスト毎にケントゥリア会，トリブス会の二つの民会で行われるが，これら各選挙民会の告示から開催までは，24 日間の空白期間がある。アエリウス＝フフィウス法はその 24 日間に，立法のために民会を開催することを禁じている[26]。民会開催は従来，年間 190 日程度の開催可能日 dies comitilales に制限されていた。これに加えて選挙民会の前 24 日間に立法民会が禁止されるということは，毎年行われる政務職選挙が全て異なるスケジュールで開催されると考えた場合，立法民会開催可能日を 70 日前後にまで減らすことになったはずである[27]。
　オプヌンティアティオーについて。上述したように，オプヌンティアティオーとは鳥占から得られた凶兆の報告である。鳥占は国家行為の執行に先立って神意を問う際に行われる，精細に定式化された宗教行為であり，この行為を行いえるのは鳥占官 augur の助力を受けた政務職，それも本来は上級政務職のみであった。鳥占によって凶兆が表れた場合には，該当する国家行為が執り行われない，もしくは既に執行中であれば直ちに中止される。民会に関しては，開催前および開催中に当該民会を主宰する政務職担当者以外の政務職担当者が鳥占によって凶兆を得た場合は，その者はそのことを直ち

に主宰政務職担当者に「報告する obununtiare」義務を負う。報告を得た主宰者は，民会を延期ないし中止せねばならない[28]。

以上のことから容易に想定できるように，オブヌンティアティオーは政治的に利用された。例えば，ある民会を開催させたくない政務職担当者が「空を観察する servare de caelo」と表明すれば，これが凶兆が報告されることを意味し，民会主宰者への一種の武器として用いられえた[29]。

さて鳥占は，平民である護民官には許されていなかった。逆に護民官が主宰する平民会に対しては，上級政務職によるオブヌンティアティオーが認められなかったのである[30]。アエリウス＝フフィウス法の内容の一はこれを改め，両者に相互のオブヌンティアティオーを許したものと理解される。

この理解は以下の見解を生んだ。この法の意図は，護民官の立法に対する事実上の拒否権を上級政務職に与えることによって，護民官が元老院統治にとって脅威となる法を成立させることを抑制するところにあった，と[31]。そしてこの理解に基づいて，立法民会開催日の規制についても同じ脈絡で考えられた。無論，この制限は護民官立法に限定されたものではないが，しかし前3世紀以降，立法の圧倒的多数は護民官による提案の平民会議決であることを考慮すると，実質的には立法民会開催可能日の減少によって最も打撃を受けたのは護民官というのである[32]。

このように，立法民会への二方向からの規制を通じて護民官を抑制し，そのことによって元老院統治体制を維持せんとする意図を，アエリウス＝フフィウス法に見いだす見解が一般的であった。これは同じく政務職に関連するとはいえ，有能な個人が上級政務職，就中コーンスルに就任することによって命令権を獲得することを規制する，という意図をアエリウス＝フフィウス法に見いだす，アスティンの見解とは異なるものであった。

この見解はキケローの幾つかの発言とも一致している。キケローは，前58年のクロディウスの諸立法とアエリウス＝フフィウス法の関連について，前57年のローマ帰還直後に元老院で行った演説の中で，次のように述べているのである。

「アエリウス＝フフィウス法を効力なきものとなさんがために（クロ

ディウスの立法が行われた)。この法は我々の祖先が,護民官の横暴に対する共和政の最も確実な防御であれかしと,望んだものであった。」[33] (Cic. P. Red. Sen. 11.)

そしてまた,翌年にはクロディウス一派との衝突によって重傷を負いながら,逆に暴力行為の嫌疑で訴追された,友人セスティウスを弁護する演説の中では,次のように述べる。

「一つの法(クロディウス法)が成立した。「鳥占は無効である」,「何者も凶兆の報告をなしてはならない」,「法に異議を申し立ててはならない」「全ての公務が許された日に法の提案が認められるように」,「アエリウス法とフフィウス法は無効とするように」。この一つの法によって,共和政全体が破滅の危機に瀕していると,全ての者が察知しなかったというのだろうか。」[34] (Cic. Sest. 44.)

このように,キケローはアエリウス=フフィウス法の意図を護民官への対抗に見いだしている。ここでは,護民官による立法を制限することが共和政の維持を意味する,という考えが明らかに示されているのである。

だが,キケローの言葉は現実をどの程度反映していると言えるだろうか。前58年,クロディウスが護民官としてキケローの追放に全力を上げたことは,既に第IV章で述べたとおりである。クロディウスがアエリウス=フフィウス法を廃止した背後には,オプヌンティアティオーによって,自身のこの目的が阻まれることを恐れたという事情があった,という露骨な証言もある[35]。クロディウスには,たしかにそのような思惑があったかもしれない。しかし,そのことはアエリウス=フフィウス法の意図そのものを示唆するものではない。ましてや,追放が解除されてローマに帰還した直後に,感謝の念を元老院に表すために行った演説の中で,キケローがクロディウス法とアエリウス=フフィウス法の関係について語る中で,後者に「護民官の横暴」への防御としての意義を強調したことにはなんらの不思議もないとしても,そこから我々がこの法の意図自体を直截に断定するには危険が伴う。

以上のように，アエリウス＝フフィウス法の二つの規定の内容のみから，立法の意図について結論を出すことは困難である。そこで，次に二つの法の成立の経緯について考えてみよう。既に冒頭で述べたように，この時期のローマにおける立法は一般に，慣習では処理できないなんらかの事態が現実に出来した場合に行われるという前提に立てば，アエリウス＝フフィウス法導入に先立ち，政務職に関連するなんらかの特殊な事態があるはずだからである。

アエリウス＝フフィウス法は前150年代前後に導入されたと推定される。既に見たように，キケローが「クロディウス法の約100年前に導入された」と述べているからである。この言及に従ってアスティンは，前150年代前後における政務職に関して起きた三つの事件を，アエリウス＝フフィウス法の導入を招いた可能性として挙げている。

① 前157年のマルキウス・フィグルス C. Marcius Figulus と前156年のスキーピオ・ナーシカー P. Cornelius Scipio Nasica のコーンスル再選。この両者は，前163年にコーンスル当選を果たしたが，その直後に選挙主宰コーンスルが宗教上の過ちを犯したという理由で，「瑕疵により選ばれた vitio creati」として辞任を余儀なくされた[36]。これを最初のコーンスル職就任に数えると，前156年，前155年のコーンスル就任は，10年以内にコーンスル再選を禁止するという規定に反することになる[37]。また，最初のコーンスル当選の際に問題となった「瑕疵」が，具体的にはまさに鳥占の不手際であったことからも（後述），アエリウス＝フフィウス法におけるオブヌンティアティオーとの連関を想起させる。さらに，「クロディウス法の約100年前」，というキケローの言葉にもほぼ合致している。

原則的には，「瑕疵により選ばれた」として政務職の辞任を余儀なくされた者は，その職に就任したものとみなされる。特にナーシカーの場合，前159年にはケーンソルに就任しており，ここからケーンソル職就任の前提であるコーンスル職を経験したものと認められていたことは明らかである[38]。

とはいえ，現実にはこのように「瑕疵」によってコーンスルを辞任した者の立場は，微妙であったようである。前157年，156年の場合，史料から元老院および選挙主宰コーンスルの実際の反応を知ることはできないが，少な

くとも史料中にはなんらかの問題が生じたことを僅かにでも暗示する言及は全く見られない。そもそもこのような「瑕疵」がコーンスル選挙で問題となったのは，前215年のクラウディウス・マルケッルス M. Claudius Marcellus の事例以来絶えてなく，しかもこの先例においても，当事者の再選に関してはなんらの規制も設けられなかったことは，その翌年にマルケッルスがコーンスルに就任したことから窺える[39]。ただし，マルケッルスはその後も立て続けに二度，やはり10年の間隔を置かずにコーンスルに就任しており，前214年の就任が「瑕疵」が理由であったがゆえに許されたのか，あるいは第1節で述べたとおり，第二次ポエニ戦争中の非常事態のゆえであったからなのかは判断できかねるところである。しかし，少なくとも得られる情報を総合した限りでは，「瑕疵」によってコーンスル職を辞任した者の，10年間隔を置かぬ再選が問題視された例はない。これ以上は推測に頼らざるをえぬが，おそらくはこのケースの場合，極めてテクニカルな問題として扱われ，少なくともこれを規制する立法を促すような元老院統治体制への挑戦とは見なされなかった，と考えるアスティンの主張は妥当であろう[40]。

アスティンも，アエリウス＝フフィウス法の契機としてより可能性が大きいものとして，むしろ次の事例に注目している。

② 前153年のクラウディウス・マルケッルスの三度目のコーンスル職当選。彼の二度目のコーンスル就任は，前155年である。従って，三度目のコーンスル就任は明らかに10年以内にコーンスル再選を禁じる法に抵触する。この再選が可能となった理由として，選挙前になんからの特別立法が行われ，10年の規定が免じられたことが考えられる。この事態が，アエリウス＝フフィウス法の導入を促した可能性は高い[41]。

さらに，もう一つの可能性としてアスティンが取り上げるのが，

③ 前148年の，スキーピオ＝アエミリアーヌスのコーンスル当選。この時期，彼は37歳であり，まだアエディーリスにも就任していなかった。従ってこの二点について，ウィッリウス法に違反する。この時，ウィッリウス法を一時的に無効とする特別法が可決されたことが，明らかに史料に伝えられている[42]。

前148年という年代は，クロディウス法の約100年前，というにはやや遅

い。しかし，もしもこの時期に既にアエリウス＝フフィウス法が成立していたならば，スキーピオのコーンスル当選はこの両法にも抵触するのであるが，比較的豊富なこの事件に関する史料の言及の中には，一切そのようなことは述べられていない。ただし，実はウィッリウス法への抵触についても史料の言及はないので，このことのみからアエリウス＝フフィウス法が未だ成立していなかった，と結論することはできない。

だが，後述するように，このコーンスル選出が元老院と前148年のコーンスルの激しい反対を押し切って実現された，という史料の言及を信じるならば，そのような事態が選挙前の立法を禁止する法の導入を招いた，ということは自然な成り行きとは考えられる[43]。

この三つのいずれかの，異例なコーンスル職当選を契機として，アエリウス＝フフィウス法が導入されたと考えるアスティンの見解は妥当であろうか。就中，彼が注目する②と③の場合，再選を可能とするためには，おそらく立候補直後に，政務職選出および就任に関する規制を回避するための特別立法が行われたと考えられる。こうした手法をその後封じるために，選挙民会告示後から開催までの期間の立法民会開催が禁止された，という理解は可能であろう。

こうしたアスティンの見解に従うならば，ウィッリウス法とアエリウス＝フフィウス法とは，命令権を獲得した個人が元老院統治を脅威にさらす事態を防ぐ，という一連の意図の下に導入されたことになる。

こうしたアスティンの見解は，共和政の政治を人的諸関係を権力基盤とした統治層内部の党派抗争という構図で説明しきろうとした定説の硬直的なパラダイムを批判しながらも，前2世紀を通して本質的には政治理念においても，具体的な政策においても統治層および元老院が一元的であったと考える彼の理解に基づいている。そしてその理解は，一元的な元老院による統治が，第二次ポエニ戦争後のローマの内的・外的諸状況が潜在的に危機の兆候を孕んではいても，比較的安定していたという状況分析に立脚してのことであった。

だが，アエリウス＝フフィウス法に関連したアスティンのこの分析では，アエリウス＝フフィウス法の本質に関する理解は深められていないように筆

者には思える。まず，この見解に従うならば，一組の法として理解されているアエリウス゠フフィウス法の，もう一つの内容であるオプヌンティアティオーに関する規定との連関をどう考えればいいのだろうか。そしてそれ以上に本章の議論にとって重要なことには，アスティンは立法の契機として挙げた三つの事件のどの場合についても，そもそもなぜこれらの事態において，政務職選出・就任に関する慣習ないし法に明らかに抵触するコーンスル選出が必要だったのか，という点については深く立ち入って説明せぬままに終わっている。前2世紀に，慣習によって処理不可能な，従って統治層内部における対立を意味する，なんらかの困難が統治体制に関して出現しつつあったという理解を前提とし，その上でそのような困難の性質を問う，という本章の目的を果たすためには，まさにこの点こそが解明されねばならないのである。次に，四つの選挙の経緯に立ち入りつつ，これらの問題を検討することにしよう。

第3節　前157年および前156年：マルキウス・フィグルスとスキーピオ・ナーシカー

　フィグルスのコーンスル当選は，理論的には，第二次ポエニ戦争以後の約50年間で初めて，政務職就任に関する法に反した事例である。しかし既に述べたように，この年および翌年のナーシカーのコーンスル選出が，アエリウス゠フフィウス法導入の契機となった可能性は低い。また再選を取り巻く事情を考慮すると，この再選が元老院内部に深刻な対立を生み出したとも考えにくい。

　ただし，約60年ぶりに10年の間隔を置かぬコーンスル再選が行われたという事実は，政務職選挙に影響を及ぼしたのではないだろうか。ナーシカー当選の僅か3年後に，今度は疑いなく慣習に抵触したマルケッルスのコーンスル再選が生じたことは，両者の間に何らかの関連性があったということを思わせる。フィグルスとナーシカーに，また彼らを受け入れたであろう元老院および上級政務職にどれほどの認識があったにせよ，彼らの再選が，前153年のマルケッルスの三度目のコーンスル当選の先例であること自体は間

違いない。少なくともアスティンが述べるように，前157年および156年の二つのコーンスル再選が，マルケッルス三選の障壁を心理的な面では引き下げる役割を果たした，と考えることは可能であろう[44]。

従って，ここではマルケッルス三選の先例として，フィグルスとナーシカーの再選についていかなる意志が働いていたのかを，検討しておこう。アスティンの言う，「心理的な面での障壁の引き下げ」を可能としたのは，具体的にはいかなる状況だったのだろうか。しかしながら，直接この再選を伝える史料は僅かである。

両者は共に有力な家系の出自である。特にナーシカーの方はアフリカヌスを出したスキーピオ家の傍系であり，アフリカヌスの失脚と死の後，彼の後継者アエミリアーヌスが若年であるこの時期に，家門を代表する立場にあった[45]。マルキウス一門が，前2世紀初頭段階ではスキーピオ家と緊密な関係を保っていたという説を信じるならば，両者が相次いでコーンスルに再選したことには，家系の影響力が作用した可能性も否定できない[46]。しかし，第Ⅰ章で確認したように，コーンスル選挙に対して家系の影響力がどの程度及んだかという点自体が疑われる現状において，この可能性を無批判に決定的な要因と見なすことは今や困難である。

ではその他の要因として，何が想定できるであろうか。一つの手がかりとして，両者が共に，当選後にイリュリアに派遣されたことに注目できよう。前158年に，ダルマティア人のイリュリア侵入の訴えが，イリュリア現地住民からローマに届いた。元老院は使節団を派遣して状況を把握した上で，翌年にはダルマティア人に宣戦布告している[47]。その結果としてのイリュリアにおける戦闘で命令権を行使したのが，前156年のコーンスルとしてのフィグルスと，前155年のコーンスルとしてのナーシカーであった[48]。

ただし，二人の軍事的能力ないしは現地住民との保護関係をはじめとする影響力への期待が彼らの再選そのものの前提となった，という証拠はない。むしろフィグルスに関しては，僅かに残る史料は，彼が前169年のプラエトル職在任中に，マケドニアで大敗北を蒙ったことを伝えている。また前156年にも，イリュリアに着任するなり敗北している。ただしこの年の後半には，最初の失敗を挽回する規模の勝利を収めてはいる[49]。一方ナーシカー

は，前155年にはイリュリアで最終的な勝利を収め，ローマ帰還後に凱旋式を行っている。しかも彼は，第三次マケドニア戦争末期の前168年には，ローマ側の最終的勝利をもたらすことになる将軍，アエミリウス・パウルス L. Aemilius Paulus 麾下の軍団将校として，イリュリアでの戦闘で戦功を挙げているのである[50]。以上を踏まえると，史料は語らぬとはいえ，少なくともナーシカー本人が，前156年の選挙において自身の軍事的手腕が戦争を終結させえることを強く訴えたことは当然ありえるし，それが実際に選出に影響を及ぼしたことも想定できる。そうであるならば，ナーシカーと同じ事情で最初のコーンスル職を辞したフィグルスのコーンスル就任の際にも——結果はともあれ——同じ論理が用意されたことは可能性としてはありえるのではなかろうか。

いずれにせよ，フィグルスとナーシカーの再選の理由について，可能性以上の答えを見いだすことは困難である。しかし，当時のローマの対外情勢の全体像とそこにおける統治層成員の動向とを併せて検討してみると，この可能性は蓋然性に高められそうである。

前168年にマケドニアに対してほぼ決定的な勝利を収めて以来，地中海東部でのローマのヘゲモニーはほぼ安定したものとなった。西部においては，前179年にヒスパーニアの反乱が一応終結している。カルターゴーとヌミディアの紛争は，未だ浮上していない。つまり，第二次ポエニ戦争後の支配権拡大の過程において，ローマにとって最大の対外的な課題は全て，おおよこの時期には小康状態を保っていた，と言ってよいだろう。他方，前160年代末から前150年代前半にかけては，西部でサルディーニアで反乱が発生し，また第二次ポエニ戦争以来，断続的に継続してローマを悩ませていたリグリア人諸部族の軍事行動はなお続いている。そして，上で述べた通り，前158年からイリュリアでダルマティア人との戦争が発生した[51]。

この三つの紛争のうち，イリュリア問題にフィグルス，ナーシカーが当たり，後者が解決したことは述べた通りである。それに先だってサルディーニア反乱は，前163年のコーンスルであるセンプロニウス・グラックス Ti. Sempronius Gracchus（グラックス兄弟の父）が派遣され，反乱を鎮圧している。このグラックスが，前162年のためのコーンスル選挙を主宰して，そ

の際の鳥占の不手際を翌年に告白して，フィグルスとナーシカーを「瑕疵によって選ばれた」として，最初のコーンスル職から辞任させた原因を作った人物であった[52]。ナーシカーは，グラックスと交替してサルディーニアでの軍指揮を執ることが決定していたが，彼の辞任によってグラックスが引き続いてサルディーニアで反乱鎮圧にあたったという，違法でないまでも通常ならざる状況のもとで，グラックスの成功は生まれたのであった[53]。

一方，積年の懸案であったリグリア人の軍事行動には，前155年のナーシカーの同僚コーンスルであったマルケッルスが勝利を収め，凱旋式を挙行した。マルケッルスは軍事的な能力に優れ，前166年の最初のコーンスル在任中にもガッリアにおいて，やはりリグリア人に勝利を収めて凱旋式を行っている（そして前152年には，違法な三度目のコーンスル職に就任して，ヒスパーニアの反乱を鎮圧し，三度目の凱旋式を行うのであるが，そのことについては第4節で詳述しよう[54]）。

このように，前160年代と前150年代における，法・慣習に抵触する政務職立候補・就任の全ての事例の当事者は，なんらかの形でこの時期に起こった戦争，反乱に関与している。そして実際に，フィグルス以外の全てが，優れた軍事上の能力を発揮して，戦争，反乱の解決に寄与し，多くは凱旋式の挙行に至っているのである。このように，これら異例の方法による政務職就任に共通するものとして，戦争，反乱とその際の軍功という要素しか共通するものがない，という事態は，第二次ポエニ戦争中の事態を想起させるに十分であろう。元老院が，前180年代以降さまざまな方法で払拭に努めたとはいえ，個人の軍事的能力によって対外問題の解決を図るという意識は，前2世紀のローマ社会に定着していたのではないだろうか。

ただし上に述べたように，これらの戦争，反乱が，第二次ポエニ戦争に匹敵するがごとき国家存亡の危機をもたらしてはいないことは，言うまでもない。また元老院による規制強化が推進されている状況下で，意識面はともあれ，現実に政務職へ異例なかたちで就任することは，少なくとも元老院の反発を招いたはずである。この状況で，戦争ないし反乱が有能な個人の政務職就任を期待させたとしても，だからと言ってその事態のみで慣習，法を回避してまで異例な政務職就任が可能となったと考えることは困難であろう。し

かしその中で,前2世紀の最初の違法な就任の例であるフィグルスおよびナーシカーの再任には,対外問題だけではなく,既に見たように宗教上の問題が根底で関わっていた。対外問題の解決への期待に,元老院を納得させえる「瑕疵」の事情が結びつくことによって,彼らのコーンスル再選は受け入れられたのではないだろうか。

以上に見てきたように,前2世紀最初の違法な政務職就任には,宗教上の事情が大きく作用したと考えられる。しかしそうであるにせよ,そこには対外問題およびそれが再び呼び覚ましたであろう第二次ポエニ戦争以来の意識も,また影響を及ぼしていると考えられる。こうした状況が出現した中で,とりもなおさず違法なコーンスル再選の先例ができてしまったその後に,前154年以降ローマを文字通り震撼させたヒスパーニア戦争という重大局面の出来に直面して,翌前153年にはマルケッルスの違法なコーンスル三選は受け入れられることになったのではないだろうか。

第4節　前153年：クラウディウス・マルケッルス

マルケッルスの二度目のコーンスル就任は前155年である[55]。従って前152年の三度目のコーンスル就任は,明らかに10年のインターヴァルを要求する規定に反している。だがこの年のコーンスル選挙の経緯に言及する史料は皆無であり,フィグルスとナーシカーの再選が,法への抵触に対する抵抗感を弱めたとしても,具体的にこの違反を克服するためにどんな方法が取られたのか,またそれに対していかなる反応があったのかを直接知ることはできない[56]。従って,ここでもこの選出をめぐる状況から検討を進めてみよう。

前153年開催のコーンスル選挙の時点で,ローマにおける最大の政治問題が,ヒスパーニアの大反乱への対処であったことは疑いない。前197年にローマの直接支配体制が確定された二つの属州,「近い方のヒスパーニア Hispania Citerior」ならびに「遠い方のヒスパーニア H. Ulterior」では,その直後から現地住民によるローマとの武力闘争が続いており,これにたびたび属州外から侵入してくるルシタニィ人 Lusitanii の略奪行為が加わったが,

前179年には、プラエトルであったグラックス（前163年のコーンスル）がケルトイベリア人と協定を結んだことによって、この種の反乱および略奪は一旦沈静化していた（この協定の性格については、後述する）[57]。しかし前154年に、再びウルテリオルに侵入したルシタニア人に呼応して、キテリオルのケルトイベリア人（特に好戦的なアレウァキィ Arevaci 族）が武力蜂起するや、短期間で戦況はローマ側に著しく不利となった。この年以降、前133年まで両ヒスパーニア各地で断続的に続くこの属州反乱を、史料は「ヒスパーニア戦争」と呼ぶ。前153年には、コーンスルの着任が従来の3月から1月に変更され、以後それが定着したことが示すように、この「戦争」はローマにとって、国制を揺るがす大事件と認識されていたのである。そしてこの新任コーンスルの一人、フルウィウス・ノビリオル Q. Fulvius Nobilior が、鎮圧軍の指揮のためにヒスパーニアに派遣されている[58]。

　だがフルウィウスは敗北を重ねた。夏、行軍中にアレウァキィ族の待ち伏せで多数の兵を失い、さらに都市ヌマンティア Numantia に退却したアレウァキィを追って包囲戦を試みるが、これにも失敗している。結局ヌマンティア包囲の陣営で越冬したが、寒さと飢えに悩まされたという。ノビリオルの惨状は前152年のためのコーンスル選挙の際には、少なくともある程度はローマに届いていたはずである[59]。この状況で、マルケッルスのコーンスル三選が実現したのである。

　マルケッルスの祖父は、第二次ポエニ戦争中の四度を含め、計五度にわたってコーンスルに就任しており、軍指揮者としてその偉大な軍事的業績が後世まで語り継がれた人物である。父もまた、前196年のコーンスル在職中に、ボイィ族への勝利によって凱旋式を挙行している[60]。前152年のコーンスル自身も、祖父、父と同じく優れた軍事的才能で知られ、その経歴の早い時期から数々の軍功を上げている。既に見たように、彼は前169年のプラエトルとして2年間両ヒスパーニアで軍を指揮し、前166年の最初のコーンスル職就任時にはリグリア人に対する戦争で勝利を収めて、凱旋式を挙行している。前155年にはコーンスルに再選し、再びリグリア人反乱を鎮圧して二度目の凱旋式を行った。前166年にコーンスルに就任できたということは、この時に資格年齢42歳を越えていたはずなので、前152年には少なくとも

50代後半に達していたことになる[61]。

このように，マルケッルスに関する史料の言及は顕著に彼の軍事的功績で彩られている。特に前166年のリグリア人反乱に対する成功が前156年の，そして前169-168年の両ヒスパーニア反乱に対する成功が前153年の，それぞれのコーンスル選挙の時点で注目されなかったはずはない。また，彼の経歴や年齢といった条件が，第二次ポエニ戦争期に頻出した，異例なコーンスル選出の際の条件と似通っていることからも，第二次ポエニ戦争以来最大の対外問題として認識されていたヒスパーニア戦争の解決のために，軍事的力量に優れ，経験豊富な人物であるマルケッルスの三選が実現された，と考えてよいであろう[62]。しかし問題は，そのような理由から彼の三選を望み，違法であるにもかかわらず，それを実現させたのは具体的には何者であったか，という点にある。より問題を限定するならば，民会がマルケッルスの三選を望んだことは明らかであるとしても[63]，元老院はこの選挙にいかなる対応をなしたのであろうか。そもそも第二次ポエニ戦争中と同じく，この選挙にも元老院の総意が反映した，と考えることができるのであろうか。

上述の通り，選挙の際に具体的に誰がどのような方法を用いて法を回避したのかは不明である。また，マルケッルス自身が選挙の時点で，ヒスパーニア戦争に対していかなる姿勢を示し，それが選挙結果にいかに影響を及ぼしたか，という点についても史料は何も語らない。しかし当選後のマルケッルスの行動と，それに対する元老院等の反応に関しては若干の情報がある。通常，選挙の前後で当選者の言動が大きく変わるということは考えにくいという前提で[64]，ここから選挙時における彼の姿勢をある程度うかがうことも可能であろう。

ヒスパーニア戦争に対するマルケッルスの姿勢を表す主要な史料は，リーウィウスが『概要』のみ残存する他は，ポリュビオスとアッピアノスである。これら全ての史料が，マルケッルスは前152年にヒスパーニアにわたった直後から，速やかにケルトイベリア人を敗走せしめ，彼らの都市を攻略して人質と罰金を獲得したということを伝えており，彼がその軍事的才能を遺憾なく発揮したことが見て取れる。彼はその後，アレウァキィ族などの，反ローマ的ケルトイベリア人諸部族との暫定的平和協定の取り付けに成功し

た。この話し合いの席でマルケッルスは,終始穏和な対応でケルトイベリア人たちの代表者に臨み,軽い罰金を科す以外は,前179年に彼らとローマが締結した協定を更新することを要求したのみであったといわれている[65]。すなわち前述のグラックスの協定である。この協定は,内容がケルトイベリア人をローマ人とほぼ対等に位置づけて双方が従うべき諸条件を設定しているという意味で,事実上条約に等しい性格のものであり,前179年以来,ローマとヒスパニア現地人との関係を規定するものとしてローマ側,ケルトイベリア人側双方から認識されていた[66]。従ってこの協定の更新を望んだことは,マルケッルスが前2世紀前半段階の,ローマ側の対応を踏襲したことを示唆する。すなわちそれは,「条約」に基づいた「外交」関係を結ぶことをヒスパニア現地住民との関係の基本と捉える対応である。この対応は,ヒスパニアに限定されるものではない。上で「ヘゲモニー」なる表現を用いたことから明らかであるように,前2世紀前半頃までは,ローマの地中海における支配権の内実は基本的にこの伝統的対外路線の延長上にあった,と筆者は考える[67]。

しかしマルケッルスのこの対応は,前152年の段階では元老院の一致した意志を代表してはいなかったようである。マルケッルスはケルトイベリア人との話し合いの後に,彼らの中の親ローマ的部族,反ローマ的部族双方の代表者を元老院に送った。この双方の代表者達の言い分を聞き,マルケッルス自身の使者に会見した後に,元老院はこの和平案を拒絶したのである。これについてポリュビオスは以下のように述べる。

「彼ら(マルケッルスの使者)も和平に傾き,将軍自身が同盟者(親ローマ的な部族)よりも敵(反ローマ的な部族)の方へ心を向けていることを知った時,父たちは……(中略)……将軍が戦争を恐れていると考えた。彼らは彼が勇敢に,自身の祖国のために敵と戦いを続けるよう,使者に密かに指示を伝えた。……(中略)……戦争を続行すると決定してから,彼らは将軍への不信から,新しい将軍をヒスパニアに派遣することを決めた。」[68] (Polyb. 35, 2, 6.)

この叙述は，少なくとも元老院の意志を決定しうるだけの議員が，マルケッルスのヒスパーニアに対する姿勢に不満を抱き，より強硬な対応を望んだことを示している。アスティンとハックルの言う通りに，それは具体的には，無条件降伏 deditio の要求であったと考えるのが妥当であろう[69]。このことは，前179年にグラックスによって打ち立てられ，元老院も承認していた，協定に基づくヒスパーニアとの関係は，前150年代後半の時点ではもはや承認されず，ローマへの服従と支配の受け入れが要求されたことを意味する[70]。

ではマルケッルスは，元老院内部において孤立した立場にあったのだろうか。同じ時期に，対外戦争において彼とよく似た穏健な措置をとった他の元老院議員たちの存在が知られている。ヒスパーニアにおいては，前151年の政務職のリキニウス・ルクッルス L. Licinius Lucullus（マルケッルスの後任コーンスル）やスルピキウス・ガルバ L. Sulpicius Galba（プラエトル）の如き苛烈な者もいる一方で[71]，前140年代に入っても穏健な対応をなしたことが知られている者も少なくない[72]。

無論，これらの者たちの意図が，具体的な政策面で一致したかどうかはわからぬし，ましてスカラード，ハックルが言うように，互いに連携していたという証拠はなにもない[73]。ただポリュビオスが伝える和平拒否の直後，元老院が後任の軍指揮者ルクッルスを送り込む前に，マルケッルスが形式的にヒスパーニア側から無条件降伏を取り付けて和平を成立させると，元老院は直ちにこれを承認した[74]。そして彼がルクッルスと交代してローマに帰還すると，三度目の凱旋式が承認され，彼の顕彰立像が建立されている[75]。その後，マルケッルスは元老院使節団の団長としてヌミディアへ送られた[76]。以上のことは，少なくともマルケッルスがヒスパーニアに対してとった姿勢と，彼の対外路線を容認する，ないしは少なくとも敢えてそれに対立しない者が元老院内部にはおり，しかも彼らの意志が場合によっては元老院の決定に影響を与え得た，ということを示唆していよう。

そのことを踏まえて，前153年の選挙の問題に立ち戻ってみよう。既に確認したように，選出されるべきコーンスルには，反乱を解決しうる軍事能力が望まれていた。その一方で，反乱の鎮圧方法およびその後の処理につい

て，グラックスの協定を踏襲する対応を望む者達が少なからずいたと考えられる。彼らにとっては，ヒスパーニアの戦況を打開するに足る能力を持ち，かつ従来の対外路線を踏襲するであろう人物がコーンスルとして最善であったはずである。そのような人物をコーンスルとなすために，第二次ポエニ戦争期に度々行われ，かつ近い先例として前156年，前155年を持つ，異例の政務職就任という方法をとっても，少なくとも彼らは敢えて反対はしなかったのではあるまいか。

一方で，元老院内部に彼の三選に賛成しなかった者達がいたことも確かなようである。その手がかりの一つとして，前151年に成立したと考えられる，コーンスルへの再選そのものを禁止する法がある。この立法が，直接マルケッルスの違法な再選を原因として導入されたということを示す史料はない。しかし成立のタイミングからして，マルケッルスのコーンスル再選以上に可能性の高い契機はない。興味深いことには，大カトーがこのコーンスル再選禁止法を支持して演説を行っているのである[77]。

現存するその演説の中でも，大カトーはマルケッルスについては一言も言及してはいない。しかし，上で述べたようにこのコーンスル再選禁止法がマルケッルスの再選を契機に導入された可能性が高い以上，大カトーは彼の選出に賛成してはいなかった，と考えることが妥当であろう。では大カトーは，いかなる理由で賛成しなかったのだろうか。

無論，違法であるが故に，という最も単純な理由がありえる。第二次ポエニ戦争以降で（フィグルスとナーシカーの再選を例外とすれば）最初の違法なコーンスル再選を，違法であるがゆえに大カトーが支持せず，それにもかかわらずこの選挙そのものにおいては，マルケッルスを推す勢力に譲らざるを得なかったということ，しかし同じ事態を防ぐために再選禁止法を支持した，ということは大カトーの生涯を通じての保守的，体制維持派的言動から考えてありえる[78]。

また，より政治的な観点から見れば，第1節で見たように，かつてウィッリウス法を支持した大カトーがこの度も同じ理由で，すなわち軍事的に有能な個人への権力の集中を危惧して賛成しなかった，という状況も推測できる。

第Ⅵ章　ローマ共和政中期の政務職関連諸法　　　　　　　　　　187

　しかしまた，対外路線の相違から，彼がマルケッルスのコーンスル三選と，ヒスパーニア派遣に賛成しなかった，という説明もなりたつのである。
　この点に関して，上で引用したポリュビオスの 35 章 2 節（184 頁に引用）をもう一度検討してみよう。マルケッルスの和平案に反して，戦争の続行と軍指揮官の交代を決定した元老院の合議の場面に，具体的な議員の名は上げられていない。しかし，当時のローマにとって最大の対外問題に関するこの合議の場に，大カトーがいなかったことはおよそ考えられないし，この時期の元老院において最大の影響力を持つ者の一人が大カトーであることも疑いない。そのことと，大カトーがこの時期から少し後に示すことになる彼の強硬な対外的姿勢を合わせて考慮すると，マルケッルスの和平案を拒否した元老院の決定に，（彼が実際に発言したかどうかによらず）大カトーの見解が少なくとも一定程度は反映したと考えてよいであろう。さて，大カトーがヒスパーニアへのマルケッルスの対応に反対し，かつマルケッルスの対外姿勢が選挙前から一貫しているとするならば，そもそもマルケッルスのコーンスル再選自体に対しても，大カトーが賛成したとは考えられない。
　大カトーが賛成しなかったであろう理由として挙げた以上の三点は，史料の言及がない以上，すべて可能性の域を出ない。しかし上で見てきたとおり，三点のそれぞれが反対理由として妥当性を持つと考えられる（あるいは無論，これら三点の複数ないし全てが理由であったということすらありえよう）。そしてまた，こうした意見を持つ元老院議員は大カトー一人ではなかった，と言うよりも，むしろカトー的な姿勢こそがこの段階の元老院内部においては多数意見であった可能性が高いのである。そうであるにもかかわらず，マルケッルスの違法な再選は防げず，そして，このことを通じておそらく元老院内部の意見対立は鮮明となった。こうした事態が再発することを恐れた結果が，前 151 年のコーンスル再選禁止法であったのではないだろうか。
　そのように考えるならば，同じくマルケッルスの前 153 年の再選を契機とした可能性が最も高く，おそらくはコーンスル再選禁止法と前後して制定されたのであろうアエリウス゠フフィウス法もまた，同じ意図を備えていると考えることが妥当であろう。

ただし、この推論は二つの点で問題を孕んでいる。

①ハックルが主張するように、マルケッルスのヒスパーニア反乱への対応は選挙前後で変化した、という可能性がある。

②上述した三つの理由のうち、対外路線上の対立に関しては、コーンスル再選禁止および異例の政務職就任の規制という広がりに通じる必然性がない。

第一点について。ハックルは、マルケッルスが現実にヒスパーニアの状況に直面して、大カトーをはじめとする元老院の強硬路線では打開不可能であると認識し、伝統的な路線に切り替えた。それに対して元老院は彼が変節したものと判断し、「将軍に対する不信」（184頁、ポリュビオス引用箇所）を深めた、とする。従って彼女は筆者の考えとは逆に、コーンスル再選そのものはむしろカトー等の強硬路線を推進する者達の（すなわち多数の者の）意図であると考えるのであり、ここから当然、コーンスル再選禁止法およびアエリウス＝フフィウス法を推進したのはこれと対立する勢力であった、ということになる。

この理解の前提として、ハックルはマルケッルスのスキーピオ＝アエミリアーヌスに通じる（従って直接述べられてはいないが、大カトーにも通じる）保守的性格と、その経歴における元老院の利害に忠実な言動を挙げている[79]。しかしこの前提自体、再考の必要があると筆者は考える。

前2世紀の「保守的」な政治家として、大カトーないしスキーピオ＝アエミリアーヌスの名があまりに有名であるために、我々は無前提にこの両者を「保守」のモデルと見なしがちである。具体的には、内政面において特に両者のケーンソルとしての強度の保守規正を、対外的には強硬な姿勢を想起することになる[80]。しかし、少なくとも前2世紀前半段階までにおける伝統的な対外路線とは、既に見てきたように前179年のグラックスの協定が典型的であるような、条約ないしそれに準ずる協定に基づくという意味で、謂うなれば穏健なそれなのである。そしてまた、同様の対応をヒスパーニアに対して示す軍指揮者が、マルケッルス以後もいたことも、既に述べた。否、ヒスパーニアのみならず、同時期の他の対外問題においてもまた、同じ路線が影響を失っていなかったことは、例えば第三次ポエニ戦争前夜における、大カ

トーとナーシカーの有名な論争が，明確に示している[81]。なるほど，大カトーやスキーピオ＝アエミリアーヌス等の強硬路線は，前２世紀半ばの段階では既に，元老院において多数意見となっていたかもしれない。しかし，少なくとも未だ「保守的」な路線ではないのである。つまりは，彼らの内政面における「保守性」と外政における対応との間には一見「捻れ」があるということになり，その捻れの意味自体が問われなければならない。その点に関しては，次章で論ずることにするとして，目前の問題にとって重要であるのは，マルケッルスの「保守性」の内実であろう。

既に述べた通り，マルケッルスに関する史料の言及は大部分が軍事行動における優れた指揮，果敢な行動に終始しているが，例えばプラエトル在任中のヒスパーニア現地住民への，二度のコーンスル在任中のリグリア人への対応には，スキーピオに通じる敵への苛烈な対応は見られない。内政に関しては，前171年の護民官在任中に，退役した百人隊長達の募兵拒否を認めなかったこと，また前169年のプラエトル在任中に，元老院の指示に従って，コーンスルに代わって募兵を強行したことが知られる[82]。統治層による市民の軍役義務の遂行への要求と，これに対する一般市民の抗議というテーマは，統治層と市民のそれ以外の部分との間に共和政初期段階以来，様々な背景のもとでたびたび出来する，謂わば伝統的な対立の焦点である。この対立において，統治層側は常に厳しく軍役義務の遂行を一般市民に要求してきた[83]。

このように，マルケッルスは内政面においても対外的にもまさしく「保守」的であったと言うことができよう。しかしそれは外征面においては，カトー等とは対立する路線を踏襲していたことを意味するのである。マルケッルスがそのような意味での保守的対外路線を，前153年のコーンスル選挙の段階においてのみカトー寄りに転換させた，と考えることは不可能ではないかもしれない。しかしむしろ，その後のヒスパーニア現地住民への対応に通じる一貫した協定遵守の姿勢を選挙の時点で示していた，と考えることの方がより妥当ではないだろうか。

第二点について。マルケッルスの対外的に「穏健」な路線が，元老院の多数の者にとってもはや承認しがたいとしても，そのこと自体はコーンスルの

再選禁止ないし異例の政務職就任の規制を喚起することにはならない。結局のところ，マルケッルス本人が再びコーンスルに選出されることはないのであるから。しかしこの点については，第3節で確認された当時の全般的状況を併せて考えておく必要があるだろう。前160年代以降，コーンスル再選を含む，なんらかのかたちでの異例な政務職就任の当事者は，大部分が優れた軍事能力で知られた者達であり，おそらく実際その能力ゆえに彼らの政務職就任が求められた。そして重要なのは，そこに名が挙がる人物のほとんどは，対外的には伝統的路線を踏襲する者達だという点である。グラックスがヒスパーニア現地住民との協定を結んだ当人であること，ナーシカーが大カトーと第三次ポエニ戦争の開戦の是非をめぐって論争したことは既に述べた通りである。そしてマルケッルスの前152年の三度目の異例なコーンスル就任。これが偶然の所産であるのか，それともそのこと自体になんらかの意思が働いているのかという検討自体が必要であろうが，さしあたり目前の問題に関してのみ述べるならば，こうした現実を踏まえて，コーンスル再選ないし異例な政務職就任によって，これら伝統的対外路線を踏襲する者が再び命令権を獲得し，カトーによって推進される強硬路線によって占められつつあった元老院の対外問題に関する意思を阻害するという事態が危惧されたとしても不思議ではない。そして，それを防ぐ意図がアエリウス＝フフィウス法の背後に働いた，と考えることができるのである。

　以上の状況とならんでさらに，ヒスパーニア和平を巡る対立の後日談とも言える事件もまた重要と思われる。マルケッルスによる和平案が元老院によって拒否された直後の前151年初頭，マルケッルスと交代することが決まっていたルクッルス（コーンスル）がヒスパーニアに率いる兵の徴募を行おうとした際に，市民は募兵に強い忌避感を示して騒いだ。市民のこうした反応に対応して，護民官がコーンスルと対立した挙げ句，両コーンスルを逮捕，投獄するに至った[84]。護民官がコーンスルを投獄するというこの前代未聞の事件は，本章の考察に関して，二点において特筆に値する。なによりも第一に，コーンスルならびに元老院に対して，護民官が公然と反対したということ自体が，既に述べたとおり，身分闘争以降は絶えてなかった事態であった。ここには元老院統治の「武器」としてではなく，むしろ元老院に対

立し，従って統治層の集団的意思に抵抗するという，民衆派に通じる護民官の新たな可能性が立ち現れている。実際，前140年代以降は，元老院の意思に反する護民官の行動が多く知られることになり，その延長上に前133年のティベリウス・グラックスが位置づけられることは言うまでもない[85]。しかしまた第二に，そしてよりアエリウス＝フフィウス法に直接関連する点として，この事件はオブヌンティアティオーの扱いに影響を及ぼしたと考えられる。

そもそもコーンスルが逮捕されるという事態に陥る前に，護民官がコーンスルへの拒否権を発動するという，一般的な手続きを行わなかったとは考えられない。おそらくコーンスルが拒否権に従わなかったが故に，逮捕，投獄という手段がとられたのであろう[86]。つまりは，制度的には全政務職が従わねばならないという，護民官の拒否権の拘束性すら無視されえる状況がこの時点にあったことになる。こうした対応は，無論前151年の事件のみに関して言えば，護民官に対して，コーンスルの（そして，この場合，その背後にあった元老院の）意思を貫徹しようという意図によって選ばれたのであろう。しかし翻って見れば，これは元老院統治にとって危険な状況を意味する。なるほどこの時期には元老院に対抗する護民官が現れるが，しかし全体としては元老院が護民官を自己の意志の貫徹のために利用する，という従来の構図に変わりはないからである。護民官の拒否権を尊重しない上級政務職担当者の出現は，元老院が長年用いてきた政治的武器の効力が失われる可能性を意味する。現に政務職が（それが元老院の意志に沿うか，または反するかはともかくとして），護民官の拒否権に屈しないという事態もまた，前140年代以降に頻発し始めるのである[87]。

以上から見て取れるのは，前151年の事件の，元老院統治にとって危険な性格である。すなわち，元老院に対抗する護民官の出現と，元老院の「道具」としての護民官に対する上級政務職の抵抗，という二重の意味で。

もしも，アエリウス＝フフィウス法が前151年以降に成立したのなら，この事件が法の導入に直接影響を及ぼした可能性は大きい。すなわち，元老院はもはや護民官の拒否権が上級政務職に絶対的な拘束力を及ぼさないことを目の当たりにした。そこで，拒否権を補うものとして，上級政務職に対する

オプヌンティアティオーを護民官に与えようとした。その一方で，この年に示されたごとき「護民官の横暴に対抗せんとして」（173頁引用の Cic. P. Red. Sen. 11），上級政務職に対しても同様の権利を認めたのではないだろうか[88]。

以上の分析を通じて，アエリウス＝フフィウス法の二つの内容は相互に結びつくことになる。このことは，アスティンの理解も，その他の研究の理解も（本章第1節を見よ），共に正しいと言え，かつ共に一面的であるとも言える，という結論を意味する。上級政務職か護民官か，あるいは立法民会か選挙民会か，という二者択一ではなく，元老院統治に対して，従来なかった深刻な脅威を与える可能性を備えつつあった両者，というよりも両者がその特性を端的に示している政務職に対する規制をかけることが，この法の導入意図であった，と考えることが最も妥当な理解なのである。そしてそのことは，おそらくはアエリウス＝フフィウス法が導入されたであろう前150年代末のローマには，元老院（ならびにその意思を左右する統治層）が，（慣習ではなく）立法によって，そのような事態を回避せんとするほどに，政務職は脅威として認識されていた，ということを意味するのである。

では，なぜこの時期において，政務職はそれほどの脅威として認識されたのであろうか。第1節で見たように，前180年代以降，元老院は精力的に統治の再建を目指し，立法による政務職規制の強化に努めているというのに。

この問題を検討するに先だって，論点をさらに鮮明なものとするために，この時期に関わる別の一要素を取り上げておこう。それは，マルケッルスとヒスパーニア問題をめぐるこの時期の動向に，スキーピオ＝アエミリアーヌスが関与していた，という事実である。

スキーピオは，マルケッルスの和平案に反対した元老院議員の中にいた[89]。また，前151年のコーンスルと護民官の対決の際に，市民の中にヒスパーニア出兵に従軍しようとする希望者がいないことを憤った彼は，既にマケドニアでの従軍が決まっていたにもかかわらず，自ら申し出てヒスパーニアに赴いている。その結果として，ヒスパーニアにおいて，彼はその多大な軍事的功績の最初の一つを挙げることになった[90]。

マルケッルスのコーンスル三選および和平案の取り扱いに関して，当時30代前半であり，未だ政務職経歴すら上昇途上のスキーピオが，なんらか

の決定的な役割を果たしたと考えることは，名門の出自を考慮したとしても，年齢と元老院内の序列が発言力に強く反映するというローマの政治的慣習からして無理がある。とはいえ，少なくともこの時期に彼がマルケッルスを焦点とした対立の中にいて，自身の立場を明らかにしていたこと，しかもそれはどうやらマルケッルスのそれとは対照的であったことは明らかである。にもかかわらず，既に述べたように，この人物が前148年にはマルケッルスと同様に異例な形でコーンスルに選出され，それ故にこれもまた，アスティンによってアエリウス＝フフィウス法導入の契機としての可能性を与えられるのである。この可能性自体は，おそらく極めて薄弱であろう。しかし，前150年代末前後に元老院の多数意見に与したと考えられ，大カトー的対外強硬論者と受け取られる人物が，なぜほぼ同時期に，元老院統治にとって脅威と認識されていた異例の政務職就任という，マルケッルスと（そして上述の通り，他の多くの伝統的対外路線を踏襲する者達と）同じ事態を引き起こしたのか，という問いを設定することによって，この時期の状況分析の一助をなすことにしよう。

第5節　前148年：スキーピオ＝アエミリアーヌス

　スキーピオ＝アエミリアーヌスの生年は，前185年か前184年と考えられている[91]。従って，前148年には37歳か36歳のはずであり，ウィッリウス法が規定する，コーンスル就任資格最低年齢43歳を大きく下回っていることになる。しかも史料は，スキーピオがこの年のアエディーリス選挙に立候補したにもかかわらず，民会が彼をコーンスルに選出したと伝える。この伝えが正しいならば，この選出は政務職階梯に関してもウィッリウス法に違反しているばかりか，そもそも立候補者でもない彼をコーンスルに選出すること自体が，全く異例である[92]。

　スキーピオ＝アエミリアーヌスというあまりに有名な人物については，すでにアスティンをはじめとする多くの研究がなされている。また第VII章においても，彼の言動を分析することになるので，本章ではただ，この時の選挙に関連する事実関係を整理しておこう。

上述のように，ヒスパーニアで名声を勝ち得たスキーピオ＝アエミリアーヌスは，前149-148年という第三次ポエニ戦争の最初の段階で，軍団将校としてアフリカにいた。この時の彼の戦功はめざましく，軍において顕彰され，栄誉の冠を受けている[93]。また前148年，彼が翌年のアエディーリス職に立候補するためローマに帰還した際，アフリカ駐留軍の兵士達が，彼にコーンスルとしてアフリカに戻ることを求めたというアッピアノスの逸話が知られている[94]。

　前148年の異例づくめの選挙については，マルケッルスの場合と比較すると史料が豊富に残っている。それによると，選挙主宰コーンスル，ポストゥミウス・アルビヌス Sp. Postumius Albinus は，スキーピオのコーンスル当選を承認することを拒否した。またリーウィウスによればこの時，スキーピオに「しばしば対立していた元老院議員達」によってもまた，反対の表明が行われた。しかし，民衆はスキーピオをコーンスルにすることを主張して止まなかった。そこで元老院が護民官に命じて，関連する法を免じる特別法を成立させた[95]。

　以上の経緯から，スキーピオの場合もマルケッルスと同様に，その軍事的能力の卓越が，選出の前提であったことがわかる。しかし彼のコーンスル選出の違法性は明らかに問題とされ，しかもそれを巡る議論の中で，主宰コーンスルと市民団との対立が明確に史料の中で述べられている。そしてなによりも「しばしば対立していた元老院議員たち」なる表現から，この時，元老院内部において，意見の対立があったことが看取されるのである[96]。この意見の対立とは，具体的には何に関するものであったのだろうか。

　この時期に関する史料の中に，スキーピオの姿が最初に現れるのは，上述のようにマルケッルスのヒスパーニア和平工作の際であり，その時彼は戦争続行を求める議員の中にいた。また翌年には，軍団将校としてヒスパーニア行きを志願したことも合わせると，この時点における彼の対外的にも，またローマ社会内部に向けても強硬な姿勢を読みとることができよう。

　スキーピオの対外的・対内的に強硬な姿勢は，他の幾つかの事例によっても知られているが，とりわけ市民に対する彼の伝統的価値観に基づく対応に関しては，特に前142-141年に彼がケーンソル職にあった時の言動が最もよ

く取り上げられる。ここに示される，社会内部に対する強硬な，かつ伝統的価値観への回帰を要請する彼の姿勢が，対外的姿勢とどのような位相を持つのか，ということ自体が慎重に扱われるべき問題であるが，これについては次章で詳しく検討したい。ここでは，この時期のローマにおいて最大の課題であった対外問題に対しての姿勢に注目しよう。前150年代の有名なカルターゴー論争における，親族スキーピオ・ナーシカーよりは，むしろ大カトー寄りの立場[97]，プロコーンスルとして，前146年にカルターゴーに対して行った徹底的な破壊[98]，そして前133年，ヒスパーニアの都市ヌマンティアに対してとった過酷な包囲戦と，またしても徹底的な破壊[99]といった，よく知られた例を挙げるだけで，彼の対外姿勢を明らかにすることができるであろう。これらすべてに表れているのは，ローマへの無条件の服従を要求し，これに反する者に対しては徹底した制裁を与えるという姿勢である。これは，カトーとの共通性，そしてマルケッルスとの相違を明確に示している。

　前148年段階で，元老院においてスキーピオに「しばしば対立した」議員の，その「対立」の焦点が対外路線にあったかどうか，ということは史料には伝えられていない。「しばしば」というからには，前148年以前から，つまりはヒスパーニアおよびカルターゴーとの戦争をめぐって「対立」があったと考えるべきであるが，前述の通り，この段階ではまだ若い彼が政策決定の場で発言力を持っていたかどうかという点にも疑問がある。しかし，この段階で元老院における彼の動向が知られているのは，上述の通りに前152, 前151年のヒスパーニア問題とカルターゴーでの軍功に関してのみである。こうした状況から考えて，もし若いスキーピオの見解がこの段階で元老院で発露されるとすれば，対外路線そのものでないとしても，対外問題に関連しての軍事上の問題であり，そうであれば間接的にであれ，そこには対外路線についての彼の姿勢が表れたはずである。従って，前148年段階でスキーピオに「しばしば対立していた元老院議員たち」とは，前152年のヒスパーニア問題において，彼とは対照的に強硬姿勢をとろうとしなかった人々と重なると考えられよう。

　そうである以上，逆に反対を唱えなかった，すなわち「しばしば対立して

いた」者以外の元老院議員達とは，彼と同じ対外路線を標榜する者達と重なることになる。彼らが前 152 年段階のヒスパーニアに対すると同じく，大カトーが明快に示すように，カルターゴーに対しても絶対的な勝利を望んでいたであろうことを考えると，この時点で最適な人材がスキーピオであったということは明らかであり，また実際にそうした意図を彼は既に選挙前に示していたことからも，この推論は妥当性が高い。

つまり，以下の可能性が認められるということである。スキーピオの前 148 年のコーンスル選挙の前提にも，膠着する戦況を打開せねばならぬという事情と，彼自身の軍事的卓越性があった。だがそれに加えて，元老院内部での対外路線に関する意見の不一致が，この選出を可能にしたのである。その意味ではスキーピオ＝アエミリアーヌスとマルケッルスの選出には共通するものを見いだすことができるであろう。

しかし両者の間には，重要な相違点が存在する。

それがまず，両者の対外路線の違いに表れていることは言うまでもない。対外的な姿勢が対照的であるにもかかわらず，少なくとも部分的には似通った理由で，似通った経緯を経つつ異例の政務職に到達している。このことをどう理解すべきであろうか。とりわけ，こうした事態をもたらした，当時の状況とはいかなるものであったのだろうか。

要するにそれは，端的に言えば対外路線をめぐる，元老院内部の二つの意見が，この時期においてはほぼ拮抗した影響力を持っていた，ということを意味するのではないだろうか。それゆえにこそ，当時の元老院内部における対立は激しく，かつその解決は困難であったと考えられる。そして，謂わば雌雄を決しきれない両者が共に，自身の意思を貫徹せんとする時に，具体的に選択された一つの方法が，命令権の獲得による，現地での直接的な事態の打開であったのではないだろうか。そのためには，慣習，法に反する異例の方法をも辞さぬほどに，対立は激しく，深かったということである。マルケッルスとスキーピオ＝アエミリアーヌスという対照的な二人の，この時期における動向は，共和政の事実上の統治機関であった元老院の，内部における深刻な対立の情勢を示しているのである。

おわりに

　以上のように，アエリウス＝フフィウス法の内容および導入意図を理解するならば，そこにはなるほどアスティンが主張するように，元老院統治体制の維持を意図して導入されたという意味で，ウィッリウス法と同じ性質を見て取ることができる。しかしまた，立法をもたらした政治状況に関して述べると，ウィッリウス法制定の時代と，アエリウス＝フフィウス法制定の時代には，決定的な相違がある。ウィッリウス法導入前後の時期には，スキーピオ一門の排斥に見られるような，元老院（そして統治層）内部の闘争はあるにせよ，大カトーによって推進される元老院統治の再建という方針が貫徹されている。これに対して，アエリウス＝フフィウス法導入期には，元老院内部（従って統治層内部）における意見の対立と，それを収拾できぬ傾向が顕著に見受けられるのである。

　この対立は，党派を生み出しはしない。この時期の共和政には，そのような「陣営」が存在した，という証拠は何もない。しかし，現実に路線の違いをめぐって対立は生じ，それは最も直接的には，共和政の権力の所在へと変化をもたらすことになった。具体的には，政務職への異例な就任という事態である。統治層成員は，この世紀の前半には政務職への規制を強化するという手段によって，統治層による集団統治体制の再建を目指した。にもかかわらず，上で見た対立において自らの意思を貫徹させんとする時，彼らは積極的に「陣営」から候補者を出すといったことはないにせよ，同じ路線を分け合う者が政務職に立候補した場合にはこれを支持し，必要であれば規制を回避することすら認めたのではないだろうか。

　この対立を生み出したものはなんであろうか。見てきたように，前２世紀中葉期までの時点では，対立の焦点は明らかに対外路線にある。つまりはローマの支配権拡大の過程の中で，換言すればローマ帝国の形成過程の中で統治層内部における対立は生まれ，先鋭化したのである。そしてその争点は，どのような支配を行うべきなのか，帝国（という概念は未だ存在しないとはいえ）をいかなる存在として存続させるべきなのか，という理念に結び

ついていた。

　この対立と変化は，やがてアエリウス＝フフィウス法のみならず，同時期以降の他の事件においても現れてくる。それも，既にアエリウス＝フフィウス法の背景にも垣間見えた通りに，ローマ市民社会内部に向けての統治層の対応をめぐってもまた。それは中葉期にはとりわけ募兵をめぐる論争として発現するが，しかし前130年代以降には多様な新局面においてもまた顕在化してくることになる。農地分配問題において，イタリア同盟都市への対応において，そしてまた，市民生活を支えるものとしての穀物供給への対応において。

　これらの変化においてもまた，政務職と元老院の新たな位相が立ち現れてくる。例えば，護民官の拒否権をなおざりにして，自らの意志を貫こうとするコーンスル，あるいはまた元老院に対抗する護民官，という形で。こうした傾向が，前133年以降は元老院統治を本格的な脅威にさらす，ということを我々は知っている。

　前2世紀には，元老院集団統治に対する個人の台頭を抑制する，という動向が強化される。この時期の政務職選挙・就任資格に関わる諸法は，その動きの一環と理解されるのである[100]。だが，以上から理解されるように，この世紀の中葉以降，ことの本質は元老院統治の再建と個人の突出の抑制という権力をめぐる意図をという構図を包摂しつつ，より広い次元にあった，と考えるべきである。それは一言で言えば，帝国形成に伴う統治理念そのものへの問い直し，そしてそれをめぐる統治層内部における対立である。つまり，アエリウス＝フフィウス法が成立した前2世紀中葉における，政務職をめぐる新局面とは，ローマ帝国の形成が，対外的にのみではなく社会内部においても新たな対応を要請し，この新たな理念形成をめぐって，統治層内部での対立が先鋭化したことによって，政務職就任に関する規制が形骸化しつつあった，という性格のものと理解できるのである。

　そしてまた，こうした状況は結果的に，第二次ポエニ戦争後の統治層が防ごうとした状況をも生み出していくことになったのではあるまいか。前150年代以降における政務職への異例な就任の背後に，統治層内部の対立があったことは述べた通りである。しかし事情はともあれ，こうして異例なかたち

で政務職に就任した個々人が，命令権を行使し，その優れた軍事的手腕を通して業績を上げ，命令権を保持する限りにおいてではあれ管轄属州内においては絶対的支配を（ならびに多くの場合は蓄財をも）なし，そして元老院の意思に対抗して自己の意志を貫徹するチャンスを獲得したことに変わりはないのである。例えば，第二次ポエニ戦争によって若くして統治層に比肩する者のない地位と影響力を得た，スキーピオ＝アフリカヌスのような先例を持つ前2世紀の統治層成員が，能力を足がかりに政務職に就任することにより，政治理念の実現を図ったとしても，そのことは自らの権力獲得のチャンスをなおざりにしたということではない。それを例えば前163年のグラックスの行為が示し，また前148年のスキーピオ＝アエミリアーヌスが示している。この点においてはもはや，対外路線上の姿勢は問題とはならないのである[101]。そして，このプロセスの一つの到達点こそが，ポンペイウスによる異例の命令権の引き受けと考えるべきである。

　以上から次の結論に達することができよう。ローマ共和政は，前2世紀中葉以降，共和政末期の事態に通じる変質を来たし始めていた。それは具体的には，特権的階層と，その意思を代表する元老院による，基本的には一元的な統治体制が機能不全に陥り始めた，ということである。そしてこの事態の要因として，帝国形成がもたらした全体的な新局面があった。このことを前提として，一方では統治理念の面での一元性の喪失と，他方では権力の個人への集中という事態が現れるという形で，共和政は変質したのであった。

　ただし，以上の論考から明らかであるように，本章の考察は，主に前2世紀中葉期の対外路線に焦点を置いてきた。それは既に述べたように，この段階においては問題の所在自体が対外路線に集中しているからであるが，しかし第4節および第5節で見てきたように，すでに社会内部における矛盾の顕在化と，これに対する一般市民の反応も明らかになりつつあったことは，前151年の募兵忌避をめぐる事件が端的に示している。では，共和政の変質と一般市民との連関を我々はどう理解すべきであろうか。例えば前151年の募兵忌避において，コーンスルと護民官との対立の前提に，一般市民の騒乱があったことは述べた通りである。こうした事例を基に，この時期以降の一般市民の共和政政治における意義が増大した，というミラーの有効性を主張す

る見解もある[102]。こうした見解と，上で述べた筆者の結論をどのように整合させることができるであろうか。

　前2世紀中葉期以降の，統治の変質と社会内部との連関について，本章の最後に，スキーピオ＝アエミリアーヌスとマルケッルスの，もう一つの相違点を挙げつつ，次章への問題提起をなしておこう。マルケッルスの場合と異なり，スキーピオのコーンスル選出には，市民団の関与が見られる。一般市民のスキーピオに対する熱狂は，前148年に限定されるトピックではなく，むしろこの人物の生涯にわたる基調といってもよいであろう。またスキーピオ側も，意識的にこれを自らの政治基盤に取り込もうとした意図が見える[103]。このことは明らかにこの時期の他の政治家たちとこの人物を分ける特徴と言えよう。理念に関してであれ自己の権力獲得のためであれ，あるいは保守的な傾向を持っているにせよ新路線を標榜するにせよ，自らの目的を達成するために，自身の能力を一般市民にアピールすることによって彼らから声望を勝ち得つつ，元老院の意思の如何によらず，民会において票を獲得する，というこの手法自体は，共和政にとって新しい性格のものである。この「新しさ」こそが，スキーピオ＝アエミリアーヌスの独自性であり，この手法によって現に彼は二度にわたって異例な方法でコーンスルに当選したのである。

　元老院が，スキーピオのコーンスル当選時に強硬に反対した理由には，先に述べたように，対外路線をめぐる対立が作用していた可能性が高い。しかしまた，こうした「新しい」手法が，元老院と統治層によって危険視された可能性も考えるべきである[104]。単に異例の形で政務職に就任し，権力を獲得するのみならず，共和政の政治に，統治層外部の要素を巻き込むことによってそれを達成するという手法は，一般市民の政治的影響力増大，という事態を示唆しているのであろうか。スキーピオ＝アエミリアーヌスが，この「新しさ」を共和政に持ち込む要因を通して，この点を次章において問うこととしたい。

　その際に論点となるのは，筆者が「手法」と表現した，スキーピオのこの「新しさ」が，単なる手法に留まる性格であったのか，という問題である。彼のこの「新しさ」は，「保守的」と評されることの多いこの人物の他の言

動と矛盾するかのように思われるが，この「保守性」という理解自体が問題を含むことは，既に指摘した通りだからである。前2世紀中葉以降の統治層において，最大の影響力を持ったこの人物の，「保守性」と「新しさ」の意味を問いつつ，共和政政治の変質期における統治層と一般市民との位相を考察することが，次章の課題となる。

註

1) 本論第Ⅰ章第1節第1項および，吉浦（宮嵜）麻子「ローマ中期共和政の権力構造(1)―ゲルツァー理論と「ノービリタース」概念―」『西洋史学論集』27, 1989, 43-53頁を参照。
2) J. A. North, Democratic Politics in Republican Rome, *P&P.* 126, 1990, 16ff. ノースに集約されるこうした理解は，彼と同じくミラーの影響を強く受けたリントットによっても基本的に同意されている。A. Lintott, *The Constitution of the Roman Republic*, Oxford, 1999, 64.
3) 研究史は，石川勝二「共和政ローマと民主政」『西洋史研究』24, 1995, 1-22頁に詳しい。
4) J. Bleicken, *Lex publica : Gesetz und Recht in der römischen Republik*（以下，*Lex publica.* と略する），Berlin/N.Y., 1975, 364. Cf. R. Rilinger, Die Amtswechsel und Amtsfristen als Problem zwischen Machtbesitz und Machtgebrauch in der mittleren Republik（342 bis 217 v. Chr.）（以下，Amtswechsel. と略する），*Chiron* 8, 1978, 247ff.
5) 共和政の諸立法に関しては，時期によって，また立法の内容によって言及する史料の極端な偏りがある以上，その全体像を描くことは極めて困難である。とりわけ初期段階の立法の少なさが，実態をどの程度反映しているか判断することは難しい。ウィリアムソンが最近，こうした限界を踏まえた上で，共和政の立法の全体像を構築する試みを行っているが，その成果は従ってあくまでも一定程度の信頼しか持たないと，筆者は考える。
   C. Williamson, *The Laws of the Roman People : Public Law in the Expansion and Decline of the Roman Republic*, Ann Arbor, 2005, 3ff.
   しかしなお，彼女が作成した一連の統計は，そのような限界のみでは説明しえぬほどに顕著に年代による差異を示しており，共和政の立法が持つ傾向について，興味深い参考資料と言えよう。例えば彼女は，前350年から前25年までの間に知られる559件の立法行為のうち，前324年から前275年まで（ホルテンシウス法成立の年を含む）の50年に23件（約4.1％）。前225年までの50年に13件（約2.3％）であったのが，前224年から前200年の25年（第二次ポエニ戦争がすっぽり入る）に43件（約7.7％）。そして，前150年までの50年に49件（約8.7％）が行われ，

さらにその後は25年ごとに，12.2％，12.0％，21.1％，11.9％，11.4％の立法が行われた，という数値を挙げている（35, table 1, 1.）。また，全期間中で，「政治リーダーに関する」内容（具体的には政務職選挙のルールおよびその回避，軍指揮者の選出，多様な委員団の選出，属州割り当て，凱旋式関連等）が全ての法の54％を占めて，それ以外の多種多様な内容を上回るが（35, table 1, 2.），年代別に見ると前350年から前219年までは40％であるのに対し（41, table 1, 6.），前218年から前201年（第二次ポエニ戦争期）には61％（42, table 1, 7.），前200年から前134年までが，54％（43, table 1, 8.）という数値も興味深い。これらから，ウィリアムソンは，明らかになんらかの危機的状況に多くの立法が行われ，それは具体的には第二次ポエニ戦争の特殊な状況を除けば，前2世紀，とりわけグラックスの改革期以降の共和政末期の時代であったこと，しかもそこで最大の要件であったのは統治に関わるものであったことを結論づける(6ff.)。

6) 一般に，前312年のオウィニウス法 Lex Ovinia が画期であると考えられる。K. J. Hölkeskampf, *Die Entstehung der Nobilität*, Stuttgart, 1987, 142ff. 政務職就任と元老院議席の関係に関する主要な研究として R. Develin, *The Practice of Politics at Rome, 366-167B.C.*, Tasmania, 1985. ならびに，安井萌「共和政ローマの「ノビリタス」支配」『史学雑誌』105-6, 1996, 39頁以下。

7) U. Hackl, *Senat und Magistratur in Rom vor der Mitte des 2. Jahrhunderts v.Chr. bis zur Diktatur Sullas*, Kallmünz, 1982, 10f. E. Meyer, *Römischer Staat und Staatgedanke*, Zürich, 1964³, 152ff. 護民官の共和政政治における位置については，J. Bleicken, J. Bleicken, *Das Volkstribunat der klassischen Republik*（以下 *Volkstribunat.* と略する）, München, 1968² が未だに基本文献である。これに加えて，L. Thommen, *Das Volkstribunat der späten römischen Republik*, Stuttgart, 1989 の，前133年以降の政治における護民官の意義に重点を置いた研究を挙げておく。

8) Hackl, 3f.

9) アエリウス=フフィウス法に関しては，キケローが前57年，前56年頃の幾つかの演説の中でしばしば言及している。この言及は，クロディウスの前58年における護民官として行った立法を攻撃して行われたものであり，そのこと自体がアエリウス=フフィウス法の性格を考察する際に手がかりとなる。この問題は，第2節で論ずる。

10) Liv. 40, 41, 1 : "Eo anno rogtio primum lata est ab L. Villio tribuno plebis, quot annos nati quemque magistratum peterent caperentque."（「その年，護民官ルキウス・ウィッリウスによって，各政務職に何歳で立候補し，就任するかを規定する法案が初めて提案された。」）.

この具体性を欠く記述のみが，ウィッリウス法の内容に関する唯一の言及であるため，先行研究には多様な理解が生まれた。例えば，最初にウィッリウス法の内容を再構成したモムゼンは，この法が10年間の軍役奉仕と政務職就任階梯の遵守を前提として，各職に就任する前に2年間の無任期間を定めた，と考えた。Th. Mommsen, *Römisches Staatsrecht*（以下，*StR.* と略する）, Berlin 1887-1888³ (Nachdruck, 1969, Graz), Bd.1, 505ff. Cf. A. E. Astin, The Lex Annales before Sulla, *Latomus* 16,

第Ⅵ章　ローマ共和政中期の政務職関連諸法　　　　　　　　　　　　　　203

1957（以下，Lex Annales I. と略する），588f. 多くの研究は基本的にモムゼン説に従いながら，細かい部分で意見が分かれてきた。しかし，この法が，各職の就任最低年齢を直接規定したと考えて，モムゼン説に真っ向から反対したアフツェリウスの見解もある。A. Afzelius, Lex Annalis, *C. et M.* 8, 1945, 263ff. Cf. H. H. Scullard, *Roman Politics 220-150B.C.*（以下，*RP.* と略する），Oxford, 1951, 173ff. E. Meyer, 101 ; 149f. Bleicken, *Volkstribunat.*, 56. Hackl, 3.

11) A. E. Astin, The Lex Annales before Sulla, *Latomus* 17, 1958, 63f.

12) 法案提出者であるウィッリウスは，前180年の護民官，前171年のプラエトル。しかし，その他の出自，経歴は不明であり，祖先に上級政務職経験者もない。Gundel, 'Villius' in *RE*. また，カトーとの関係については，Plut. *Cat. Mai.* 8, 5-6. Cf., F. Munzer, *Römische Adelsparteien und Adelsfamilien*, Stuttgart, 1920（Nachdruck, Darmstadt, 1963），198.

13) Rilinger, Amtswechsel., 250 ; 256ff. ただし，前2世紀以降に自明となった形での政務職階梯は，この段階では未だ固定化されていない。典型的例としては，前3世紀中葉段階までは，プラエトル職がコーンスル職に先行するという慣習は育っていない，ということを安井，43f. が詳細に例示している。

14) Scullard, *RP.*, 174. Meyer, 100f. Bleicken, *Volkstribunat.*, 59. Id., *Lex publica.*, 176f. A. Heuß, *Römische Geschichte*, Braunschweig, 1976², 135. R. Rilinger, *Der Wahlleiter bei den römischen Konsulwahlen*（以下，*Wahlleiter.* と略する），München, 1976, 90. Develin, 142 をあげておく。

　　第二次ポエニ戦争中の，かの「トラシメヌスの戦い」（前217年）直後に，民会がコーンスル経験者を必要に応じてコーンスル職に再任させることが認められたことは，元老院の意志に反する，異例の政務職就任の可能性を意味する（Liv. 27, 6, 7. Rilinger, Amtswechsel., 249f.）。実際の再任の例としては，前222, 215, 214, 210, 208年のコーンスルであるクラウディウス・マルケッルス M. Claudius Marcellus と，前233, 228, 214, 209年のコーンスルであるファビウス・マクシムス Q. Fabius Maximus の例が有名であるが，その他にも前237, 224, 212, 209年のコーンスルであるフルウィウス・フラックス Q. Fulvius Flacchus の例や，前215年のコーンスルであったセンプロニウス・グラックス Ti. Sempronius Gracchus の2年後（前213年）の再選，前219年のコーンスルであったアエミリウス・パウルス L. Aemilius Paullus の3年後（前216年）の再選など枚挙の暇がない。また，註13で述べたように，この段階までにプラエトル職がコーンスル職に先行するという慣習がほぼ形成されていたにもかかわらず，ポエニ戦争中にはコーンスル職経験者によるプラエトル職就任の例が多くある。

　　若年の者の異例の政務職就任ないし命令権獲得の例もある。あまりに有名なスキーピオ＝アフリカヌスの，弱冠26歳での，通常の政務職階梯を経ぬコーンスル権限獲得（前210年）および，未だ若すぎるコーンスル就任（前205年）について，キケローは暗示的なことを述べている。Cic. *Phil.* 5, 17, 48 : "recentiore autem memoria superior Africanus, T. Flamininus admodum adulescentes consules facti tantas res gesserunt."（「しかし，その時若輩であった大アフリカヌスと，フラミニ

ヌスがコーンスルに選ばれたという新しい記憶が，このような大きな事ども（政務職選挙に関する諸法）をもたらしたのだ。」）．アフリカヌスの政治的影響力と，これを抑制せんとする元老院との桎梏に関しては，古いとはいえ，U. Schlag, *Regnum in senatu : Das Wirken römischer Staatsmänner von 200-191 v. Chr.*, Stuttgart, 1968 以上に詳しい研究は未だにない．

また，本章では政務職就任に議論を限定しているが，元老院統治に対して脅威となりうる命令権保持および行使という観点からは，むしろ政務職権限の延長（プロロガティオー prorogatio）こそが重要な意義を持つ．プロロガティオーは，前4世紀のサムニテース戦争期に関して史料に初出するが，第二次ポエニ戦争中に，従前をはるかに超えた数の例が表れることも併せて注目するべきである．しかし，この問題については，ここで論じることはできない．

その他，上記の各例についての史料については，T. R. S. Broughton, *The Magistrates of the Roman Republic*（以下，*MRR*. と略する），New York, 1951, vol. 1 の該当年代を参照せよ．

ただし第二次ポエニ戦争中においてすら，上に挙げた如き慣習，法にはずれた政務職就任ないし命令権獲得は，ローマ側の有利が明らかとなった後半以降，目に見えて少なくなる．このことは，かかる異例が明白に，危機的状況がもたらした例外的事態であったことを示している．例えば，上のキケローの言及の中に現れるクィンクティウス・フラミニヌス T. Quinctius Flamininus は，第二次マケドニア戦争中，前 198 年にコーンスルに就任した際に僅か 31 歳であり，通常の政務職階梯を経ておらず，また前 197 年を最後に，プラエトル職を経ないコーンスルは消える（Astin, Lex Annales I., 609f.）．いかなる形にせよ，慣習，法に反する政務職就任ないし命令権獲得の例は，前 150 年代まで絶える．

15) Scullard, *RP*., 153ff. P. Grimal, *Le siècle des Scipions, Rom et l'Hellenisme au temp des guerres puniques*, Paris, 1975², 201ff. カトーのケーンソルとしての言動については，第 VII 章で論じる．

16) この規定は，前 342 年という，この種のものとしては早い時期に導入された平民会議決による．ただし，この段階では平民会議決は「法」としての効力はない．Liv. 7, 42, 25. Mommsen, *StR*., Bd. 1, 519, Anm. 3, 5. Rilinger, Amtswechsel., 250.

前 2 世紀前半における，最初の例であるスキーピオ＝アフリカヌスのコーンスル再就任は，一回目のコーンスル就任（前 205 年）から，ちょうど 11 年後（前 194 年）のことであった．その他には，アエミリウス・レピドゥス M. Aemilius Lepidus の前 187 年，前 175 年，マルキウス・フィリップス Q. Marcius Philippus の前 186 年，前 169 年，アエミリウス・パウルスの前 182 年，前 168 年，センプロニウス・グラックスの前 177 年，前 163 年，ポピリウス・ラエナス C. Popilius Laenas の前 172 年，前 158 年，クラウディウス・マルケッルスの前 166 年，前 155 年と，再任の例は全て 10 年の規定を遵守している．

17) Liv. 40, 19, 11. ここで「元老院の承認」と訳した senatus auctoritas と，立法民会との関係およびその変化については大きな議論があるが，ここでは安井萌『共和政ローマの寡頭政治体制：ノービリタース支配の研究』ミネルヴァ書房，2005, 263ff.

における，研究史整理を含んだ詳細な議論があることのみを挙げることによって，詳論を避ける．
18) この法は，明らかに大カトーによって支持された．ORF². 54. Scullard, *RP*., 172f. E. Baltrusch, *Regimen morum : Die Reglementierung des Privatlebens der Senatoren und Ritter in der römischen Republik und frühen Kaiserzeit*, München, 1988, 77ff.
19) Liv. 40, 44, 11-12. Scullard, *RP*., 25.
なお，Mommsen, *StR*. Bd.1, 532が既に，第二次ポエニ戦争期にアエディーリス在職者の催す競技が，彼らのプラエトル選挙において効果をもたらしていたことを指摘している．
20) Develin, 277f. Cf. Rilinger, *Wahlleiters*., 90.
21) 元老院の評議における発言順序は，元老院議員筆頭princeps senatusに続いて，経験した政務職の序列に従う．一般に早く発言する者が有利であった．Meyer, 149ff.; 207.
22) App. *Lib.* 112.（「（この選出は違法であるというコーンスルの説明に対して）民衆は騒乱し，トゥッリウスとロムルスによって与えられた法の故に，市民が選挙の判定者であり，法に関する事柄のうち，市民は望むものを退けたり，確定したりすることができるのだ，と叫んだ．」）その他，Liv. 52, 7, 8-11 ; 39, 39.
23) E. A. Astin, Leges Aelia et Fufia（以下，Aelia et Fufia. と略する），*Latomus* 23, 1964, 430ff.
24) Ibid., 428ff.; 437ff.
25) Ibid., 432ff. キケローの他の箇所でも，*Har. Res.* 58 : "duas legas, Aeliam et Fufiam."（「アエリウス法とフフィウス法の二つの法を」）．また *Sest.* 33 : "Lex Aelia, lex Fufia." アスティンは，二つの法が同年に制定されたということ自体を疑問視する．Astin, Aelia et Fufia., 432f. Cf. Broughton, *MRR*., vol.1, p. 452.
26) Cic. *Schol. Bob.* p.148 : "leges dicit Aeliam et Fufiam, quae non sinebant prius aliqua de re ad populum ferri, quam comitia haberentur ad designandos magistratus."（「アエリウス＝フフィウス法を公布する．これらの法は，政務職選挙のための民会の前に，市民団に向けて何事かについて提案がなされることを認めなかった．」）．
27) L. R. Taylor, *Roman Voting Assemblies*（以下，*RVA*. と略する），Ann Arbor, 1966, 63 ; 68. 下級政務職の選挙は，スッラ期に6月に統合されたが，前2世紀にはまだ個別に行われていたと考えられる．
28) 古くはCicero, *The Speeches*, tr. by R. Gardner（以下，Gardner. と表記する），1941, London (Loeb版), 309ff. に，オプヌンティアティオーとアエリウス＝フフィウス法との関係が詳説されている．また，L. de Libero, *Obstruktion : politische Praktiken im Senat und in der Volksversammlung der ausgehenden römishcen Republik (70-49 v. Chr.)*, Stuttgart, 1992, 64ff. も，アエリウス＝フフィウス法を専らオプヌンティアティオーと結びつけて理解する．その他，Mommsen, *StR*., Bd.1, 110ff. Meyer, 123ff. Rilinger, 94ff. J. Bleicken, *Die Verfassung der römischen Republik : Grundlage und Entwicklung*, Paderborn, 1995⁷, 82.
29) Gardner, 311. L. R. Taylor, Forerunners of the Gracchi（以下，Forerunners. と略

する），*JRS*. 52, 1962, 22. Astin, Aelia et Fufia, 422.
30) Taylor, Forerunners., 23, n. 23.
31) 無論，逆に護民官もオブヌンティアティオーを行使できるようになったわけだが，しかし護民官はもともと，他の全ての政務職に対して拒否権を発動できるので，オブヌンティアティオーを用いる必要はないというアスティンの見解は説得力がある。Astin, Aelia et Fufia., 424.
32) Bleicken, *Volkstribunat.*, 57. Taylor, Forerunners., 22f.
33) *P. Red. Sen.* 11 : "Ut lex Aelia et Fufia ne valeret, quae nostri maiores certissima subsidia rei publicae contra tribunicios furores esse voluerunt."
34) *Sest.* 33 : "lata lex est, ne auspicia valerent, ne quis obnuntiaret, ne quis legi intercederet, ut omnibus fastis diebus legem ferre liceret, ut lex Aelia, lex Fufia ne valeret: quia una rogatione quis est qui non intellergat universam rem publicam esse deletam?" また, Cic. *Vat.* 13 : " quae leges saepe numero tribunicios furores debilitarunt et represserunt."
35) Dio 38, 13, 6. Astin, Aelia et Fufia., 441ff.
36) 経緯については Cic. *Nat. Deor.* 2, 10f.; *Divin.* 1, 33; 2, 74f.; *Q. f.* 2, 2, 1. Val. Max. 1, 1, 3. Plut. *Marc.* 5, 1f. *De Vir. Ill.* 44, 2.
37) Astin, Aelia et Fufia, 434ff. また, 註 16 を参照せよ。
38) Varro, *Ling. Lat.*, 6, 30 : "magistratus vitio creatus nihilo setius magistratus." Cf. Mommsen, *StR.*, Bd.1, 364. また, フィグルスも (Val. Max. 9, 3, 2), ナーシカーも (Cic. *Brut.* 79), "consul bis" と呼ばれている。しかし, 例えばスカラードは, 前 2 世紀前半のコーンスル再選の事例の中に, この両者を入れていない。Scullard, *RP.*, 234. ナーシカーのケーンソル職については, Broughton, *MRR.*, vol.1, 445.
39) Broughton, *MRR.*, vol.1, 258. *CIL.* 12, 2, 608; 609. Plut. *Marc.* 13.
40) Astin, Aelia et Fufia., 434ff.
41) Ibid., 438. Hackl, 54.
42) Astin, Aelia et Fufia, 435f.
43) 反対と特別法については, Liv. *Per.* 50. App. *Lib.* 112. Cf. Bleicken, *Volkstribunat.*, 59. スキーピオ＝アエミリアーヌスの前 148 年のコーンスル当選については, 第 5 節で論ずる。
44) A. E. Astin, *Scipio Aemilianus*（以下, *Scipio*. と略する), Oxford, 1967, 38f.
45) F. Münzer, 'Cornelius', Nr., 353, in *RE*.
46) F. Münzer, 'Marcius', Nr., 66 in *RE*. Scullard, *RP.*, 135.
47) Polyb. 32, 9; 32, 13. App. *Illyr.* 11.
48) マルキウス : Liv. *Per.* 47. Val. Max. 9, 3, 2. Flor. 2, 25. App. *Illyr.* 11. また Polyb. 32, 14 は, マルキウスのイリュリア出兵には, 使節団も同行したと伝える。ナーシカー : Liv. *Per.* 47. Strabo 7, 5, 5. Frontin. Str. 3, 6, 2. *Auct. Vir. Ill.* 44, 4. CIL^2. 1, 1, 176.
49) Liv. 43, 11, 7.
50) 前 168 年については, Polyb. 29, 14. Liv. 44, 35, 14-23. 前 155 年については, 註 48 を見よ。

第 VI 章　ローマ共和政中期の政務職関連諸法　　　　　　　　207

51) リグリア：W. V. Harris, Roman Expansion in the West, *CAH*. vol.8, 1993², 202. Scullard, *RP*., 89f.; 228f. A. Toynbee, *Hannibal's Legacy*, vol. 2, Oxford, 1865, 652. サルディーニア：Scullard, *RP*., 187ff. イリュリア：Liv. *Per*. 47. Cf. Polyb. 6, 6, 56. A. Lintott, Political History, *CAH*. vol. 9, 1994², 46ff.
52) グラックスは，前 177 年の最初のコーンスル就任時点においてもサルディーニアの反乱鎮圧に成功し，二度目の凱旋式を挙行している（一度目は，前 179 年のヒスパーニア反乱鎮圧の成功による）。また Scullard, *RP*., 187f. は，サルディーニアの属州化が彼の祖父によってなされたことに注目し，グラックス家とサルディーニア現地住民との間に保護関係があった可能性を示唆する。Cic. *Q. fr.* 2, 2, 1.
53) Cic. *Brut*. 79; *Div*. 1, 36. App. *Bell. Civ.* 1, 17.
54) マルケッルスの経歴および軍事的功績に関しては，本文中で後述する。また註 61 参照。
55) Broughton, *MRR*., vol. 1, 448. R. L. Calvert, M. Caludius Marcellus cos. II, 155 B.C., *Athenaeum* 39, 1961, 11ff.
56) Scullard, *RP*., 234 は，10 年の規定を 1 年間停止するための立法が行われたことを推測する（Cf., Hackl, 54）。これは後に見るスキーピオの例と同じ方策である（スキーピオの場合は，Liv. *Per*. 50 が明確に legibus solutus と記す）。一方アスティンは，後に見る前 151 年のコーンスル再選禁止法との関わりから考えて，規定の停止ではなく，廃止を定める立法が行われた可能性を指摘する（Astin, Aelia et Fufia., 439）。いずれにせよいかなる史料の言及もない。
57) App. *Iber*. 44. ヒスパーニア戦争史研究については，ジーモンの古典的な研究が今なお有効である。H. Simon, *Roms Krieg in Spanien 154-133 v. Chr.*, Frankfurt a. M., 1962, 15ff.
58) Simon, 17ff.; 30. Hackl, 53. また，Polyb. 35, 1 の「困難な戦争」という言葉。
59) Polyb. 35, 1, 1. Simon, 128f. この時期は通常，コーンスルは正規軍二軍団（約 12,000～16,000 人）を率いるが，この時はこれに他の兵力を合わせて約 30,000 人を率いた，と言われる。ただし，詳しい内訳は不明。App. *Iber*. 45.
60) マールクス・マルケッルスは，その卓越した軍事能力の故に，第二次ポエニ戦争前に一度，戦争中に四度コーンスルに就任し，ヒスパーニア，南イタリア，シキーリアでローマ軍の勝利をもたらしている。Cf. F. Münzer, 'Claudius', Nr. 220, in *RE*.
61) マルケッルスの経歴，特に軍功については，Liv. 41, 13, 4 から 48 までに詳述されている。Cf. F. Münzer, 'Claudius', Nr. 225 in *RE*.
62) Simon, 31. Hackl, 54.
63) Hackl, 54.
64) 選挙後，ヒスパーニアに赴任して以降，マルケッルスの姿勢が大きく転換した，というハックルのような理解（Hackl, 57f.）も，もとより理論的には可能ではあるが，筆者は彼女の見解には従わない。この問題については後述する。
65) Polyb. 35, 2-3. Liv. *Per*. 48. App. *Iber*. 49.
66) Polyb. 35, 2, 15. A. Schulten, *Geschichte von Numantia*, 1933 (Nachdruck, New York, 1975), 53. J. S. Richardson, *Hispaniae, Spain and the Development of Roman*

Imperialism 218-82 B.C., Cambridge, 1986, 101f. このグラックスが, 前163年にフィグルスとナーシカーを「瑕疵」によってコーンスル辞任に追い込んだ人物である.

67) ローマの対外支配に「帝国主義」を見いだすべきか否か, という古くからの議論には, 非常に簡単に言うならば, 伝統的に二つの見解の相違が見られる (この二つの見解において, それぞれの研究者が用いる, ローマの対外的姿勢の多様な表現については, ここでは詳しく吟味することはできない). 一つは, モムゼン以来の理解として, ローマの対外的姿勢が, 「防衛的」「消極的」「間接的」な性格を備えていた, という考え方である (Th. Mommsen, *Römische Geschichte*, Berlin, Bd.1, 1884). これに対して, ハリスに代表される, ローマの「攻撃的」「積極的」「直接的」な対外姿勢を強調する研究が20世紀中葉頃以降展開した (W. V. Harris, *War and Imperialism in Republican Rome, 327-70 B.C.*, Oxford, 1979).

「帝国主義」如何はともかく, ハリスの研究は, 単にローマの対外支配の「正当性」を吟味するのではなく, ローマ社会の文化的特徴から問題へアプローチしようという方法のゆえに画期的であった (ただし, この視座は既に定説の潮流にある諸研究において展開しつつあった. 特に, しかしそれ以前に, E. Badian, *Foreign Clientelae (264-70 B.C.)*, Oxford, 1958. Id., *Roman Imperialism in the Late Republic*, N.Y., 1968). この視座は, 今日に至るまでの諸研究に継承されている.

ハリス以降, ローマの「帝国主義」拡大という理解が主流になった観がある. しかし最近の諸研究は, そこに新たな視角を加えつつ, より多面的なローマの対外支配理解をなしつつあるように見える. 例えば, ローマの対外路線は, 現地諸勢力との双方向的なモメントにより決定される, という理解 (R. Kallet-Marx, *Hegemony to Empire, The Developement of the Roman Imperium in the East from 148 to 62 B. C.*, Berkeley/Los Angeles, 1985). また, 定説に依拠して, 元老院 (そして統治層成員) が対外路線を決定したという理解に対して, 現地での軍指揮者 (すなわち上級政務職担当者ないしは延長された, あるいは「異例な」命令権の保持者) の判断の総体が, 対外路線を形成した, という理解 (例えば, A. M. Eckstein, *Senate and General : Individual Decision-Making and Roman Foreign Relations 264-194 B.C.*, Berkeley, 1987) などがここに挙げられよう.

これらの長い, 重厚な研究史から明らかであるように, ローマの対外支配拡大の根底に横たわる構造自体について, 本論で議論する余地は到底ない. ここで筆者が取る立場のみを示しておくならば, たしかにハリス以降の諸研究が提示するごとき, ローマ社会の本来的に戦争を指向する性格は否定しがたいと思われる. しかし, 現実には少なくともイタリア外において, それが積極的に発揮されるようになったのは, 前3世紀中葉以降であり, 特に第二次ポエニ戦争以降のことであった. そして, この対外戦争への指向が, 属州統治と連動して支配の統合と持続を本格的に伴うのは, 前2世紀以降のことと筆者は考える.

筆者のこの見解に関連しては, R. Werner, Das Problem des Imperialismus und die römische Ostpolitik, *ANRW*. I-1, Berlin/N.Y., 1972, 504 ; 523ff. ; 539ff. ; 557ff. Id., Vom Stadtstaat zum Weltreich : Grundzüge der innenpolitischen und sozialen Entwick-

lung Roms, *Gymnasium* 80, 1973, 452. W. Dahlheim, *Gewalt und Herrschaft : Das provinziale Herrschaftsystem der römischen Republik*, Berlin, 1977, 171f. Hackl, 15ff. et passim. を見よ。
　また，「穏健的な」対外姿勢と「強硬な」対外姿勢に関する思想面での分析には，長谷川博隆「ローマと地中海世界」『古代ローマの政治と社会』名古屋大学出版会，2001，48ff.（初出は，岩波講座『世界史』2，1962.）の整理が未だに有効であることを述べておく。

68) だが，ポリュビオスが主張するマルケッルスの柔弱さは，それまでの彼の軍功から考えて，受け入れがたい。ポリュビオスのマルケッルス批判には，彼の保護者であるスキーピオ＝アエミリアーヌスの信念が反映しているという，ミュンツァー以来の解釈は，ジーモンによってさらに詳細に論証され，スカラードからハックルへ継承されている。F. Münzer, 'Claudius' Nr. 225, in *RE*. Simon, 2ff. Scullard, *RP*., 233. Hackl, 27f.; 56; 66; 108. また，さらに一歩進んで，スキーピオがポリュビオスの情報源であるというリチャードソンの主張は説得力がある。Richardson, 194ff.
　一方アッピアノスは，この時のマルケッルスの和平工作の動機として，後任者が到着する前に，戦争を終結させることによって自らの名声を追求することを挙げている（App. *Iber.* 49.）。この側面は否定できない。だが，彼が最初に和平を締結した際には，まだ後任者の派遣は決定していなかった。そうであればマルケッルスのそれまでの軍事的な業績から考えてさらなる成果を上げる可能性があり，おそらくは命令権の翌年への延長がありえたであろうにもかかわらず，元老院の反感を買ってまでこの時点で和平工作を急ぐ理由として，名声のためという動機のみでは説得力に欠けるのではないだろうか。その他，Liv. *Per.* 48. Strabo 3, 2, 1 も参照せよ。

69) Astin, *Scipio*, 41f. Hackl, 55.

70) ただし，元老院がヒスパニア現地住民に対して，一元的な対応を示していたわけではないことをも，理解しておく必要がある。上で挙げたポリュビオスの引用箇所が示すように，当時のヒスパニア現地住民の中には，グラックスの協定を遵守していると見なされた部族と，アレウァキィに代表される如き，協定を違反して軍事行動を示した部族とがあり，元老院は後者に対して強硬な対応を貫徹しようとするのである。しかしまたポリュビオスは続く叙述の中で，その際の理由として，元老院は「現在の敵に対する勝利の後では，ヒスパニア全土の人々がローマの命令権に従うであろう。一方，もしもこの危機を見過ごせば，ヒスパニアの他の全ての部族が（反乱への）勇気を得るだろう」という見解を示したことを伝える（Polyb. 35, 3, 8-9）。このことは，結局のところ当時の元老院において，ヒスパニア全体に対して，ローマ側の命令権の貫徹こそが妥当であるという見解が広がっていたことを示唆する。Cf. Hackle, 56f. 吉村忠典「ローマ元首政の起源」『古代ローマ帝国の研究』岩波書店，2003，125ff.（初出は，岩波講座『世界史』2，1962）も参照せよ。

71) ガルバの場合は，「苛烈」というよりも明らかな協定違反の対応と言うべきである。彼はルシタニア人に土地配分を約束して降伏を取り付けた後，8,000 人のルシタニア人を殺害し，その他を奴隷として売却した。その罪によって，前 148 年に

ローマに帰還した後に訴追されたが，無罪となった。興味深いことには，その時に彼を告発した護民官が，奴隷として売却されたルシタニア人の解放を提案して，これが実現したことである。これも，おそらくはグラックスの協定に基づくものと考えられる。

また，リーウィウスはこの訴追において，大カトーがガルバを激しく非難する演説を行ったということを伝える。この時期の大カトーが，場合によっては元老院の総意を形成するに足る大きな影響力を発揮できたことは，まさに同時期である第三次ポエニ戦争開戦の経緯を考えれば疑いない。後に述べるように，マルケッルスの和平案に対する元老院の対応も，大カトーの意志を反映したという推測も可能である。その彼がガルバを非難したことは，ガルバの行為が「対外的に強硬」という性格に収斂できず，むしろローマの対外支配の正当性を傷つけるものと理解されたことを意味する。Cic. *Brut.* 80; 89; *De Or.* 1, 227; *Mur.* 59; Liv. *Per.* 49. App. *Iber.* 60. Val. Max. 9, 6, 2.

一方でルクッルスもまた，マルケッルスと和平を締結した後のケルトイベリア人を大量虐殺し，不必要なヒスパーニア諸都市の攻撃を行った。この両名およびその後のローマ側軍指揮者に儘見られるヒスパーニア現地住民への裏切りと残虐な行為が，ヒスパーニア現地住民をバルバロイと見なす彼らの理解に起因する，という見方は可能であろう（長谷川，前掲論文 59ff. 参照）。しかしまた，元老院による無条件降伏の要求が，軍指揮者達をかかる行為に走らせたというハックルの見方も説得力がある（Hackl, 58. および 60ff. における軍指揮者の分析を見よ）。Polyb. 35, 3-4. Liv. *Per.* 48. App. *Iber.* 51-55.

72) 例えば，前 143 年のコーンスル，カエキリウス・メテッルス Q. Caecilius Metellus (F. Münzer, 'Caecilius', Nr. 93, in *RE*.)，前 142 年のコーンスル，ファビウス・マクシムス＝セルウィリアヌス Q. Fabius Maximus Servilianus ('Fabius', Nr. 115, in *RE*.)や，前 139 年のコーンスル，ポピリウス・ラエナス M. Popilius Laenas ('Popilius', Nr. 9, in *RE*.) ら。なお，マルケッルス以降，前 133 年までのヒスパーニアにおける，各々の軍指揮者達の行動とその政治的意味については，Hackl, 53-108 に，非常に詳細な分析がある。

73) App. *Iber.* 50. Astin, *Scipio*, 42. Scullard, 220ff. Hackl, "Kriegspartei", in passim.

74) Scullard, 233. Hackl, 58f.

75) App. *Iber.* 49. Simon, 46.

76) Liv. *Per.* 50. App. *Lib.* 105.

77) Liv. *Per.* 56. Mommsen, *StR*., Bd.1, 521. Simon. 31. Rilinger, *Wahlleiter*, 140, Anm., 47. カトーがこの法を支持して行った演説は，ORF^2, fr. 185.

78) Scullard, *RP*., 234.

79) Hackl, 53; 57f.

80) カトー：D. Kienast, *Cato der Zensor*, Heidelberg, 1954. 馬場典明「カトーと「父祖の諸慣習」」『歴史と人間の対話』九州大学出版会，1982. スキーピオ：Astin, *Scipio.*, 17; 45f.; 76ff.; 139ff.; 341f. Scipio Aemilianus and Cato Censorius（以下，Scipio and Cato. と略する），*Latomus* 15, 1956, 177ff. スキーピオのケーンソル職につ

第 VI 章　ローマ共和政中期の政務職関連諸法　　　　211

いては，第 VII 章で論ずる。
81) Pult. *Cat. Mai.* 26-27. やや古いとはいえ，W. Hoffman, Die römische Politik des 2. Jahrhunderts und das Ende Karthagos, *Historia* 9, 1960, 309ff. および，Astin, Scipio and Cato., 170ff. ならびに *Scipio*, 270ff. における，カルターゴー論争についての議論が有益。ホフマンが，論争におけるナーシカーの主張を後世の創作と考えるのに対して，反論するアスティンの見解をここでは採る。しかし，ここでこの問題自体に詳しく言及することはできない。その他，Scullard, *RP.*, 240ff. も見よ。ナーシカーの人物像については，F. Münzer, 'Cornelius'. Nr. 353, in *RE.* 参照。
82) Liv., 42, 32, 7 ; 43, 14, 2-6.
83) 最も早い例としては，前 492 年におけるプレープスの募兵への忌避とパトリキィへの強い反感，そしてこれに対するパトリキィ側の対応が有名（Liv. 23-24）。しかしたしかに前 2 世紀に入って以来，この種の募兵忌避の動きは頻繁になる。知られている例としては，前 193 年，前 191 年，前 180 年，前 172 年，前 171 年，前 169 年。この問題は，第 VII 章で再び扱う。
84) 対立の原因については，App. *Iber.* 49 は，募兵そのものへの反対を挙げ，Liv. *Per.* 48 は，特定の人物（「護民官の友人達」）を徴募することに反対した，と述べる。どちらの理由がより事実に近いか特定することはできない。もしリーウィウスが正しいならば，この事件には，狭い意味での政治的な性格が強いということになるだろう。しかし，そのリーウィウスですら，すぐ後で，「度々ほとんど成功をもたらさなかったヒスパーニア戦争が，軍団将校を務めようという者も，軍団長になろうという者すらも全く見いだせないまでに，ローマ市を混乱させた。"Cum Hispaniense bellum parum prospere aliquotiens gestum ita confudisset civitatem Romanam, ut ne hi quidem invenirentur, qui aut tribunatum exciperent aut legati ire vellent."」（Liv. *Per.* 48）と述べているところから，おそらくはアッピアノスが述べるように，募兵そのものへの忌避感が，市民全体に強かったと考えられる。この推定はまた，前 140 年に，募兵を年一度に制限する元老院議決が出されているという事実からも，支持されるであろう。その他，Polyb. 35, 4 も見よ。
　ところで前 140 年の議決の背景にも，当時状況が悪化していたヒスパーニア戦争があったと考えられる。この時，元老院議決を強く推進したのは，ティベリウス・グラックスの岳父，クラウディウス・プルケル Ap. Claudius Pulcher であった（Liv. *Oxyr. Per.* 54.）。しかし，その 2 年後の前 138 年には，再び募兵をめぐって，護民官が両コーンスルを投獄している（Cic. *Leg.* 3, 20. Liv. *Per.* 55 ; *Oxyr. Per.* 55）。
　こうした状況は，募兵をめぐる一般市民と統治層との対立という，身分闘争期以来の構図を再現させたという意味でまた，ローマの支配権拡大，特にヒスパーニア戦争がローマ社会，政治にもたらした変化を考察する際に重要である。しかしこの問題も，本論で展開させる余地はない。
　ただし，藤井崇が前 169 年の募兵忌避と併せて，前 151 年の忌避を一般市民による政治指導者層への圧力の手段と見なしている（「ポリュビオスとローマ共和政：『歴史』からみた共和政中期のローマ国政」『史林』86-6, 2003, 31）ことについて。なるほどそのような理解も可能ではあろう。しかし，それではこれらの事態におい

て，一般市民は募兵忌避を手段として，指導者層に対し何を要求したと考えることができるのであろうか。少なくとも史料から読み取れる限りにおいては，両事件共に，募兵忌避そのものが一般市民の（手段ではなく）目的であった，と理解することが自然であるように筆者には思われる。また，これらの事態に直面して元老院が一般市民に譲歩した点を捉え，この時期にはまだ統治層と一般市民との政治的コミュニケーションが成立しており，一般市民の圧力が「平和裡に」解消されえた，という藤井の主張（32頁）は，たしかに例えばグラックス期以降の状況と比較して説得力がある。ただ，本章中（第4節）で見たように，前151年の事件において（そして前138年にも）護民官によるコーンスル投獄という事態が生じたという点からすれば，少なくとも前2世紀中葉期の事態は「平和裡」に解決された，と見なすことができるであろうか。しかし結局のところ，「平和裡」かどうかは主観の問題ではあろうか。前169年の事件については，註82を見よ。

85) ティベリウス・グラックスの護民官在職期間（前133/132年）以前の例を挙げておこう。前145年に，護民官リキニウス・クラッスス C. Licinius Crassus によって，神官団の欠員を民会での選挙で補う，という法案が提出された。これは同年のプラエトル，ラエリウス C. Laelius によって阻止された（Cic. *Lael*. 96. Plut. *C. Gracc*. 5, 3.）。しかしより重大なのは，前139年のガビニウス法および前137年のカッシウス法なる，それぞれ護民官提案による秘密投票法の制定である。前139年については詳細が不明だが，前137年には確実に元老院の反対があった。Cic. *Leg*. 3, 34-37; *Sest*. 103; *Brut*. 97. Astin, Scipio and Cato, 130ff. Cf. Bleicken, *Volkstribunat*., 69. この2つの法，就中ガビニウス法は選挙民会における秘密投票を定める法であり，従って本章で問題としている前2世紀の政務職関連諸法に連なるものである。これらの意義を論ずることはもはや本論では不可能である。しかし，スキーピオ＝アエミリアーヌスが少なくともカッシウス法を支援していたということが注目に値することのみを述べておこう。Cic. *Brut*. 97; *Leg*. 3, 37: "quo auctore lata esse dicitur." Astin, Scipio and Cato, 130f. Cf. Bleicken, *Volkstribunat*., 69.

その他の事例として，註84で挙げた前138年の事件。また同年，コーンスルを投獄した護民官，クリアティウス C. Curiatius は，穀物価格の適正化を要求して，コーンスルと対立している。この要求と，元老院の意志との関係は不明であるが，この段階では統治層において穀物供給への積極的関与はない，という筆者の見解（第III章を見よ）を前提とすれば，この問題においてもクリアティウスの行為は，元老院の意志に反していた，と考えてよいであろう。

86) Bleicken, *Voklstribunat*., 102f. Astin, Scipio and Cato., 43ff. Id., *Scipio*., 43ff. 前151年の場合，おそらくは拒否権への不服従を理由に，両コーンスルは投獄された。しかし，結局その後，この年の間にルクッルスは，任地であるヒスパーニアに赴いている。釈放の経緯は明らかではないが，護民官による懲罰は，おそらく実効性がなかったのだと考えられる。

87) 最初の例としては，クラウディウス・プルケル（註84を見よ）が前143年のコーンスル在職中に，元老院が拒否した凱旋式を強行し，ウェスタ神女であった娘を利用して護民官の拒否権をもかわした事件が知られる（Cic. *Cael*. 34. Val. Max. 5, 4, 6.

Suet. *Tib.* 2)。また，前138年のコーンスル投獄の際にも，おそらくは拒否権への不服従があったと考えられる（註84）。そしてここでも，前133年にティベリウス・グラックスへ拒否権を発動した，同僚護民官オクタウィウスが，平民会議決によって罷免された事件までを挙げるに留めよう（Cic. *Brut.* 95; *Leg.* 3, 24; *Mil.* 72. Liv. *Per.* 58. Diod. 34-35. Vell. 2, 2, 3. Plut. *Ti. Gracc.* 10-12; 14-15)。こうした事態について，ハックルが指摘するように（Hackl, 10f.），既に帝政初期のローマ人が，前2世紀後半以降の護民官および「野望を持つコーンスル」が国家を蝕んだ，と理解していた（Tac. *Hist.* 2, 38, 1) ことは興味深い。

88) 護民官に対するオプヌンティアティオーの効果については，Cic. *Vat.* 23.
89) Polyb. 35, 4, 8. H. H. Scullard, Scipio Aemilianus and Roman Politics, *JRS.* 50, 1960, 60.
90) Polyb. 35, 4, 7f.
91) F. Münzer, 'Cornelius', Nr. 335, in *RE*.
92) アスティンは，スキーピオが選挙前にコーンスル立候補を表明したはず，と言う。それは，この時期に立候補の「表明 professio」が必要であった，という理解に基づいている。しかし，この時期には「表明」は必要ではない。Astin, *Scipio.*, 66. R. Develin, Scipio Aemilianus and the Consular Elections of 148 B. C., *Latomus* 37, 1978, 485. Rilinger, *Wahlleiter.* 60ff.
  ただし，民会は原理的には望む者を政務職に選出する権限を備えていた，という主張をなしえた。本論第1節および，註22を見よ。
93) Polyb. 36, 8, 1. Liv. *Per.* 44. Plin. *N. H.* 22, 13. App. *Lib.* 100-104. このことを死の直前にあったカトーが賞賛した，という伝えがある。Polyb. 36, 8, 7. Liv. *Per.* 49.
94) App. *Lib.* 109. 兵士達は，スキーピオを歓呼と共に船まで見送り，コーンスルとして戻ってくることを祈った，という。なぜならば，彼だけがカルターゴーを，神意によって下し得る，と彼らは考えたから，とアッピアノスは述べる。
95) Liv. *Per.* 50: " cum magno certamine suffragantis plebis et repugnatibus ei aliquamdiu patribus, legibus solutus et consul creatus." App. *Lib.* 112.
96) 周知のように，スキーピオは前134年に二度目のコーンスル当選を果たしている。これは前151年頃成立のコーンスル再選禁止法に違反していることになる。この時の選挙についてリーウィウスは，「元老院と市民団による a senatu populoque Romano」特別立法が再び導入され，再選禁止法が免除され（legibus solutus）て，選出が可能になったと述べる。つまり前148年と同じ内容の立法が行われたのだが，この時には元老院において何らの反対があったことも述べられていないのである。Liv. *Per.* 56. Cf. App. *Iber.* 84.
97) Diod. 32, 2, 4. Astin, Scipio and Cato, 174ff.
98) Polyb. 38, 2ff. Liv. *Per.* 51. App. *Lib.* 113ff.
99) App. *Iber.* 87ff.; 95ff. ヌマンティアは交渉を求めたが，スキーピオは無条件降伏のみを要求したのである。既に述べた通り，マルケッルスの前152年の和平工作に対する元老院の要求が無条件降伏であった，という説が正しいならば，ヌマンティアに対するこのスキーピオの要求は，まさにその路線と一致していると言える。
100) Bleicken, *Lex publica.*, 373. 藤井，前掲論文，34f.

101) 長谷川,前掲論文,50 が既に,大カトーに代表される「拡大―帝国主義政策」と,ナーシカーに代表される「漸進―保護政策」の双方が,都市国家的価値観を前提としていることを指摘している。

　これに関連してまた,対内的な対応を挙げるならば,まずマルケッルスの社会内部に向けた保守的な対応(註 82)については既に述べた通りである。また,前 162 年のコーンスル,グラックスが,解放奴隷を都市トリブスに限定したことは有名(Liv. 45, 15, 1ff.)。あるいは,対外路線では大カトーと対立したナーシカーが,前 151 年には劇場での座席の導入に対して,「市民の剛健さを弱める」という理由で反対したことを挙げておこう(Liv. *Per.* 48.)。これらの例は,「強硬」か「穏健」か,という観点からすれば,統治層の「伝統的」対応が,対外的なそれと,対内的なそれとにおいて謂わば矛盾していることを示唆している。

102) Rilinger, Amtswechsel., 248f. ; 254. Hackl, 3f.
103) 本論第 VII 章で詳しく論ずる。また,吉浦(宮嵜)麻子「スキーピオ＝アエミリアーヌスのモーレース・マーイオールム」『西洋史学論集』33, 1995, 44 頁を参照せよ。
104) 私見だが,スキーピオの若さも反対の理由になったのではないだろうか。既に述べたように,第二次ポエニ戦争中に異例なかたちでにコーンスルに当選した者の多くや,またフィグルス,ナーシカー,そしてマルケッルスは,いずれも既に年配であった。しかし前 148 年の段階で未だ 30 代であったスキーピオのコーンスル当選は,違法であるばかりでなく,彼の政治的影響力が(アフリカヌスの如く)長期に及ぶ可能性を意味したはずである。

関連年表

年	内　政	対外関係
218	・Lex Claudia：元老院議員の船舶保有数制限	・第二次ポエニ戦争（〜201）
217	・コーンスル再選を制限する規定を一時停止する法 ・独裁官選出を決定する法 ・Lex Metelia：magister equitum の命令権を独裁官と同等にする法 ・Q. Fabius Maximus, Dic. ・M. Minucius Rufus, M.e.	・「トラシメヌスの戦い」でローマ軍大敗
216		・「カンナエの戦い」で元老院議員80名弱が戦死
215	・プラエトルにプロコーンスル権限を与える法 ・Lex Oppia：奢侈禁止法 ・M. Claudius Marcellus, Cos. II.	
214	・M. Claudius Marcellus, Cos. III. ・Q. Fabius Maximus, Cos.IV.	
213	・C. Claudius Centho, Dic. ・Q. Fulvius Flaccus, M.e.	
212	・Q. Fulvius Flaccus, Cos. III.	
210	・M. Claudius Marcellus, Cos. IV. ・独裁官選出を決定する法 ・Q. Fulvius Flaccus, Dic. ・スキーピオ＝アフリカヌスにコーンスル命令権を賦与する法	
209	・Q. Fabius Maximus, Cos. V. ・Q. Fulvius Flaccus, Cos. IV.	
208	・M. Claudius Marcellus, Cos. V. ・前年のプラエトル，C. Auruncleius のプロロガティオーを認める法 ・T. Manlius Torquatus, Dic. ・C. Servilius (Geminus), M.e.	
207	・M. Livius Salinator, Dic. ・W. Caecilius Metellus, M.e.	
205	・スキーピオ＝アフリカヌス，23歳でコーンスル就任（200まで命令権） ・Q. Caecilius Metellus, Dic. ・L. Veturius Philo, M.e.	
203	・P. Sulpicius Galba Maximus, Dic. ・M. Servilius Pulex (Geminus), M.e.	

年	内　政	対外関係
202	・C. Servlius (Geminus), Dic. ・P. Aelius Paetus, M.e. ・スキーピオ＝アフリカヌスの命令権保持を認める法	・「ザマの戦い」
200		・第二次マケドニア戦争（～197）
197	・プラエトル，6人に増員	・ヒスパーニアで反乱勃発
195	・Lex Oppia 廃止	・大カトー，ヒスパーニア反乱を鎮圧
191		・対シュリア戦争（～188）
186	・バッカナリア問題	
184	・M. Porcius Cato, Cen. ・スキーピオ兄弟への訴追	
183		・ヒスパーニア・キテリオルで反乱
182	・Lex Orchia：奢侈禁止法	
181	・Lex Cornelia Baebia：選挙不正禁止法 ・Lex Baebia：プラエトル数の削減	
180	・Lex Villia ：政務職就任資格を規定	
179	・Lex Baebia 廃止	・Ti. Gacchus，ヒスパーニア反乱を鎮圧し，協定締結（～178）
179頃	・凱旋式の条件を設定する法	
175		・ヒスパーニア・キテリオルで反乱
171		・第三次マケドニア戦争（～168）
168		・アカイア同盟要人，イタリアへ連行
163		・サルディーニア反乱（～162）
162	・ナーシカーとフィグルス，「瑕疵」の理由でコーンスル辞任	
161	・Lex Fannia：奢侈禁止法	
159	・Lex Cornelia Fulvia：選挙不正禁止法	
157		・対ダルマティア人戦争（～155）
156	・C. Marcius Figulus, Cos. II.	
155	・P. Cornelius Scipio Nasica, Cos. II. ・M. Claudius Marcellus, Cos. II.	
154	・コーンスル着任が，3月15日から1月1日に変更	・両ヒスパーニアで反乱勃発 ・Nobilior (Cos.)，キテリオルで敗北
152	・M. Claudius Marcellus, Cos. III.	
151	・募兵をめぐり，コーンスルと護民官が対立	・ケルトイベリア人，マルケッルスに降伏 ・ルックッルス（Cos.），ヒスパーニア・

第VI章　ローマ共和政中期の政務職関連諸法　　　　　　　　　　　　*217*

年	内　政	対外関係
		キテリオルで裏切り行為の上, 敗北 ・ガルバ (Praet.), ヒスパーニア・ウルテリオルで殺戮
150頃	・Leges Aelia et Fufia：民会開催に関する規定	・アカイア人, ギリシアに帰還
149	・ガルバ, ヒスパーニアの行為について訴追される	・第三次ポエニ戦争 (～146)
149?	・Lex Atinia?：護民官経験者が元老院議席補充対象へ	
148	・Lex Calpurnia：属州不当搾取法廷設立 ・ウィッリウス法を一時停止する法？	・第四次マケドニア戦争 (～146)
147	・スキーピオ＝アエミリアーヌス, 違法なコーンスル就任	・ウィリアトゥス Viriathus, ヒスパーニア・ウルテリオルの反乱の指導者に
146		・対アカエア同盟戦争。コリントゥス破壊 ・カルターゴー破壊。属州アフリカ設立 ・属州マケドニア設立
143		・ヒスパーニア・キテリオルで再び反乱 (～133)
142	・P. Cornelius Scipio Aemilianus, Cen.	
140	・募兵を年1度にする元老院議決	
139	・Lex Gabinia：政務職選挙秘密投票法	
138	・穀物供給をめぐり, コーンスルと護民官が対立 ・募兵をめぐり, コーンスルと護民官が対立	・ウィリアトゥス, カエピオー (Cos.) の指示で暗殺される。ウルテリオルでの反乱終結
137	・Lex Cassia：民会裁判秘密投票法	
136	・シキーリア奴隷反乱	・マンキヌス (Cos.), ヒスパーニアで反乱側に降伏し, 条約締結。元老院はこれを拒否する
134	・P. Cornelius Scipio Aemilianus, Cos. II.	
133	・Ti. グラックス, 護民官就任	・スキーピオ, ヒスパーニア反乱鎮圧 ・都市ヌマンティア Numantia 破壊

＊年代はすべて紀元前である。
＊略記号：Cos.= Consul. Praet.= Praetor. Cen.= Censor. Dic.= Dictator. M.e.= Magister equitum.
＊プロロガティオーの事例および第二次ポエニ戦争中におけるプラエトルへのコーンスル職権限賦与の事例は記載していない。

第 VII 章

スキーピオ＝アエミリアーヌスの
モーレース・マーイオールム

はじめに

　第VI章では，前2世紀中葉期以降，ローマ共和政の統治が前1世紀の「内乱」へ通じる変質の過程を進み始めていたこと，それは統治層内部から生じた変質であったことを，主に対外路線に注目しつつ明らかにした。この事態において統治層と共和政社会，より限定して言うならば一般市民との位相がいかなるものであったのか，という問いについて考察することが，本章の課題である。

　しかし，この問いに幾ばくかの答えを与えることは，極めて困難であると言わざるをえない。その最大の理由は史料の絶対的不足である。前章でも述べた通り，前168年以降については，リーウィウスの本文が消失していることがまず大きな障壁となるが，それ以前に，この時期について史料の記述は圧倒的に対外戦争に集中しており，社会内部，就中一般市民の動向と，ましてそれへの統治層の対応については記述が僅かであり，かつ断片的である，という事情がある。

　この状況で，比較的多くの史料の言及が残されており，具体的に状況が把握できる例として，前章に引き続いてスキーピオ＝アエミリアーヌスの言動を分析することが有効となる。当該時期の統治層成員の一人の典型であり，しかしまた前章で確認したように従来の統治層成員としては異質な「新しさ」を備えたこの人物が，ケーンソル在任中（前142～141年）に示した行動および発言の中には，彼がローマ社会に対して抱いていたであろう意識，認

識が表れている。そこからこの時期の統治層とローマ社会との位相を考察してみよう。

ゲッリウス Gellius（紀元2世紀中葉）はその多彩な逸話集成『アッティカの夜 Noctes Atticae』の中で，スキーピオ＝アエミリアーヌスがケーンソル在任中にローマ市民団に向けて行った演説，「諸慣習について de moribus」に関して二度言及している。その中で，スキーピオは市民団に対し，「父祖の諸慣習 mores maiorum（以下，モーレース・マーイオールムと表記する。）」へ回帰するようにと，勧告している。

「パウルスの息子……（中略）……，プーブリウス・スキーピオ＝アフリカヌスはケーンソル職在任中，「父祖の諸慣習」への立ち帰りを市民団に勧告した演説の中で次のように述べた……（以下略）。」[1] (Gell. NA. 4, 2, 10.)

「プーブリウス・スキーピオがケーンソルの時，市民団に向けて「諸慣習」について行った演説の中で，「父祖の諸慣習」に反する事どもを非難し……」[2] (Gell. NA. 5, 19, 15.)

ケーンソルの基本的な職務内容は，5年に一度行われるローマ市民の査定および市民簿作成 census，元老院議員の選び出し lectio senatus，騎士ケントゥリアの査定 recognitio equitum および公共建築のための請負締結であるが，これらの職務の履行のために行われる，市民の私的生活のあらゆる範囲についての監督と規正 regimen morum（以下，簡単に「風紀取締まり」と表現することにする）が，実はこの政務職の端的な特色として同時代人に想起されていた[3]。風紀取締まりは，理論的には全ての市民に向けられるものであるが，しかし現実には一般に元老院議院身分並びに騎士身分の成員に対して行われた[4]。それ以外の市民の生活に干渉し譴責 nota を与える，ないしは社会全体を規正する布告を出すこともむろんケーンソルの権限に含まれたが，それらの実例は僅かであり，また特定の内容に限定されている[5]。

以上のことを考慮に容れると，スキーピオ＝アエミリアーヌスについての上述のゲッリウスの言及は注目に値するであろう。即ちそこでは，スキーピ

オは通常のケーンソルの関心を超えて，市民団全体におけるモーレース・マーイオールムの維持の必要性を主張していたということが暗示されるからである。前2世紀中葉の共和政における，スキーピオのケーンソル職が持つこの独自性は，ローマ社会全体に対してこの一統治層成員が持つ理念を我々に示すことになるであろう。

　史料の決定的な不足はしかし，ここでもスキーピオのケーンソル職在任中の言動を具体的に知る作業を困難なものとする。ポリュビオスがこの時期に既にスキーピオの身辺を離れており，その叙述を使用することはできないため，この問題に関する同時代史料は皆無だからである。ほぼ100年後のキケローの他には，ウァレリウス・マクシムス Valerius Maximus（紀元1世紀初）とプルタルコス（紀元1世紀末～2世紀初）が若干の貴重な情報を与えてくれる。そしてゲッリウスが上述の箇所以外にも多くの言及を提供する。だがこれらの史料に共通した問題点は，ほとんどの叙述が逸話的な性格を備え，それ故にコンテクストが不明瞭なことである。従って，これらの言及のみからスキーピオのケーンソル職在任中の言動と，就中その意図を全体的に再構成することは不可能であり，分析は当時の他の諸局面との連関においてなされねばならない。

第1節　プーブリウス・コルネリウス・スキーピオ＝アエミリアーヌス

　本章で注目するこの人物は，既に述べたように前2世紀中葉期前後のローマ共和政において軍事的，政治的に多大な影響力を持ったことで知られる。その出自，経歴，政治理念，人的諸関係といった諸側面を網羅的に分析したアスティンの研究をはじめとして，スキーピオの経歴，人的諸関係および言動を手がかりとした共和政政治史論考は枚挙に暇がない[6]。それらの成果を踏まえて，ここでスキーピオの人物像を全体的に論ずることは到底不可能であるので，ここでは本章の目的にとって必要と考えられる情報のみを整理しておこう。

　スキーピオ＝アエミリアーヌスは，前185年か前184年に生まれた，と言

われる。実父は，アエミリウス・パウルス L. Aemilius Paullus。共和政初期から知られるパトリキィ家系の出身で，前168年の「ピュドナの戦い」においてマケドニアに決定的勝利を収め，地中海東部におけるローマの地位を不動のものとしたことで名高い人物である。しかしこの家からスキーピオは，実兄と共に幼い時期に養子に出された。養父は，かのアフリカヌス家の息子である。コルネリウス・スキーピオ家もまた，パトリキィの家系であることは言うまでもない。この養子縁組を通して彼は，実家のアエミリウス・パウルス家はもとより，養子先のコルネリウス・スキーピオ家，そして実兄が養子となった，これも古いパトリキィ家系であり，第二次ポエニ戦争中の高名な指導者を出した，ファビウス・マクシムス家と縁故を持つことになった。さらに実妹は大カトーの息子に，またコルネリウス家の2人の叔母達はそれぞれ，同じ家門のスキーピオ・ナーシカーならびにティベリウス・グラックス（双方とも第Ⅵ章で取り上げた人物）に嫁いでいる。そしてスキーピオ自身はティベリウス・グラックスの娘（かのグラックス兄弟の姉）を妻としていた。このように出自，姻戚関係の面から見るとスキーピオは，ローマ共和政の古く，また前2世紀前半まで多大な政治的影響力を振るっていたパトリキィ出身であり，その上になお複数のパトリキィおよび名門プレープス家系と婚姻，養子縁組によって紐帯を持つという，ローマの伝統的な統治層成員のあり方を踏襲していると言える[7]。

　この輝かしい出自と血縁，姻戚関係に比して，彼の政治経歴は，初期段階では意外なほどに目立たない。前章で見たように，前151年に軍団将校となったことが，初めて史料に表れる彼の政治・軍事経歴である[8]。しかしこの年以降の彼の活躍はめざましい。前151年以降，ヒスパーニアおよびアフリカで軍功を上げ，また両現地住民指導者層との関係を深めた。前148年にアエディーリス選挙に立候補するためにローマに帰還したスキーピオを，第三次ポエニ戦争の早期終結を望んだ民会が違法にもコーンスルに選出したこと，この選出に反対した元老院も一般市民の強い要求の前に，結局は特別法の導入によって彼の選出を可能としたことは前章で述べたとおりである[9]。前146年に第三次ポエニ戦争を終結させて凱旋式を挙行して後の動向については僅かしか知られていないが，この時期の目立った動きを見せる元老院議

員ないしは政務職在職者の中には,常に彼と緊密な関係を結んだ者の名がある[10]。そして前142年から翌年にかけて本章で問題とするケーンソル職を経た後に,泥沼と化していたヒスパーニア反乱の終結を彼に託すことを望んだ民会に選ばれて,スキーピオは前134年に再び違法な形でコーンスルに就任した。そして実際に翌前133年には,ケルトイベリア人の都市ヌマンティアを徹底的に破壊することによってヒスパーニア反乱を終結させている。義弟ティベリウス・グラックスが農地分配法をめぐる闘争の挙げ句殺害された直後にローマに帰還した彼は,政治の場で,就中農地分配法を実質的に形骸化することに影響力を振るい続けたことが知られている。前129年にスキーピオが自宅で急死した後には,農地改革推進を標榜する者達による暗殺,という噂が長い間消えなかった[11]。

　スキーピオと親交の篤かった(と,いうよりも彼の保護下にあった)ポリュビオスが,以上の出自,経歴を備えた彼を,当時のローマ屈指の有徳の人物でありかつ卓越した才能の持ち主と讃えることは当然であるかもしれない。ポリュビオスに依拠したと考えられるキケローも,ほぼ同じ評価を下している。スキーピオを主要人物とする二つの著作,『国家論 De Re Publica』と『老年について De Senectute』の他,キケローの多くの著作,演説の中には,度々スキーピオが登場するか,言及されていることはよく知られるが,そこでキケローは常に,スキーピオを「内乱」以前の良きローマの徳の体現者にして保護者であり,「民衆派」と闘った政治リーダーであり,またキケロー自身の時代の政治家とは対照的な,節度ある人物として描いているのである[12]。

　しかしスキーピオを単純に保守主義者と見なすことには困難がある。既に前章で述べた通り,彼の二度のコーンスル就任の経緯が,違法,異例な選出をめぐっての民会と元老院および選挙主宰コーンスルとの対峙と,スキーピオ自身への元老院,コーンスルの反感を物語っていることは既に述べた通りである。またそれ以前の段階について,ポリュビオスは若いスキーピオと他の統治層家系の若者達との違いを述べている[13]。さらに,後には前130年代前半に,元老院の猛反発を受けた二つの秘密投票法のうち,少なくともカッシウス法をスキーピオが支援したことも,前章において述べた。キケローで

すら,このことからカッシウスと並んでスキーピオが民衆派 popularis の中に数えられた,と記している[14]。

このように,スキーピオ＝アエミリアーヌスの出自および経歴を概観してみると,そこには一見矛盾する諸要素が見いだされる。名門の出自であるだけではなく,血縁,養子縁組,姻戚等の縁故を元に多様な家系と紐帯を結んでいること,またローマ政界において,そしてローマ以外の共同体指導者層との間の緊密な関係を足がかりに,ローマ内外の政治的な場において影響力を行使しようとすることがスキーピオの一つの特徴と言える。これを換言すれば,その政治的行動と多様な人的諸関係とが連動しているということは,(それらの有効性がどの程度であったのか,という点については第Ⅰ章で見たごとく議論があるとしても)伝統的な共和政の統治層成員のありようと一致している。

次に,対外的にも,社会内部に向けても,大カトーに似た強硬な姿勢が目立つことが彼のもう一つの特徴であろう。しかしこの点については,慎重な判断が必要であることは,前章で述べた通りである。すなわち,この時期の対外的に強硬な路線とは,むしろ伝統的対外姿勢とは一線を画すものと考えらるべきである。一方,社会内部に向けられるスキーピオの厳格さは,次節以下で分析するケーンソル在任中の言動に最もよく示されている。それは確かにモーレース・マーイオールムの重視に表れているように,一面保守的な性格のものと言えよう。しかし,こうしたケーンソル中の言動においてすら,従来のケーンソルとは異なる「新しさ」がまた見て取れるのである。これについては次節以下で詳しく論じることにしよう。

そして第一,第二の特徴と最も端的に矛盾していると受け取れる,元老院統治に対して対立する,あるいは少なくとも元老院統治を尊重しないが如き言動が,スキーピオの第三の特徴として挙げられる。それは二度の異例のコーンスル就任において最も明確に表れている。しかしまた,秘密投票法への支援や,次節で触れる農地分配法案への関与の疑い,といった政策面にもそれは示されている。そしてなによりも,これら全てに,一般市民との従来にない緊密な結びつきおよび一般市民への配慮の姿勢が見て取れるのである。

第VII章　スキーピオ=アエミリアーヌスのモーレース・マーイオールム　　225

　本章の問題設定は，前2世紀中葉期の統治層成員と，社会との位相を明らかにすることにあり，そのためにケーンソル在任中のスキーピオの言動を分析対象とする，ということは既に確認した。その際に，本節で挙げたスキーピオの「矛盾」は何を意味しているのか，という点が問われることになるであろう。冒頭で述べたように，スキーピオは市民団に対して呼びかけるという，ケーンソルとしては異例の行動を取りながらも，呼びかけの内容はモーレース・マーイオールムへの回帰という謂わば保守的な性格のものであった。しかも，ケーンソルとしてのスキーピオの行動はなによりもその極めて厳格な風紀取締まりによって知られているのである。こうした言動は，単なる彼の場当たり的な対応の表れなのであろうか。それともここには，なんらかの一貫性が隠されているのであろうか。そしてまた，これはスキーピオ一個人の性格の産物として理解すべきなのか，それともこの時代の統治層成員に共通するなんらかの傾向が表出したものなのであろうか。次節以下で，検討していこう。

第2節　スキーピオのケーンソル職

　そもそも本当にスキーピオのケーンソル在任中の言動は，ことさら厳格と言えるのだろうか。
　スキーピオのケーンソル職在職中の言動の具体的な内容は三つに大別される。第一に，ケーンソルとしての建築事業の請負契約締結（アエミリウス橋と瀝青製造所[15]）について。しかしこれは，ほとんど具体的な内容を持たない。第二に，上述した如く「諸慣習について de moribus」なる名で知られる演説を，ローマ市民団に向けて行ったこと。この演説の内容としては，ケーンソルへの敬意の勧告，息子を持つ市民の特権を得ることを目的とした養子縁組への非難，そして市民団へのモーレース・マーイオールム回帰の呼びかけ，が伝えられているが，それらの内容が市民団に向けられることになった詳しい経緯までは史料の言及がない[16]。そして第三に，風紀取締まりによって，慣習にはずれた行いに対する譴責ないし処罰を行ったこと。これについて上の2つのテーマに比べて，また他のケーンソルに比べて並はずれ

て多くの具体的な例が知られている。例えば，クラウディウス・アセッルス Ti. Claudius Asellus が公有馬を没収されそうになった理由は明確に伝えられていないが，同じく公有馬を没収されたリキニウス・サケルドゥス C. Licinius Sacerdus の場合は，偽宣が理由であった[17]。また，柔弱な態度，華美な服装ならびに同性愛の理由でスルピキウス・ガルス P. Sulpicius Galus を処罰したこと[18]，第三次ポエニ戦争中の不真面目な態度と奢侈の故にある無名の騎士を，また第三次マケドニア戦争中の戦線離脱の故にある百人隊長を，それぞれ処罰したこと[19]，等。

　史料のこの偏りには，二つの可能性が考えられる。第一に，スキーピオが実際に風紀取締まりに熱心であったという可能性，第二にケーンソルに関する史料の叙述が，何らかの特定の傾向を持っていたという可能性である。第二の可能性の場合，さらに二つの傾向が考えられえる。即ち，一般に史料がケーンソル職について語る場合，その最大の属性として理解されていた風紀取締まりの厳格さが，話題として取り上げられがちであるのか，あるいはそうではなくて特にスキーピオを，厳格なケーンソルとして描く必要があったのか。後者の傾向はしかし考えにくい。既に述べたように史料は逸話としての叙述であり，スキーピオの伝記であったり，あるいはなんらかのプロパガンダ的なコンテクストを備えているわけではないからである。前者の傾向を吟味するためには他のケーンソルに関する叙述と比較してみる必要があろう。

　前2世紀のケーンソル20組（40人）のうち，大カトー（前184/183年），フルウィウス・フラックス Q. Fulvius Flaccus とポストゥミウス・アルビヌス A. Postumius Albinus（前174/173年），センプローニウス・グラックスとクラウディウス・プルケル C. Claudius Pulcher（前169/168年），スキーピオ（前142/141年），クラウディウス・プルケル（前136/135年）が，史料において厳格なケーンソルとして描かれている[20]。これに対し，クィンクティウス・フラミニヌスとクラウディウス・マルケッルス（前189/188年。前章で取り上げたマルケッルスの父），アエミリウス・パウルス（スキーピオの実父）とマルキウス・フィリップス（前164/163年），ムンミウス L. Mummius（前142/141年。スキーピオの同僚ケーンソル）およびフルウィウス・ノビリオ

ル（前 136/135 年）は，その穏健さが特筆されている[21]。こうして見ると，史料が全般的にケーンソルの厳格さ如何について特定の傾向を持っているとは言いがたい。

従って，第一の可能性——スキーピオは実際に厳格だった——を認めて良いであろう。では，彼のこの厳格さはどこに由来するのか。

定説に従うならば，真っ先に考えられねばならぬのは，「党派」的理由であろう[22]。現に，アスティンやスカラードは，スキーピオとアセッルスの政治的敵対関係を，主にこのケーンソル期の前提に見る。だが，両者の敵対関係がスキーピオのケーンソル職以前からのものか，それともこの時の処罰が元であったのかは，判然としない[23]。また，ケーンソル在任中のスキーピオと，他の政務職担当者なり元老院議員なりとの関係から，特定の政治的傾向を読み取れる要因は何もない[24]。前 142 年のコーンスルであるファビウス＝セルウィリアーヌス Q. Fabius Maximus Servilianus はスキーピオの実兄クィントゥスの養家ファビウス・マクシムス Fabius Maximus 家の，これも養子に入った弟にあたり，クィントゥスを介しておそらくスキーピオとも親密な関係を持っていたと思われる[25]。もう一人のコーンスル，カエキリウス・メテッルス＝カルウス L. Caecilius Metellus Calvus との関係についてはほとんど情報がないが，彼の兄マケドニクス Metellus Macedonicus がこの時期までスキーピオの友人であったならば，スキーピオとカルウスとの関係も良好である可能性の方が大きい[26]。アエディーリス・クルーリスの一人はおそらくリキニウス・クラッスス P. Licinius Crassus Dives Mucianus（前 133 年のコーンスル。後にティベリウス・グラックスの支援者として知られる）であるが，彼とスキーピオがこの時期敵対していた証拠は何もない[27]。また護民官の一人は，スキーピオの友人で政治的パートナーであったラエリウス C. Laelius の娘婿，ファンニウス C. Fannius M.f. であったらしい[28]。前 141 年のコーンスルの一人，セルウィリウス・カエピオー Cn. Servilius Caepio は，前 142 年のコーンスルの実弟であり，これもスキーピオと良い関係を保っていたと思われる[29]。その同僚コーンスル，ポンペイウス Q. Pompeius は本来スキーピオの保護を受けて政界経歴を上昇した人物だが，この年のコーンスル選挙でラエリウスを支持するかわりに自ら立候補，当選

したため,スキーピオに対する不誠実を示したことになった,と言われる。しかし両者の関係はさほど深刻に悪化したわけではないようである[30]。いずれにせよ,これらの人物が彼のケーンソルとしての言動になんらかの作用を及ぼしたという史料の言及は何もない。

　スキーピオの同僚ケーンソルであるムンミウスは,前146年のコーンスルであり,アカイア戦争の勝利者にしてコリントゥスの破壊者として知られる。彼の祖先については,父親がプラエトルまで到達したこと以外何も知られておらず,ウェレイウスは彼を「新人」と呼ぶ[31]。このように両ケーンソルの出自と経歴は非常に異なったものである。共通するところはどちらもその政治的キャリアのために軍事的功績を活用できたことでしかない。彼らのケーンソルとしての行動もまた大きく異なる。スキーピオが風紀取締まりに執着したのに対して,ムンミウスは主に公的な建築物の補修・装飾に熱中し,それはローマ,イタリアのみならず属州にまで及んでいる[32]。またムンミウスは,スキーピオの風紀取締まりに介入し,若干の元老院議員と騎士――クラウディウス・アセッルスのような――へのスキーピオの譴責を無効とした。この行動はスキーピオの怒りと不信を引き起こしたようである。彼の激しい表現,「市民が同僚を与えようと与えまいと……なすべきことをなす」は,それがフォールムにおいてか (pro rostris) あるいは,元老院議場においてか (in senatu) いずれにせよ公けの演説の中でなされたことを考慮すると,単なる怒りの発作からの発言と片づけることはできない[33]。

　しかしながら両者の間の不和は「党派」政治から説明される必要はない[34]。まず,上で見たようにスキーピオの譴責には政治的要因は見いだしにくい以上,これに対する介入にもまた,政治的配慮の余地は入りにくい。そもそも史料で知られる限り,ムンミウス自身にスキーピオに対抗せねばならないような如何なる政治的関係も認められない。史料の沈黙は,直截的にムンミウスの実際の政治的立場を意味するとは限らないとしても,スキーピオに近い立場にあったポリュビオスはムンミウスをごく穏健な人物と述べており,少なくとも政治的にスキーピオと敵対する立場にあったことを示唆することは何も述べていない[35]。

　むしろポリュビオスが特筆する穏健さの故に,ムンミウスが当時の統治層

内部で広まりつつあったと暗示される「柔弱」な流行の行動様式に対して, ことさら厳格な態度を示そうとしなかったということも推測できる。またそのために, 特に厳格な査定を受けることになる元老院議員身分の者達が, このような穏健さの故に, 彼に接近し, 取りなしを求めた, と考えることも自然であろう。いずれにせよ史料から確かに言えることは, ムンミウスが, ──すなわち, 大カトー以来初めてケーンソル職に到達した「新人」が──なんらの明確な危機意識をもそのケーンソル在任中に示してはいなかったということである。このことは, 同じ「新人」のケーンソルとして, 大カトーの言動が極めて厳格であったことが有名なだけに, 際だって見える。

これと対照的に, スキーピオの厳格さはまさに約40年前の大カトーのケーンソル職を思い起こさせる。とりわけ厳格な風紀取締まりの様々な例において。そしてまた, その厳格さが同時代人の目にさえも狷介でアナクロニスティックに映っていたことも。両者に共通しているのはさらに, 「父祖の諸慣習」への強度の志向でもある。史料の叙述の仕方は, 実際に両者の類似性を暗示している。それどころか, スキーピオ自身がカトーをケーンソル職遂行のモデルにしていた節さえも史料から読みとれるのである[36]。

大カトーのケーンソル職遂行の背景には, 彼の時代の状況がある。それは前章でも簡単に触れたように, 一言で言うと第二次ポエニ戦争以後における元老院統治の再建の試みの中で, 統治層の行動様式の規正が目指された, ということであり, より具体的にはローマの支配権の拡大がもたらした, 急激な物質的・精神的変化に伴って, 伝統的行動様式から逸脱する傾向にあった統治層成員の規正であろう。こうした大カトーの姿勢が単純に反動的であるか否かはさておき, 彼のケーンソル職がこのような意味で特権階層の解体をくい止めることを意図していたことは認めてよいであろう[37]。

スキーピオの場合はどうであろうか。ここでもまた, 彼の時代の様相が考慮されねばならない。前章では簡単に触れるに留めた, 前2世紀中葉期の共和政社会全体の様相を, 次節において図式的ではあるが整理しつつ, それがスキーピオのケーンソルとしての言動に及ぼした作用を考察しよう。

第3節　前2世紀中葉の危機

　地中海東部における前160年代初頭までの成功が，ローマの地中海世界におけるヘゲモニーを確固たるものとした。この状況を前提に，経済状態もこの時期比較的安定している。第二次ポエニ戦争の際の国庫の困窮は戦利品と戦争賠償によって解決される一方，新たな富が主に元老院議員層および騎士階級の手に集中し，大土地所有と商業・金融業を活性化させた[38]。奢侈法の制定と，ケーンソルによる奢侈を戒める布告が前2世紀に集中していることは，この状態を反映していると言えよう[39]。

　しかし，言うまでもなくこの展開は帝国のごく薄い層に限定された。他方では広範な層の生活状態の悪化がある。とりわけポエニ戦争の際のイタリアの荒廃が，中・小農民層の危機的状況の直接的原因となったが，これに拍車をかけたのがむしろ新たな富の流入であったことも夙に指摘される通りである。イタリアにおける所謂大土地所有制と奴隷労働の展開の規模が疑問視されるようになって久しいが，中・小農民層にとって農業経営状態が悪化したこと自体は疑う必要はない[40]。

　中・小農民の窮状はしかし，農業経営の変化からのみ生じたのではない。いまやローマの新たな状態に適応しなくなりつつあった軍事システムもまた原因の一つとして挙げられる。もはや近隣地ではなく，イタリアの外で行われる戦争の故に，市民は以前と比べてあまりにも長期にわたって兵役を務めねばならなくなった。その最たる例は，ヒスパーニアにおける平均6年の軍役であろう。こうした事態は労働力の不足を招くこととなり，農民層の没落を加速させるに至ったと考えられている[41]。

　この，農民層の窮状は二つの問題をもたらす。第一に人口の都市への―― 特に都市ローマへの ――集中である。前2世紀前半には，都市ローマにはまだ都市人口を支えるに足る私的・公的な経済活動があった[42]。この集中はだが，次第に都市の受容力を超え，前2世紀後半には既に危機的状況にあったようである。ここでも戦争が一つの要因と考えられる。ローマは前154年にルシタニィ人が引き起こした反乱以来，前130年代までヒスパーニ

アが断続的に戦争状態におかれていたことは，前章で述べた。しかしそれだけではなく，第三次ポエニ戦争，アカイア同盟戦争，第四次マケドニア戦争が前140年代に集中していることは，周知の通りである。戦争はいまや大規模であり，遠隔地が戦場となる。このことが国庫を圧迫したばかりか，経済活動全般に影響を及ぼしたことが想定される[43]。

穀物不足と価格上昇が，前2世紀以降ローマの主要な課題であり続けたことは，既に第III章，第V章で見てきたとおりである。特に前130年代は，シキーリアにおける奴隷反乱がこの状況を悪化させたことは疑いあるまい。しかし，それだけではなく，都市への人口集中が，より本質的な要因であったことを忘れるべきではない。穀物供給をめぐる前138年のコーンスルと護民官の間の対立についても，前章で述べた通りであるが，これが事態の深刻さを物語っている[44]。

農民層没落のもう一つの帰結も軍事的側面と連動する。財産額を基準として軍役の内容が定められるローマにおいて，農地を失った農民は，ほとんどの場合もはや軍役に適合する階級にとどまることができないはずである。このことは同時に，残りの者が以前より大きな義務を負わねばならなくなったことを意味している。この問題は，上で述べた遠隔地での戦争の頻発に伴って，深刻化したと考えられる[45]。

以上に述べた状況を振り返ると，前2世紀中葉期以降のローマ社会全体において，様々な側面で矛盾が高まりつつあり，その大部分が本来中・小農民であったと考えられる一般市民の生活を圧迫しつつあったという，従来からの指摘はこれらの事態の中に見て取ることができる。その要因は一言で言えば対外支配の拡大であり，この時期においては直接的にはヒスパーニア戦争の戦時態勢が大きな影を落としていた。

この戦争がローマにもたらした衝撃と，一般市民の反応については，前章でも見たとおりであるが，これに加えて社会全体との関わりについて述べるならば，同時代人ポリュビオスが「困難な」と表現したこの戦争が[46]，実際にローマ側に多くの犠牲と敗北をもたらしただけでなく，この時期の他の戦争と異なり十分な戦利品がおそらく全く期待できなかったということも考慮する必要がある。このことは，同時期に始まった第三次ポエニ戦争において

多くの兵役希望者があったことから窺える[47]。前章で見た，前151年の募兵をめぐるコーンスルと護民官の対立はこうした全体的な脈絡で理解すべきである。そしてまた，前151年ばかりではなく，この時期の募兵忌避や，募兵の規制といった動きはことごとく，ヒスパーニア戦争との関連の中で起きている。

例えば前145年のコーンスル，ファビウス・マクシムス＝アエミリアーヌス Q. Fabius Maximus Aemilianus（スキーピオの実兄）は，ヒスパーニア・ウルテリオルに派遣される際に，新兵のみからなる二軍団しか与えられなかったために，その在任中ほとんどの時間を新兵の鍛錬に費やさなければならなかった[48]。前140年にクラウディウス・プルケル（前133/132年の護民官，ティベリウス・グラックスの岳父。スキーピオの有名な政敵）のイニシアティヴによって，徴兵を年に一度に限定すべしという元老院議決が行われたことは，前章で述べた[49]（211頁註84）。また前138年にコーンスルと護民官が募兵をめぐって再び対立し，この時もコーンスルが投獄されたことも触れたが，それに先立っては，ヒスパーニアにおいて脱走兵の公開鞭打ちが行われたことを史料が伝えている[50]。そして，前134年にスキーピオが戦争終結を望む市民の要請によりコーンスルに再選された際，元老院は新たな徴兵を拒否した。アッピアノスによると，その理由として元老院は「イタリアは人間をむしり取られてしまう」と主張したという[51]。スキーピオはその上，ヒスパーニアにおいて劣悪な状態にあった軍の訓練と規律強化からとりかからねばならなかった。

募兵の度重なる困難，市民の募兵への忌避感と軍の規律の欠如——これらの状況はローマ共和政の一前提である軍事システムが揺らいでいることを示唆している。大カトーの時代には，このような事態はなかった。人的資源に関する限り前2世紀後半に事態は深刻化したと言えよう。スキーピオのケーンソル職はこの状況のただ中にあったのである。

どの程度スキーピオはこの情勢を把握していたのか。軍事的功績を政治的キャリアに活用しえたこの人物にとって軍への人的資源の重要性とその停滞がもたらす事態は明らかに認識されていた，と考えて差し支えあるまい。さらにこの脈絡において注目に値するのは，前章で見たとおり，スキーピオ自

身が前151年の事件に直接関係していたことである。彼が，ヒスパニア向けの募兵をめぐる一連の経緯を見て，自らヒスパニア行きを志願したこと，その結果，ヒスパニアにおける活躍が，彼に最初の軍事的名声をもたらすことになったことも前章で見た[52]。その上アッピアノスによると，ヒスパニアの都市インテルカティア Intercatia の住民は，和平の交渉をスキーピオ —— ヒスパニアで敬愛されたアエミリウス・パウルスの実子 —— とのみ行うことを希望したという。実父パウルスと，そしておそらくは養祖父にあたる大スキーピオからも受け継いだヒスパニアにおける個人的紐帯が彼に有利に働いたのであろう[53]。この状況において，スキーピオがヒスパニアにおける情勢に注目していたことは当然と言えよう。現に前145年には彼の実兄ファビウスがヒスパニア・ウルテリオルに派遣されたことは上で述べたが，同年並びに翌年も，スキーピオの友人ラエリウス C. Laelius がプラエトルとしてヒスパニア・キテリオルに派遣され，勝利を収めている[54]。これに関して興味深い点は，前144年に両コーンスルがヒスパニアを任地として希望して争った際に，他ならぬスキーピオが元老院において助言を求められ，両者共がヒスパニアに派遣されるべきでないと主張していることである。たとえこの時の彼の動機が政治的なものであったにせよ，明らかなのはスキーピオがヒスパニアの情勢に通じている，と見なされていた，あるいはそうした言い分が通ったということである[55]。

両コーンスルが妨害されたことによって，結果としてヒスパニアは引き続きファビウスとラエリウスに託された。この年はファビウスも若干の成果を挙げている[56]。前143/142年にキテリオルで勝利したメテッルス=マケドニクス Q. Metellus Macedonicus[57]，その後継者でありヌマンティアで敗北したポンペイウス[58]，前142年にウルテリオルで当初勝利したが，後には反乱側の指導者，ウィリアトゥスに大敗したファビウス=セルウィリアーヌス[59] は，皆この時期にはそれぞれスキーピオの友人，支援を受ける者，そして親族である。この経緯を見てみると，ヒスパニアにおける情勢の一般的な情報は無論のこと，自身やその親族並びに友人たちの経験と併せて，ヒスパニア問題にスキーピオが関与していたことは間違いないと言ってよいであろう。

しかしまた，おそらくスキーピオの問題認識はヒスパーニア戦争の進展にとどまっていなかったと推測される。この時期に，ラエリウスによって農地分配に関する立法の試みがなされた。この試みに関しては史料があまりにも少なく，正確な年代（前145年説と前140年説がある）はもとより，その内容をすら我々は全くと言って良いほど知らない。だが確かなことは，ラエリウスがこの立法を試みた背後には，彼の友人であるスキーピオのイニシアティヴがあったことである。スキーピオがまさにそのケーンソル在任前後において，農民層に関わる諸問題の解決を重要課題と認識していた可能性が大きいのである[60]。

　以上の議論はしかし，スキーピオがケーンソル在任中に，いかなる理念に基づいて行動したのかを，具体的に論証したわけではないことは言うまでもない。だが史料が注目する，彼の風紀取締まりにおいて，我々は一つの痕跡を見て取ることができる。ガルス，アセッルスないし無名の騎士に対して向けられた如く，奢侈，柔弱への譴責，処罰は，ケーンソルの風紀取締まりにおける一般的な傾向と一致している。しかし，名前の伝わっていないある百人隊長をアエラリィとしたことは，これらと一線を画す。26年前に遡る，第三次マケドニア戦争中の行為に向けられたこの処罰は，明らかに通常の対応とは言いがたい。考えられうる解釈は，スキーピオが軍の規律のゆるみに対して一つの見せしめを示そうとした，というものである。現にこの事例に関して史料は，兵士の不正は長年の年月の後でも罰されえるという注釈を加えているのである[61]。しかしまたより本質的に，前2世紀中葉期の状況に直面した共和政の社会と統治のあり方について，スキーピオが抱いていたであろう理念を暗示する出来事を，ウァレリウス・マクシムスが伝えている。「サティス・ボナエ」なる言葉で始まる，ローマ共和政の有り様および行く末についての，ケーンソルたるスキーピオの有名な文言に関連するその出来事について，最後に考察してみることにしよう。

第4節　Satis bonae et magnae

　ケーンソルが市民の査定を終了した後には，浄めの儀式（ルストラティ

第VII章 スキーピオ＝アエミリアーヌスのモーレース・マーイオールム　235

オー lustratio) が執り行われることは，周知の通りである。市民の査定の完了は，単に市民団の全体像を把握するだけではなく，共同体の再生を意味するところから，査定終了後に共同体が再生されたことが祝われ，かつ生まれ変わった市民団の安寧が神々に願われるのである。ウァレリウス・マクシムスは，スキーピオはこのルストラティオーの際に行われる祈禱のテクストを変更したと伝えるのである。

"Qui censor cum lustrum conderet inque solitraurilim sacrificio scriba ex publicis tabulis sollemne ei precationis carmen praeiret, quo di immortales ut populi Romani res meliores amplioresque facerent rogabantur, 'satis' inquit 'bonae et magnae sunt: ita precor ut eas perpetuo incolumes servent', ac protinus in publicis tabulis ad hunc mudum carmen emendari iussit. Qua votorum vere- cundia deinceps censores in condendis lustris usi sunt."（「ケーンソルが浄めの儀式を執り行い，犠牲の獣が捧げられている間に，書記が公けの記録の通りに祈願の文言を，彼（スキーピオ）に口述しようとした。その中では，不死の神々に対してローマ populi Romani-res をさらに良きものとし，かつさらに大きくなしたまえと願われていたのだ。「相当に」と彼は言った。「良くかつ大きい。それだから（そのような共和政が）永遠に損なわれないままになしたまえ，と私は祈願する。」そしてすぐさま公けの記録にこの形の文言を記させた。祈願のこの謙虚さは，後のケーンソル達にも浄めの儀式を行う際に遵守された。(Val. Max. 4, 1, 10. 傍点は筆者による)」

この有名な箇所はしかし，信憑性が長年論争の対象となってきた。それは，この箇所に矛盾すると考えられるキケローの叙述が存在するからでる。

"ut Asello Africanus obicienti lustrum illud infelix, 'noli' inquit 'irari; is enim, qui te ex aerariis exemit, lustrum condidit et taurum immolavit.' *tacita suspicio est, ut religione civitatem obstrinxisse videatur Mummius, quod Asellum ignominia levarit.*"（イタリック体の部分は，後世の挿入と言

われる）(「アセッルスが，アフリカヌス（スキーピオ＝アエミリアーヌス）のルストルムが不吉であると非難したとき（スキーピオは）「驚くな。お前をアエラリィから救ったその人物が，ルストルムを完了させ，犠牲を捧げたのだ」と応じた。アセッルスをケーンソルの譴責から救ったムンミウスが，*都市に災いをもたらしたのではないかという疑いはかくも強かったのだ。*」)(Cic. *De Orat.* 2, 268. 斜体部分が挿入部分に相当する）

ここから，マルクス F. Marx は，ルストラティオーを行ったのはスキーピオではなく，ムンミウスであった，と考える。第2節で見た通り，アセッルスを処罰から救ったのはムンミウスであった，ということがわかっているからである。従って，ルストラティオーを行わなかったスキーピオは，祈禱文を変更する機会を持たなかったということになる[62]。これに加え，マルクスは，そもそもルストラティオーの祈禱テクストの定型を，ケーンソルが変更すること自体が許されていなかった，と主張している。エマール A. Aymard は，文言の変更自体は部分的に可能であったと述べてマルクスに反対しながらも，この時にルストラティオーを執り行ったのはムンミウスであるという点では，マルクス説に従っている[63]。これに対してスカラードは，古くはモムゼンの理解を踏襲して，キケローの文章中の"is...qui"をスキーピオのシニカルな表現による自身の指す言葉であると理解し，ウァレリウス・マクシムスの信憑性を認めようとした[64]。

この論争に終止符を打ったと一般に受け止められてきたのは，アスティンの見解であった。アスティンはマルクスの説をさらに進め，以下のように述べる。スカラードの（従ってモムゼンも）解釈は曲解にすぎる。最も自然な解釈はマルクスとエマールが言うように，"is"をムンミウスと取る読み方である。また，仮に祈禱文の変更が（エマールが言うように）許されていたとしても，実際には古い時期に作られたこの祈禱文の，どの部分の変更が許され，どの部分が許されないのか，スキーピオの時代にはもはやわからなかったはずであるから，現実に変更することは不可能であったはずである，と。しかしそれ以上に，アスティンはこの出来事の政治的性格を重視する。

第VII章　スキーピオ＝アエミリアーヌスのモーレース・マーイオールム　　237

その内容を二点に分けて整理しておこう。

①もしもスキーピオがそのような変更を行った場合，それは彼にとって政治的に大きな失点となるはずであり，それを押してまであえて変更を行わなければならない理由が見いだせない。なぜなら，祈禱文中の傍点部分の表現「良くかつ大きい」が空間的広がりを意味すると考えると，この時期のローマの全般的な状況と，特にスキーピオ自身の対外的姿勢がむしろ「拡張主義 expansionism」といってもよい方向を示していることと矛盾するからである。

②仮に傍点部分の表現が空間的な広がりに限定されなかったとしたら，変更された後の表現は全く実状にそぐわないものとなる。当時の社会的状況は"satis bonae et magnae"とは決して言えなかったからである。

このように主張した上でアスティンは，ウァレリウス・マクシムスの叙述は，実は彼自身が生きた時代，すなわちティベリウス帝期におけるローマの空間的拡張反対の風潮を反映しており，そのプロパガンダの材料として，共和政期の模範的人物であり，まさしく拡大の英雄と理解されたスキーピオその人が利用されたのだと結論づけるのである[65]。

しかし，アスティンのこの見解は再検討を必要とするように，筆者には考えられる。

①について：スキーピオの文言は，空間的な意味のみを含んでいるのではないことに注意しなくてはならない。Res populi Romani（そしてこの言葉は res publica という言葉に容易に言い換えられえるのだが[66]）なる言葉が，極めて広い意味範囲を持っていることは夙に指摘されるとおりであり，当該箇所に関しては，これを空間的に限定して読むことは，なるほど不可能ではない。しかし，変更後の神々への祈願の文言に用いられた言葉，"incolumis"は本来身体の無傷を意味し，従ってむしろ共和政の総体的な状態を示していると考えることの方が妥当である。スキーピオが意図したのは，まさに神々がその上にローマを築いたところの共和政の本来のあり方が無傷のままで維持され続けることにあった，と考えるべきなのである[67]。つまり，スキーピオが「拡張主義」であり（その点には，筆者も同意するが），この時彼の視野にはローマの更なる空間的拡張についての考えが含まれていたと

しても，それはこの場面では副次的な意味を持つに過ぎなかったはずである。それを空間的に限定して解釈したのは，ウァレリウス・マクシムスであろう。ウァレリウス・マクシムスのこうした解釈自体は，アスティンが言うようにティベリウス帝の時代の政策を反映していると考えられる[68]。しかし，そのことはスキーピオの文言そのものの信憑性を損なうものではない。スキーピオは共和政の伝統の維持を望み，従って新たな祈禱文の文言は，現状の縮小を意味するのではなく，かつ神々に対し「より良く，より大きく」と願った従来の祈禱とも異なって，現状の維持を願った，ということになる。

②について："satis"は本来「十分に」よりむしろ「相当に」というニュアンスを持つ。従って"satis bona et magne"は「十分に良く，大きい」と言うよりは「相当に良く，大きい」と取るべきであろう[69]。スキーピオの文言をこの意味で理解すれば，それは当時の実状とも，また彼が他の場面で示す政治的な姿勢と矛盾するものではない。

以上から，"popui Romani res…satis bonae et magnae sunt. ita precor ut eas perpetuo incolumis servent"というスキーピオが取り入れた新たな文言は，ローマ社会において多方面について矛盾が顕在化しつつある時期に，「父祖の諸慣習」への回帰が共和政の秩序の快復の基盤をもたらす，という彼の考えから取り入れられたと，筆者は考える。

ウァレリウス・マクシムスによれば，スキーピオは儀式の前ではなく最中にこの祈禱文を変更したという。そのような変更はいずれにせよ異例のものであろう。しかしそのことはウァレリウス・マクシムスの報告が信憑性がないということを意味するものではない。エマールが言うように，結局のところケーンソルが浄めの儀式の主催者として，祈禱文の変更をできたこと自体は疑いない[70]。アセッルスを救った"is…qui"が，スキーピオを指すということは，確かに不自然な解釈ではあるが，しかし彼の他の発言から推して十分に受け入れられる[71]。

おわりに

　ケーンソルの職務が，原則として共同体全体に関与していたことは自明である。しかし実際には，一般に彼らの関心はローマ社会の特定の階層に向けられていた。アスティンが正しく指摘するように，通常モーレース・マーイオールムへのケーンソルの関与は，元老院議員とその家族，ならびに騎士階級成員の監督として発現するのである。そのことによって，社会全体ではなく，その上層部にあって事実上の支配を行う階層のアイデンティティーと価値観が固定されていた[72]。

　そのようなものとしてのケーンソルの言動の典型例が，大カトーのそれと言って差し支えあるまい。彼は風紀の乱れを攻撃し，モーレース・マーイオールムへの回帰を呼びかけた。その厳しさは，確かに従来のケーンソルに比して，彼の新しさであったと言えるだろう。しかし，彼にはローマ市民の大きな部分を占める人々——第二次ポエニ戦争以来，困難な立場に置かれた一般市民——への視点はない[73]。Censorius なる大カトーの添え名は，その意味で従来のケーンソルのステレオタイプをより一層強化することによって，時代に対応しようとした彼にふさわしいと言えよう。

　スキーピオもまた，モーレース・マーイオールムへの回帰を唱える。このこと自体は，ケーンソル職の原則になんら新たなものを付け加えるものではない。スキーピオはケーンソルの伝統的な価値基準に基づいて，奢侈や柔弱その他の，伝統的価値観において不正とみなされるものに対抗しようとしている。風紀取締まりにおける彼の厳格さは，彼が社会上層部に対して，カトーや，前2世紀の他のケーンソルたちと同様の認識を持っていたことを物語っている。

　スキーピオのケーンソル職の特殊性はしかし，モーレース・マーイオールムへの彼の関与がローマ社会全体に結びついていた可能性が濃厚であるということに顕れている。ここで相互に呼応する二つの背景が考えられる。第一に，前章および本章第2節で確認したように，スキーピオが都市の一般市民の幅広い層に自身の権力基盤を据えていたことである。これを政治権力獲得

の手段として，彼が意識的に利用しなかったとは考えがたい。そのことは，既に前章から繰り返し触れている，彼の二度のコーンスル当選の経緯が端的に示している[74]。この点においては，確かにスキーピオ＝アエミリアーヌスは従来の統治層成員とは異なる，そして前章で見た如き，第二次ポエニ戦争以来出現した，命令権獲得のために異例の政務職就任すら辞さぬ者達からさらに進んだ「新しさ」を備えていた，と筆者は考える。しかしその側面からのみでは，モーレース・マーイオールムへの回帰を，市民団に呼びかける意味が理解されない。それは，スキーピオにとってなんらの政治的利点をもたらさないからである。

従って，第二の背景として，これら一般市民への視点を持たざるを得なかったほど社会的状況が悪化していたということをもまた，考慮すべきであろう。具体的には，第3節で見た前2世紀中葉期の諸状況への打開策として，モーレース・マーイオールムへの回帰が市民団全体へ呼びかけられた，と考えるべきである。そのことは逆に言えば，今や市民全体への配慮を行わねば，共同体としての共和政の維持は不可能，という認識がスキーピオ＝アエミリアーヌスという前2世紀中葉期の代表的統治層成員にはあった，ということになる。

以上の分析からは，スキーピオの考えるモーレース・マーイオールムが具体的に何を指すのか，我々は部分的にしか知ることができない。彼が考える「諸慣習」を，質実剛健な生活様式，兵士としての義務遂行といった，謂わばローマ人の価値基準としては伝統的なモチーフのみで説明されえるものなのかどうかは，もはや彼のケーンソル職在任中の言動から結論づけることは不可能である[75]。しかし，さしあたり以上の論考によって，我々は前2世紀中葉期における統治層内部にあった，一つの新たな発想，あるいは理念とも呼べるものの萌芽を知ることができた，と言うことができよう。それは一言で言えば，帝国形成に伴う危機の認識と，それへの対処として統治に携わる者が市民社会全体への配慮をなす必要性がある，という認識に基づいているのである。

この点に関して最も重要であるのは，こうした発想がスキーピオ一人のものではなかった，ということである。ウァレリウス・マクシムスの上述の言

葉が信憑性を持つという本論の前提に立って，その末尾部分を再び思い起こしてみよう。「祈願のこの謙虚さは，後のケーンソル達にも浄めの儀式を行う際に遵守された」ということは，彼の発想が（どれほどの理解を伴ったかはともかく）後のケーンソル達に受け継がれた，ということを意味するのではないだろうか。また，繰り返し取り上げた前151年の事件，前140年の元老院議決，前138年の事件は，統治層内部に，市民としての軍役義務の遂行を要請する，という伝統的対応とは異なって，変質しつつある軍事システムに対応した配慮をなさんとする発想があったことを示している。前131年のケーンソル，カエキリウス・メテルス＝マケドニクスが，結婚の義務について市民団に向かってなした演説もまた，この脈絡で理解されえるであろう[76]。そして何よりも，前133年のティベリウス・グラックスによる「改革」こそが，この脈絡の中に置かれる。もし，既に久しく言われるように，彼の意図がローマの国力（直接的には軍事力，しかし無論，それだけに限定されない）の再建にあり，それ故に本質的に保守的な性格を持つならば，それはまさに本章で見たスキーピオとの継続性を持つものと理解されねばならない。スキーピオ＝アエミリアーヌスが同時代の統治層成員の中で，その影響力，一般市民を利用するその手法といった面で，特殊な存在であることは確かであろうが，しかし彼が示す理念は，決して彼一人のものではなかった。

　しかしまた，まさにこの面に，スキーピオ＝アエミリアーヌスの「新しさ」の限界もある。諸矛盾に直面し，市民団への配慮の必要性を認識した際に，結局スキーピオは，「父祖の諸慣習」への回帰，という方向にのみ有効な打開の道を見いだした。これに対して，スキーピオの義弟であり，かつては彼と近しい間柄にあったティベリウス・グラックスが，矛盾の解決のために元老院の従来の路線とは決定的に異なる改革案を用意し，その貫徹のためには共和政の慣行に反する手法をも辞さなかったという事実と比較した場合，スキーピオの理念は，新しさを含みつつもあくまで伝統的な統治層の価値観に立脚していた，と言わざるをえない[77]。スキーピオとグラックスのこの相違が，前2世紀中葉期を経た後の，前133年以降の共和政の政治の，急速な変化を暗示していると，考えることができよう。そしてローマ共和政

は，ティベリウス・グラックスの死を越えて，前1世紀に入った後もなお，以上に見てきた「古さ」を容易に脱却できなかったが故に，現実には進行しつつあった「新しさ」の前に，機能できなくなったのではないだろうか。

だが，以上の論考の最後に，今一度一般市民の政治的主体性の問題について考えをめぐらす必要があるだろう。前2世紀中葉期における理念面の変化は，統治層のみに表れる新たな特質ではないという見方もありえるからである。スキーピオの1回目のコーンスル当選の際の一般市民の言葉を再び思い出してみよう。彼らは選挙の違法性を説明するコーンスルに対して，「市民こそが選挙の判定者である」と主張したのである[78]。また，前151年，前138年の際の市民の不満と騒乱の気運。これらは一見すると，ミラーが主張する一般市民の政治的主体性の強化といった傾向を示しているかのようである。しかし果たしてそうであろうか。

前148年の事態は，たしかに市民が自らを政治的主体として表現した，明確な例ということができるかもしれない。しかし，そのことによって彼らが得んとし，実際に得たものについて，考えてみる必要もあるのではないだろうか。市民は，前151年に初めて政治の場で名を挙げ，その後ヒスパーニア，アフリカで軍事面での名声を博した人物に，第三次ポエニ戦争の膠着状態の速やかな解決を期待し，彼をコーンスルに選び出したのである。要するにこの場合の主体性の内実とは，他の統治担当者に比して清新そうであり，かつ熱情に溢れているように見え，軍事的能力に優れていそうであると同時に名門の出自でもある人物に，窮状を丸ごと委託する方向を，一般市民が選びえた，ということではないのか。まして前151年，前138年の事態では，市民の意志は現実には，護民官とコーンスル，そして元老院という，民会以外の統治機関相互の，そして統治層内部の対立の中で表現されたに他ならない。主体性の度合い云々とは程度の問題であり，これとても定説が主張してきた特定諸家系による統治の独占，元老院による事実上の主導，という事態に比すれば，十分に市民の主体性が大きいに相違ない。しかし，そうであるにせよ結局のところ，ここに表れている市民側の意識の変化とは，要するに統治担当者が市民生活に関わる配慮をなすことが正当であるとする意識が増大した，ということに尽きる。そしてこの正当なはずの配慮が，共和政の従

来の統治担当者によって履行されなかった場合に，市民が選んだ方向とは，自らの意志，選択による政治参画ではなく，従来の集団統治から個々の有力者への配慮の委託であった。共和政末期の，市民の政治的主体性とはそのような委託の方向を市民が選択しえた，という意味に限定されると筆者は考える。この方向が，穀物供給においては，最終的にポンペイウスへの配慮の委託へと通じることは，既に見てきた通りである。

以上の論考から明らかなように，前2世紀中葉期以降の共和政の展開は一般市民の政治的主体性の強化を意味しない，と筆者は結論する。そうではなくて，この展開は共和政の統治層内部から生じた，統治の理念の変化によるものと考えるべきである。

註

1) "P. Africanus, Pauli filius, ... in oratione, quam dixit in censura, cum ad maiorum mores populum hortaretur."
2) "Animaduertimus in oratione P. Scipionis, quam censor habuit ad populum *de moribus*, inter ea, quae reprehendebat, quod contra maiorum instituta fierent..."
3) Th. Mommsen, *Römisches Staatsrecht*（以下，*StR.* と略する），Bde. 3, Berlin 1887-1888³（Nachdruck, 1969, Graz），375, Anm. 3. E. Schmähling, *Die Sittenaufsicht der Censoren*, Stuttgart, 1938, 1. A. E. Astin, Regimen morum（以下，Regimen. と略する），*JRS.* 78, 1988, 14. E. Baltrusch, *Regimen morum*. München, 1988, 5.
4) J. Suolahti, *The Roman Censors: A Study on Social Structure*, Helsinki, 1963, 49. Astin, Regimen., 17f. Baltrusch, 11ff.; 27ff.
5) Astin, Regimen., 15. Baltrusch, 25.
6) 包括的なスキーピオ研究として，A. E. Astin, *Scipio Aemilianus*（以下，*Scipio.* と略する），Oxford, 1967 が多くの情報と示唆を与える。その他に，Id., Scipio Aemilianus and Cato Censorius, *Latomus* 15, 1956, 159-180. A. Aymard, Deux anecdotes sur Scipion Émilien, Mélanges de la société toulousaine d'études classiques 2, Toulouse, 1949（*Études d'histoire ancienne*, Paris, 1967, 396-408 に所収）. H. H. Scullard, Scipio Aemilianus and Roman Politics, *JRS.* 50, 1960, 59-74 を挙げておくが，これら以外にも共和政中期の政治史研究において，スキーピオを大きく扱うものは多い。
7) スキーピオの生年については，主史料であるポリュビオスとキケローが一致しない（Polyb. 31, 24, 1. Cic. *Rep.* 1, 14）。ここで整理した彼の経歴および出自については，まず F. Münzer, 'Cornelius', Nr 335, in *RE.* を見る必要がある。そして Astin, *Scipio.*, 245ff.

8) 本論第VI章第5節を見よ。
9) ヒスパーニア：Polyb. 35, 5. 1f. Liv. *Per.* 48. Flor. 1, 33, 11. Vell. 1, 12, 4. Val. Max. 3, 2, 6. Plin. Praec. Reip. 10. アフリカ：Polyb. 9, 25, 4；34, 16, 2；37, 10, 12. App. *Lib.* 71., Val. Max. 10, 4.
10) 具体的な人物については, Astin, *Scipio.*, 80ff.；125ff.；175ff. に詳しい。
11) 妻センプロニア：Liv. *Per.* 59. ガーイウス・グラックスとその友人：Plut. *C. Grac.* 10, 5f. 護民官カルボー：Cic. *Q. fr.* 2, 3, 3；*Fam.* 9, 21, 3. 等。しかし死の直後に検視は行われず，また友人ラエリウスによる弔辞にもそのような指摘は, ほのめかしすらない。しかし, Münzer, *op. cit.*, col., 1458f. も, Astin, *Scipio.*, 241. も暗殺の可能性を示唆している。
12) 例えば, Cic. *Orat.* 1, 215；2, 154；*Brut.* 82ff.；*Amic.* 11；15；*Off.* 1, 87；1, 116. Cf. Astin, *Scipio.*, 7.
13) Polyb. 31, 23, 1ff. の有名な箇所。青年期のスキーピオは, 自身が同世代の若者と異なり, 法廷での弁論に励まぬために, 怠惰の誹りを受けていることを悩んだ, という。そして彼のこの悩みについてポリュビオスは, スキーピオが確かに同世代のローマ人とは異なって, 法廷での弁論や早朝の挨拶などで人気を得ようとはせず, 自身の勇敢さと業績で評価を獲得したのだ, と述べる。ポリュビオスの賛辞は, スキーピオ寄りのバイアスから出たものと考えるべきであるが, しかしスキーピオが若い頃から同世代のローマ人とは異質の存在であったことは, おそらく事実であろう。
14) Cic. *Acad.* 2, 13："illi quidem etiam P. Africanum referre in eundem (popularum) numerum solent."（括弧内は, 筆者の補足）。
15) アエミリウス橋造営：Liv. 40, 51, 4. 瀝青製造所造営：Cic. *Brut.* 85. ウィルトゥス神殿の建設もスキーピオに帰されるが, その年代は不明 (Cf. Plut. *Fort. Rom.* 5)。
16) Gell. *NA.* 4, 20, 10；5, 19, 15.
17) アセッルス：Cic. *Orat.* 2, 258；268. Gell. *NA.* 3, 4, 1. 処罰の理由は不明。サケルドゥス：Cic. *Cluent.* 134 (Quint. *Inst.* 5, 11, 13). Val. Max. 4, 1, 10. Plut. *Apopht.* S. M. 12. 処罰の理由は偽宣。両者共, 公有馬を没収された（＝騎士ケントゥリアからの降格）。
18) Gell. *NA.* 6, 12, 4-5. 柔弱と華美な服装ならびに同性愛の理由。具体的な処罰の内容は不明。なお, 史料はガルスに対してスキーピオが行った演説の内容として上の事情を叙述している。この演説がいつ行われたのかということ自体は確定できないが, 内容自体はケーンソル在任中の行動を示していると考えられる。
19) ある騎士：Plut. *Apopht.* S. M. 11. 第三次ポエニ戦争中の奢侈と悪ふざけにより, 公有馬没収。ある元百人隊長：Cic. *De Orat.* 2, 272. 第三次マケドニア戦争（前168年）中の戦場離脱の理由で,「アエラリィ aerarii とされる」。前2世紀中葉期におけるこの表現が何を意味しているのかについては, 不明瞭な点が多いことが知られている。砂田徹「都市トリブス再考──「トリブスから移す」とは何か──」（初出は,『北海道大学文学研究科紀要』108, 2002. ただし, 題目は「古代ローマの都市トリブス再考──「トリブスから移す」とは何かを手がかりに──」）『共和政ローマとトリブス制：拡大する市民団の編成』北海道大学出版会, 2006, 211頁以下の精緻な研究史整理および史料分析を見よ。アスティンは, スキーピオによって, 百人隊長が所属

トリブスから排除された,と理解している(Astin, *Scipio.*, 120)。しかし本論は,砂田論文の 221 頁における見解にならって,この時期における「アエラリィとする」を,譴責による不名誉の烙印以上に明確な内容は確認できない,という説に従う。

20) 大カトー: Cic. *Orat.* 2, 260. Liv. 39, 42, 3-43, 5 ; 39, 44, 1-3. Plut. *Cat. Mai.* 16-19. Gell. *NA.* 4, 12, 1. *ORF*², 101 ; 102 ; 133. 前 174 年: Liv. 41, 27, 2. Vell. 1, 10, 6. Val. Max. 2, 7, 5. Front. *Strat.* 4, 1, 32. 前 169 年: Liv. 43, 14-16 ; 44, 16 ; 45, 15 ; 1-9. プルケル: Dio frg. 81.

21) 前 189 年: Liv. 38, 28, 2. 前 164 年: Plut. *Aem. Paul.* 38, 5-6. ノビリオル: Dio frg., 81. ムンミウスについては,註 31 を見よ。

22) 彼の厳格さは「党派政治」からは説明できない。Cf. Astin, *Scipio.*, 116. E. Gruen, *Roman Politics and the Criminal Courts 149-78 B.C.*, Cambridge, 1968, 31. D. Epstein, *Personal Enmity in Roman Politics 218-43 B.C.*, London 1987, 105 ; 113.

23) Epstein, 103f. Cf. E. Gruen, *Roman Politics and the Criminal Courts, 149-78 B.C.*, Harvard, 1968, 31. Astin, *Scipio.*, 120f.

24) この年の政務職在任者については T. R. S. Broughton, *The Magistrates of the Roman Republic* (以下,*MRR.* と略する),N.Y., 1951, 474-479 を見よ。

25) スキーピオとセルウィリィの関係については,Astin, *Scipio.*, 82f. ; 315f.

26) F. Münzer, "Caecilius" Nr. 83, in *RE*.

27) Id., "Crassus" Nr.72, in *RE*.

28) Id., "Fannius" Nr.7, in *RE*.

29) Id., "Servilius" Nr.48, in *RE*. また,註 25 参照。

30) Cic. *Lael.* 77. Plut. *Apopht. S. M.* 8. P. A. Brunt, *The Fall of the Roman Republic*, Oxford, 1988, 369f. ; 467ff.

31) Vell. 1, 1 ; 2, 1 28, 1. F. Münzer, "Mummius", in RE.

32) Cic. *Off.* 2, 76 ; *Verr, II*, 3, 9 ; *Orator* 232. Liv. *Ox. Per.* 53. Plin. *NH.* 35, 24. Front. *Strat.*, 4, 3, 15.

33) Val. Max. 6, 4, 2. *De Vir. Ill.* 58, 9.

34) Cf. Astin, *Scipio.*, 110.

35) Polyb. 39, 17, 2-5.

36) Gell. *NA.* 4, 20, 10. Cf. Cic. *Orat.* 2, 260.

37) Baltrusch, 1f. ; 6, Anm. 129. D. Kienast, *Cato der Zensor : Seine Personlichkeit und seine Zeit*, Heidelberg, 1954. 68ff. ; 79f. A. E. Astin, *Cato the Censor*, Oxford, 1978, 88ff. ; 98ff.

38) Baltrusch, 68ff.

39) B. Kubler, "sumptus", in *RE*. Baltrusch, 25ff. et passim. だが,バルトルッシュが主張する,ケーンソルの "de moribus" なる布告の存在は受け入れがたい。そのような固定した概念はなかったからである。

40) 古くは,J. Carcopino, *La vie quotidienne de l'apogée de l'empire romaine*, Paris, 1939, 37ff. また,G. Alföldy, *Römische Sozialgeschichte*, Wiesbaden, 1984³, 51ff. A. E. Astin, Roman Government and Politics, 200-134 B. C., in *CAH*². vol. 8, Cambridge, 1989,

163-196. これに対し G. Alföldy, *Römische Sozialgeschichte*, Wiesbaden, 1984³. 一方, 一般市民の経済的, 政治的自立性を強調するものとして, 分析の対象とする時代が前 1 世紀に下りはするが, W. Will, *Der römische Mob : Soziale Konflikte in der späten Republik*, Darmstadt, 1991, 29ff. P. Garnsey, *Cities, Peasants and Food in Classical Antiquity. Essays in Social and Economic History*, Cambridge, 1998, 107ff. 帝政初期を対象とする松本宣郎「初期ローマ帝国の支配構造」『ギリシアとローマ：古典古代の比較史的考察』河出書房新社, 1988, 123f. も参考となる。

41) Plut. *Tib. Grac.* 8-9. App. *Bell. Civ.* 1, 7f. A. Toynbee, *Hannibal's Legacy* II, 10ff. P. A. Brunt, *Italian Manpower 225B. C. -A. D. 14*（以下, *Manpower.* と略する）, Oxford, 1971, 269ff. G. Alfoldy, *Römische Sozialgeschichte*, Wiesbaden, 1984³, 10ff. Astin, *Scipio.*, 161ff.
42) Will, 29ff. Garnsey, 63ff.
43) Brunt, *Manpower.*, 383ff. G. E. Rickman, *The Corn Supply of Ancient Rome*, Oxford, 1980, 36.
44) Val. Max. 3, 7, 3. Cf. P. Garnsey, Famine in Rome, in *Trade and Famine in Classical Antiquity*, Garnsey and C. R. Wittacker (eds.), Cambridge, 1983, 58. ならびに C. Virlouvet, *Famines et émentes à Rome des origines de la République à la mort de Néron*, Rom, 1986, 105ff.
45) Liv. 34, 56, 9 ; 36, 3, 4f. ; 39, 29, 10 ; 40, 36, 13f. ; 42, 10, 12f. ; 43, 14, 2f.
46) Polyb. 35, 1.
47) Liv. 42, 32, 6. App. *Lib.* 75.
48) Liv. *Per.* 52 ; *Ox. Per.* 52. App. *Ib.* 65. Vell. 2, 5, 3. Flor. 1, 33, 17.
49) Liv. *Ox. Per.* 54.
50) Cic. *Leg.* 3, 20. Liv. *Per.* 55 ; *Ox. Per.* 55. Front. *Strat.* 4, 1, 20.
51) App. *Ib.* 84.
52) Polyb. 35, 4-5. Liv. *Per.* 48. App. *Ib.* 49, 53-54. Vell. 1, 12, 4. Val. Max. 3, 2, 6. Plin. *NH*. 37, 9. Flor. 1, 33, 11.
53) E. Badian, *Foreign Clientelae (264-70 B.C.)*, Oxford, 1958, 117f. ; 193 ; 310ff.
54) Cic. *Off.* 2, 40 ; *Brut.* 84.
55) Val. Max. 6, 4, 2.
56) App. *Ib.* 65.
57) Liv. *Per.* 53 ; *Ox. Per.* 53. App. *Ib.* 76. Vell. 2, 5, 2-3. Val. Max. 2, 7, 10 ; 3, 2, 21 ; 5, 1, 5 ; 7, 4, 5 ; 9, 2, 7. Front. *Strat.* 1, 1, 12 ; 3, 7, 3 ; 4, 1, 11 ; 4, 1, 23.
58) Cic. *Font.* 23 ; *Off.* 3, 109 ; *Fin.* 2, 54. Liv. *Per.* 54 ; *Ox. Per.* 54. App. *Ib.* 76-79. Vell. 2, 1, 5. Val. Max. 8, 5, 1. Diod. 33, 19, 1. Dio frg. 77 ; 79. Flor. 1, 34, 4.
59) Liv. *Per.* 53-54 ; *Ox. Per.* 53-54. App. *Ib.* 67ff. Val. Max. 2, 7, 11. Diod. 35, 1, 4.
60) Plut. *Tib. Grac.* 8. H. H. Scullard, Scipio Amilianus and Roman Politics. *JRS.* 50, 1960, 62ff. Astin, *Scipio.*, 307ff.
61) Astin, *Scipio.*, 117, n., 3.
62) F. Marx, Animadversiones criticae, *RhM.* 39, 1884, 65f.

63) Aymard, 339ff..
64) Scullard, 68. スキーピオのシニカルな表現は，多くの史料が言及するところである。ここから Cic. *Orat.* 2, 268 において，彼が（実際にはムンミウスの介入によってやむなくであったにせよ）自らが譴責したアセッルスを再び騎士ケントゥリアに引き上げたことを指して，自身を "is...qui" と述べたことは十分に考えられる。
65) Astin, *Scipio.*, 325ff. Aymard, 339ff.
66) Cic. *Rep.* 1, 38 ; 3, 45. H. Drexler, Res Publica, in *Politische Grundbegriffe der Römer*, Darmstadt, 1988, 1ff. ; 9. H. Mouritsen, *Plebs and Politics in the Late Roman Republic*, Cambridge, 2001, 9.
67) "incolmis" は，まず身体的意味を持つ。すなわち，全身が「無傷である」あるいは「良好である」ということになる。例えば Tac. *Hist.* 1, 75, 2 : "...ni incolmes sibi mater ac liberi servarentur." この言葉が "res publica" に関して用いられた場合にも，本来的な意味は残り，「共和政がそれ自体良好である」となる。Cf. Cic. *Mur.* 80 : "nolite adimere eum cui rem publicam cupio tradere incolumum ab his tantis periculis defendendam." "incolumis" の他の例と説明には，'incolumis', in *Thesaurus Lingua Latinae*, VII, I, 978ff. ; 981f. この箇所における Res publica 概念について，筆者と同じ見解を示すものとして，Bleicken, *Lex publica.*, 376, Anm. 97.
68) Aymard, 408.
69) "satis" の意味として例えば，Cic. *Planc.* 12 : "fuit enim (C. Fimbria) et animi satis magni et consilii."
70) Aymard, 403f.
71) 註64を見よ。
72) Astin, Regimen., 18ff.
73) 馬場典明「カトーと『父祖の諸慣習』」『歴史と人間の対話』九州大学出版会, 1982.
74) この側面を，「政治指導者層の能動的な対応」と見なす藤井崇の理解は，彼が述べる通りに，「共和政中期から後期にかけての展望を開く」にあたって筆者とは異なる視座を意味し，非常に興味深かった。藤井崇「ポリュビオスとローマ共和政：『歴史』からみた共和政中期のローマ国政」『史林』86-6, 2003, 35。
75) この点に関連して考察すべき点の一つは，本論において捨象した，「モーレース・マーイオールム」なる概念自体の問題である。すなわち夙に指摘されるように，本来的には "mores" なる言葉によって表現されていた「諸慣習」が，「伝統」，さらには「規範」としての意味を強めるプロセスは，"maiorum" なる語と結合されて表現されることが一般的となりゆくプロセスでもある。その過程が，まさに第二次ポエニ戦争以降であるという点を含め，この問題については，Bleicken, *Lex publica.*, 373f. を見よ。また，Cf. Baltrusch, 2f.

また，前2世紀のモーレース・マーイオールム概念におけるストア哲学の影響について，H-J. Gehrke, Römischer mos und griechische Ethik : Überlegungen zum Zusammenhang von Akkulturnation und politischer Ordnung im Hellenismus, *HZ.* 258, 1994, 593ff.

76) 前141/140年のケンススの結果も，これに関連しているのかもしれない。この年のケンススの結果は，前回よりはるかに多く出されている。Cf. Astin, *Scipio.*, 335ff. Brunt, *Manpower.*, 33ff.
77) たとえば，A. H. Bernstein, *Tiberius Sempronius Gracchus*, Ithaca, 1978. A. Lintott, Political History, 146-95 B. C., in CAH^2. vol. 9, 1994, 62-76.
78) App. *Lib.* 112. 日本語訳は第VII章註22を見よ。

結　　論

　ローマ共和政の本質とその変質に関するここまでの分析と論考を，最後に整理しておこう。
　本論の論点を明確にするために，第Ⅰ章において先行研究を整理した。その結果，共和政の本質と変質に関する理解を提示するためには，定説とミラー説との位相を明確にするという作業が必要であることが，明らかとなった。
　そのことを踏まえた上で，具体的な作業課題を抽出するために，第Ⅱ章でアウグストゥス期の穀物供給制度を概観した。まず，単独支配権の制度面における確立とほぼ並行して，元首がクーラ・アノーナエを全面的に引き受け，その上で穀物供給制度の整備を推進したことが明らかとなった。そしてまた，この状況の中で，穀物供給のための新たな権限が創設され，それは最終的に元首に帰することになった，という点も共に示された。こうした事態は，穀物供給を統治者の責務と見なす意識が，当の統治者自身のみならず被統治側にも醸成されていたという状況のもとで生じたのであった。つまりここには，社会成員の生活を全体的に配慮すべきという統治理念が発露されている，という結論を得たのであった。
　しかし，以上の分析の中で，本論の問題設定にとってなにより注目に値する点は，元首政確立期における新たな統治理念と権力が出現する前提となるプロセスが，既に共和政期に進行していた，ということである。特に，クーラ・アノーナエのためにアウグストゥスが掌握した権力の直接的な先例としては，前57年にクーラ・アノーナエを委託されたポンペイウスに賦与された「異例の命令権」があったことが重要である。穀物供給を通して，ローマ

の社会と統治の本質を読み取ることが可能である,という本論の大前提に即するならば,帝政の前提として,共和政末期の社会の展開について考察する必要がある,ということが明らかとされたのである。

そこで,第 III 章においては共和政期の穀物供給のあり方とその変化が考察の対象とされた。まず,共和政本来の穀物供給のあり方が,市場での自由な取引に支えられており,統治側は基本的に関与しないことを常態としていたことを確認した。しかしこの状態は,前 2 世紀以降,徐々に変化する。つまり,まずはアエディーリスが市場監督というその職務に関連して,穀物供給の非常事態において行動する,という形で統治側の介入が始まるのである。しかし,この変化にとって最も重要なターニングポイントは,前 123 年であった。この年に初めて導入された穀物配給法によって,国家による穀物配給の制度化が始まったからである。

こうした経緯から,共和政の本質と変質を読み取るといかなることになるだろうか。共和政の本来的な穀物供給のあり方は,共和政の本質が,自由な市民による統治という理念に支えられた,貴族的価値に基づく寡頭政であることを示している。その点については,筆者の理解は定説の基本的な共和政理解とほぼ一致すると言ってよい[1]。しかし共和政末期以降に関しては,寡頭政治の前提であった,かかる貴族的価値観は次第に後退し始めるのである。

しかもこの点に関して,筆者の見解と定説との決定的な相違点が,以上の状況に現れる新たな権力について明確となった。前 123 年のガーイウス・グラックスと元老院との対立において最も端的に示されているように,統治層内部においては理念のみならず,権力をもめぐって軋轢と対立が激化したのである。そして,この展開の最終局面として現れたのが,前 57 年のクーラ・アノーナエの個人への委託に伴う,「異例の命令権」の賦与であった。本源的には政務職権限から発生するこの「異例の命令権」が,アウグストゥスのクーラ・アノーナエのための権力の直接の先例であることは,第 II 章で確認したとおりである。そして,「異例の命令権」はまた,穀物供給のみではなく,前 1 世紀の多様な局面において出現することになるのである。

以上の点で,「古典期」以降連続する貴族政治,就中それを支える人的諸

関係こそが, 帝政と皇帝権の本質であると主張する定説と, 筆者の見解は異なっている。しかし同じ理由でまた, 共和政初期段階からの民主政的性格が, 前2世紀以降強化されるという, ミラー説とも本論の結論は異なっている。特に, 前1世紀におけるクーラ・アノーナエが単独の有力者へ委託され, そのために「異例の命令権」がこうした単独の個人に掌握される, という実態は, 市民の政治的主体性の強化というミラーの理解とは, 大きく乖離している。

では, なぜ共和政の権力は, 「異例の命令権」の個人への委託, という形態へと変移したのであろうか。その問いへの手がかりを求めて, 第IV章では前57年のクーラ・アノーナエの際の「異例の命令権」の内容と, 賦与の経緯を分析した。その結果, この時のクーラ・アノーナエの委託と, 「異例の命令権」の賦与には, 元老院の積極的な関与があったことが明らかにされた。それは, なるほど政局をにらんでの (具体的には, クロディウスとの闘争), 元老院の謂わば苦渋の選択ではあった。しかし, そうであるにせよ, 共和政における事実上の統治機関である元老院 (そしてその背後の統治層) 自らが, その統治への脅威となる「異例の命令権」を単独の個人に対して承認した, というその事実が, 共和政の終焉と帝政の出現の内実を示している。すなわち, 共和政は, その統治者の内部から解体へと向かったのである。

共和政の統治層によるこの選択は, 果たして政局からのみなされたのであろうか。第V章では, 引き続き前1世紀の「異例の命令権」の賦与の要因を考察した。最初に, 改めて「異例の命令権」が備える, 元老院統治への脅威としての性格を示した。アウグストゥスはその最高権力者としての地位を法的に確保するための方法として, 政務職権限および命令権を次々に獲得したのであるが, こうした異例の命令権取得は, 第二次ポエニ戦争期という非常事態の打開のために頻出した後, 前2世紀前半には一旦消え, 前2世紀中葉期以降, しかし特に前1世紀において顕著に多発することになったものである。こうした, 「異例の命令権」の再びの頻出が, いかなる状況のもとに出来したのを明らかにするために, 続いて, ポンペイウスが前67年に取得した, 「異例の命令権」の内容と, 取得経緯を分析した。その結果, この時の

「異例の命令権」の賦与の際にも，少なくともこれを容認する元老院の対応があったこと，そしてその直接の要因としては，この時にも穀物供給の安定化を課題と考える統治層の認識があったことを示した。このことは，既に第III章で確認した通り，元老院は社会構成員の生活の保障という，統治の新たな理念を既に前2世紀後半以降育ててきたという展開の一つの帰結である。それに，海賊ならびにその背後のミトリダテース戦争という現実が重なった場合に，元老院は「異例の命令権」賦与という，自らの統治を危機にさらす方策をも辞さなかったのである。このことは見方を変えれば，そうせねば元老院統治が，かえって危機にさらされるほどに，この新たな統治理念が被統治側にも浸透していた，ということをも意味する。この結論を得たことによって，共和政の変質と帝政への傾斜において，元老院統治に代わる新たな重要性を備えた権力と，新たな理念とは相互に結びついていることが明白となった。そしてまた，こうした事態が，前2世紀後半期以降，漸次進行していた，ということがわかるのである。

　従って，前2世紀においてなぜ，いかにしてかかる理念と権力に関する変化が現れ，進行したのかを検討する必要が生じた。この問題のうち，第VI章では特に権力に関する変化を検討した。具体的には，前2世紀中葉に制定されたと考えられるアエリウス゠フフィウス法を軸に，第二次ポエニ戦争の混乱期の後に矢継ぎ早に導入された，政務職に関する諸法の意義が考察の対象となった。ローマ共和政においては，慣習 mos（そしてそれは統治層の合意なのだが）によって解決されえない事態の出来の際に，民会による立法が行われるという先行研究の理解に基づき，政務職に関して慣習では対処できないなんらかの状況が生じたことが，前2世紀のこれら諸立法の背後にあったのではないか，という仮定に基づいての上である。

　この検討の結果，前2世紀中葉期前後の共和政においては，統治層内部の対立の顕在化の中で，第二次ポエニ戦争終結以来抑制されてきた政務職への異例の就任という事態が再現されつつあったことが結論された。そして，この対立の要因は，前2世紀中葉期までに進行しつつあった，統治理念をめぐる統治層成員間の立場の相違にあったことが示された。特にこの時期における立場の相違とは，ヒスパーニア戦争の経緯が示すように，対外支配のあり

方をめぐるそれであった。つまり換言すれば，帝国形成の過程から直接的に生じたということになる。このことと並んで，かかる理念をめぐる対立から生じたとは言え，現実にはこの展開の中で，政務職を異例な方法で取得することによって，権力獲得の可能性を追求する有力者達が出現しつつあった状況をも，指摘したのであった。

　第VI章で提示された前2世紀の状況を踏まえて，第VII章ではこの状況に対峙した統治層成員の意識——特に市民社会内部に向けた——を検討した。ここで具体的な分析対象として選ばれたのは，この時期の代表的統治層成員であるスキーピオ＝アエミリアーヌスである。この，従来から言動に矛盾が多いと言われる人物が，ケーンソル在職中に示した行動，発言を通して，帝国形成期における諸問題を，当時の統治層成員がいかに認識し，これにいかに対処しようとしていたのか，という問題への手がかりを得ることが目的であった。その結果，まずスキーピオが，諸問題の深刻さを少なくとも一定程度認識していたことが確認された。次に，彼が市民社会全体への配慮という，新たな理念の萌芽とも言える意識を備えていたことを指摘した。そしてまたその彼が，まさに市民の支持を武器として，異例の形でコーンスルに繰り返し就任したという事実が，ここまでに見てきた，共和政から帝政への傾斜をもたらす理念と権力との連関を示しているのである。

　しかし同時に，彼の「配慮」とは，結局のところ「父祖の慣習」への回帰の呼びかけという形でしか表現されなかったという点にも，また留意すべきである。スキーピオのこの「新しさ」と「古さ」は，彼一人のものではない。確かに彼は同時代人の中ではその異質さからしばしば指摘されるように，先駆的な存在であったかもしれない。しかし，彼と類似の言動を示す者が，前2世紀後半以降には少なからず現れてくることも，本論中で示した通りである。この「新しさ」と「古さ」の混在が，共和政末期における統治層成員の特徴と言えよう。第III, IV, V, VI章で見てきた如き穀物供給に関して，最終的には個人への異例の強大な権力の承認へ至る，認識と対応の変化の歴史は彼らのもとで展開したのである。そしてまた，ここまでに繰り返し述べてきたように，穀物供給を通して共和政の統治全体に関して，本質を分け合う傾向を我々は想定することができるのである。

以上の論考を締めくくって，最後に先行研究に対する筆者の立場を改めて明示した上で，共和政の本質と変質についての筆者の見解を述べたい。既に幾度も繰り返してきた通り，本論が確認しえた限りにおいて，共和政は本質的に寡頭政であった。そして，いかなる幅で規定され，従っていかなる名で呼ばれえるかについては本論で議論されえなかったにしても，一定程度独占的に統治を主導していたという意味において，「統治層」という曖昧な表現によって説明してきたところの特定の人間集団が，元老院にその意志を代表させたのが共和政の権力の実像であり，かつこの集団の価値観がローマ社会の慣習を規定したものが，共和政の理念であった。従って，この理解に関しては，筆者の共和政像は定説のそれと，基本的に重なることになる。

　かかる本質を備えたものとしての共和政が，前2世紀以降の帝国形成の過程の中で，上で確認した形での機能を漸次果たしえなくなる，という理解は，おそらくほとんど全ての共和政史研究に共通した理解であろう。この広く先行研究において認められている理解を，筆者もまた本論中で改めて再確認した。ただし問題は，その機能不全の内実にある。

　ミラー説は，それを一般市民の政治的主体性の強化，という脈絡で説明している。しかし，この説明は本論で見た実態と乖離していることは，既に述べた通りである。ローマ皇帝による全社会への配慮のシステムの確立とは，裏を返せば共和政の本質であった市民社会の消失へと通じるに他ならない。

　その一方で，定説の理解もまた，本論で提示された共和政の変質の実態とは一致するものではない。それは特に，権力に関する理解において明らかである。確かに，帝国形成に伴う諸矛盾の噴出に呼応し，共和政の変質に作用を及ぼしたのは，一般市民の主体性ではなくて，統治層内部の対立であった，という限りにおいては，筆者の理解と定説の理解は近しいと言えるだろう。しかし，定説は，第Ⅰ章で見たように，統治層内部の対立を，統治理念をめぐって具体的には元老院と護民官との間に（あるいは，その背後の門閥派と民衆派との間に）展開したもの，という構図で説明しながらも，権力に関しては，統治層内部の闘争は一義的に人的諸関係の掌握に収斂する，と理解した。従って，当然アウグストゥスの権力掌握もまた，共和政の人的諸関係，特に保護関係の延長上にある，と考えられるのである。

これに対して本論の考察は，門閥派対民衆派の構図を否定せぬまでも，むしろ統治理念をめぐって対立の前面に現れたのは，元老院と命令権保持者との対峙であったことを明らかにした。この対立の中から出現した新たな権力は，人的諸関係よりも命令権——特に前1世紀以降は「異例の命令権」——の掌握，つまりは本源的には政務職の備える権力であった。それが，皇帝の出現へ至る，共和政の変質の内実である[2]。

　帝国形成がローマ共和政にもたらした変質とは，上で見たように，都市国家市民社会の mos に支えられた貴族政治的価値観から，帝国社会への統治者の配慮という理念の出現と，mos を基盤とするが故に，新たな理念に対応しえなかった権力に代わって，帝国成員への配慮を行いえる（また，行うことを正当と見なす）権力の出現である。しかし同時に，この変質が当の共和政統治層内部から出現したこと，そして新たな権力が共和政の統治機関の権力を前提としていることも重要である。ローマ帝政は，この意味で共和政との連続性を持つのである。

註

1) この見解に関連して，市民の「自由」，就中「自由」と統治との位相に関する理念（それは具体的には，libertas および fides 概念として端的に表れるであろう）について，本論では考察を深めることができなかった。既に膨大な先行研究の蓄積があるこの問題が，筆者にとって今後の研究課題の一つとなるであろう。
2) 従って，今一度モムゼンの発想に立ち返って，共和政の統治そのものを再考する必要性が生じてくると，筆者は考えている。しかし，その再考がモムゼン的な歴史認識に終わることは許されない点は，言うまでもない。とりわけこの再考の作業には，ミラーが提示している方法，特に一般市民の意識と行動，それに対する統治側の対応の分析——それも本論で深く立ち入ることができなかった政治文化面におよぶ分析——が，有効となる。

主要参考文献

略記号
ANRW. : H. Tempolini (Hrsg.), Aufstieg und Niedergang der römischen Welt, Berlin/ N.Y., 1972-.
CAH. : The Cambridge Ancient History, 1st. ed., Cambridge, 1923-1039.
CAH^2. : The Cambridge Ancient History, 2nd. ed., Cambridge, 1982-.
CIL. : Corpus Inscriptiones Latinarum, Berlin, 1863-.
ILS. : H. Dessau (Hrsg.), Inscriptiones Latinae Selectae, Berlin, 1892-1916.
ORF^2. : E. Malcovati (ed.), Oratorum Romanorum fagmenta, 2nd. ed., Trino, 1967.
RE. : G. Wissowa et al. (Hrsg.), Paulys Realencyclopädie der classischen Altertumswissenschaft, Stuttgart, 1894-1980.
＊その他の略記号は，L'année philologique に従う。

A. Afzelius, Zur Definition der römischen Nobilität in der Zeit Ciceros, Classica et Medievalia 1, 1938, 40-94.
Id., Zur Definition der römischen Nobilität vor der Zeit Ciceros, C. & M. 7, 1945, 150-200.
G. Alföldy, Römische Sozialgeschichte, Wiesbaden, 1984^3.
A. Alley, Les Aemilii Lepidi et l'approvisionnement en blé de Rome (IIe-Ie siècles av. J.-C.), REA. 102-1/2, 2000, 26-52.
A. E. Astin, Scipio Aemilianus and Cato Censorius, Latomus 15, 1956, 159-180.
Id., The Lex Annales before Sulla, Latomus 16, 1957, 588-613/Latomus 17, 1958, 49-64.
Id., Leges Aelia et Fufia, Latomus 23, 1964, 421-445.
Id., Scipio Aemilianus, Oxford, 1967.
Id., Cato the Censor, Oxford, 1978.
Id., Cicero and the Censorship, CPh. 80-3, 1985, 233-239.
Id., Regimen Morum, JRS. 78, 1988, 14-34.
Id., Roman Government and Politics, 200-134 B. C., in CAH^2. vol. 8, 1989, 163-196.
A. Aymard, Deux anecdotes sur Scipion Émilien, Mélanges de la société toulousaine d'études classiques 2, Toulouse, 1949 (Études d'histoire ancienne, Paris, 1967, 396-408. に所収).
E. Baltrusch, Regimen morum : Die Reglementierung des Privatlebens der Senatoren und Ritter in der römischen Republik und frühen Kaiserzeit, München, 1988.
E. Badian, Foreign Clientelae (264-70 B.C.), Oxford, 1958.
Id., From the Gracchi to Sulla, Historia 11, 1962, 197-245.

Id., *Roman Imperialism in the Late Republic*, Oxford, 1968² (1st. ed. 1967).
H. Bengtson, *Grundriß der Römischen Geschichte mit Quellenkunde I: Republik und Kaiserzeit bis 284 n. Chr.*, München, 1970².
H. Benner, *Die Politik des P. Clodius Pulcher. Untersuchungen zur Denaturierung des Clientelwesens in der ausgehenden römischen Republik*, Stuttgart, 1987.
D. van Berchem, *Les distributions de blé et d'argent à la plèbe romaine sous l'Empire*, Geneve, 1939.
A. H. Bernstein, *Tiberius Sempronius Gracchus*, Ithaca, 1978.
J. Bleicken, *Das Volkstribunat der klassischen Republik*, München, 1968².
Id., *Lex publica : Gesetz und Recht in der römischen Republik*, Berlin/N.Y., 1975.
Id., *Die Verfassung der römischen Republik : Grundlage und Entwicklung*, Paderborn, 1995⁷.
Id., Das römisches Volkstribunat : Versuch einer Analyse seiner politischen Funktion in republikanischer Zeit, *Chiron* 11, 1981, 87-108.
T. R. S. Broughton, *The Magistrates of the Roman Republic*, vols. 2, N.Y., 1951-52.
P. A. Brunt, The Roman Mob, *P. & P.* 35, 1966, 3-27.
Id., *Social Conflicts in the Roman Republic*, London, 1971.
Id., *Italian Manpower 225 B.C.-A.D. 14*, Oxford, 1971.
Id., Nobilitas and Novitas, *JRS.* 72, 1982, 1-17.
Id., *The Fall of the Roman Republic and the related Essays*, Oxford, 1988.
L. A. Burckhardt, The Political Elite of the Roman Republic, *Historia* 39, 1990, 77-99.
R. L. Calvert, M. Caludius Marcellus cos. II, 155 B.C., *Athenaeum* 39, 1961, 11-23.
J. Carcopino, *La vie quotidienne de l'apogée de l'empire romaine*, Paris, 1939.
G. Cardinali, 'Frumentatio', in *Dizionario Epigrafico* di antichità romana, 1906, 225-315.
W. Dahlheim, *Gewalt und Herrschaft : Das provinziale Herrschaftssystem der römischen Republik*, Berlin, 1977.
P. de Souza, Rome's contribution to the Development of Piracy, *The Maritime World of Ancient Rome* ed. R. L. Hohlfelder, Ann Arbor, 2008.
R. Develin, The Atinian Plebiscite : Tribunes and the Senate, *CQ.* 28, 1978, 141-144.
Id., Scipio Aemilianus and the Consular Elections of 148 B.C., *Latomus* 37, 1978, 484-488.
Id., *The Practice of Politics at Rome 366-167 B.C.*, Tasmania, 1985.
G. Doblhofer, *Die Popularen der Jahre 111-99 vor Christus : Eine Studie zur Geschichte der späten römischen Republik*, Wien/Köln, 1990.
M. Dondin-Payre, Homo novus : un slogan de Caton à César?, *Historia* 30, 1980, 22-81.
H. Drexler, *Politische Grundbegriffe der Römer*, Darmstadt, 1988.
A. M. Eckstein, *Senate and General : Individual Decision-Making and Roman Foreign Relations 264-194 B.C.*, Berkley, 1987.
W. Eder, Who Rules? Power and Participation in Athen and Rome, in A. Molho/K. Raaflaub/ J. Emlen (eds.), *City States in Classical Antiquity and Medieval Italy*, Ann Arbor, 1991.
D. Epstein, *Personal Enmity in Roman Politics 218-43 B.C.*, New York, 1987.
E. Flaig, Entscheidung und Konsens. Zu den Feldern der politischen Kommunikation

zwishcen Aristokratie und Plebs, in M. Jehne (Hrsg.), *Demokratie in Rom? : Die Rolle des Volks in der Politik der römischen Republik*, Stuttgart, 1995, 77-128.
L. Foxal/H. A. Forbes, Sitmetreia : The Role of Grain as a Staple Food in Classical Antiquity, *Chiron* 12, 1982, 47-90.
P. Garnsey/T. Gallant/D. Rathbone, Thessaly and the Grain Supply of Rome during the Second Century B.C., *JRS.* 74, 1984, 30-44.
P. Garnsey/C. R. Whittacker (eds.), *Trade and Famine in Classical Antiquity*, Cambridge, 1986.
P. Garnsey/D. Rathbone, The Background to the Grain Law of Gaius Gracchus, *JRS.* 75, 1985, 20-25.
P. Garnsey/R. P. Saller, *The Roman Empire : Economy, Society and Culture*, London, 1987.
P. Garnsey, *Famine and Food Supply in the Graeco-Roman World : Responses to Risk and Crisis*, Cambridge, 1988 (松本宣郎・阪本浩訳『古代ギリシア・ローマの飢饉と食糧供給』白水社, 1998年).
Id., *Cities, Peasants and Food in Classical Antiquity. Essays in Social and Economic History*, Cambridge, 1998.
H.-J. Gehrke, Römischer mos und griechische Ethik : Überlegungen zum Zusammenhang von Akkulturation und politischer Ordnung im Hellenismus, *HZ.* 258, 1994, 593-622.
M. Gelzer, Die Nobilität der römischen Republik, Leipzig, 1912 (Chr. Meier/H. Strasburger (Hrsg.), *Kleine Schriften*, Bd.1, Wiesbaden, 1962, 17-135 に所収).
Id., Die römische Gesellschaft zur Zeit Ciceros, Leipzig, 1919 (Chr. Meier/H. Strasburger (Hrsg.), *Kleine Schriften*, Bd.1, Wiesbaden, 1962, 154-185 に所収).
Id., Besprechung : Friedrich Münzer, Römische Adelsparteien und Adelsfamilien, *Neue Jahrbuch* 23, 1920 (Chr. Meier/H. Strasburger (Hrsg.), *Kleine Schriften*, Bd. 1, Wiesbaden, 1962, 196-200. に所収).
Id., Besprechung : H. H. Scullard, Roman Politics 220-150 B.C., *Historia* 1, 1950 (Chr. Meier /H., Strasburger (Hrsg.), *Kleine Schriften*, Bd.1, Wiesbaden, 1962, 201-210. に所収).
Id., Pompeius, München, 1959².
H. Gesche, *Rom, Welteroberer und Weltorganisator*, München, 1981.
M. Gowing, *The Triumviral Narratiovis of Appian and Cassius Dio*, Ann Arbor, 1992.
P. Greenhalgh, *Pompey*, London, 1981.
P. Grimal, *Le siècle des Scipions, Rom et l'Hellénisme au temp des guerres puniques*, Paris, 1975².
E. S. Gruen, P. Clodius Pulcher : Instrument or Independent Agent?, *Phoenix* 20, 1966, 120-130.
Id., *Roman Politics and the Criminal Courts*, Harverd, 1968.
Id., *The Last Generation of the Roman Republic*, Berkley/London, 1992 (Paparback ed. 1st. ed., 1974).
Id., The Exercise of Power in the Roman Republic, in A. Molho/K. Raaflaub/J. Emlen (eds.), *City States in Classical Antiquity and Medieval Italy*, Ann Arbor, 1991, 251-267.

U. Hackl, *Senat und Magistratur in Rom vor Mitte des 2. Jahrhunderts v. Chr. bis zur Diktatur Sullas*, Kahlmünz, 1982.

F. Hample, Römische Politik in republikanischer Zeit und das Problem des 'Sittenverfall', *HZ.* 188, 1959, 497-525.

W. V. Harris, *War and Imperiarism in Republican Rome 327-70 B.C.*, Oxford, 1979.

Id., Roman Expansion in the West, *CAH*². vol. 8, 1989. 107-162.

J. Hellegouarc'h, La conception de la 《nobilitas》 dans la République romaine, *Revue du Nord* 36, 1954, 129-140.

Id., *Le vocabulaire latin des relations et des partis politique sous la république*, Paris, 1972.

P. Herz, *Studien zur römischen Wirtschaftsgesetzgebung*, Stuttgart, 1988.

A. Heuß, Zur Entwicklung des Imperiums der römischen Oberbeamten, *ZRG., Rom. Abt.* 64, 1944, 57-133.

Id., *Römische Geschichte*, Braunschweig, 1976².

O. Hirschfeld, Die Verwaltung in der römischen Kaiserzeit, *Philologus* 29, 1870, 1-96.

W. Hoffman, Die römische Politik des 2. Jahrhunderts und das Ende Karthagos, *Historia* 9, 1960, 309-344.

K.-J. Hölkeskampf, *Entstehung der nobilität. Studien zur sozialen und politischen Geschichte der Römischen Republik im 4. Jhdt.v.Chr.*, Wiesbaden, 1987.

Id., Oratoris maxima scaena, in M., Jehne (Hrsg.), *Demokratie in Rom? : Die Rolle des Volkes in der Politik der römischen Republik*, Stuttgart, 1995, 11-49.

K. Hopkins/G. Burton, Political Succession in the Late Republic (249-50 B.C.), in K. Hopkins (ed.), *Death and Renewal : Sociological Studies in Roman History*, Cambridge, 1983, 31-119.

M. Jehne (Hrsg.), *Demokratie in Rom? : Die Rolle des Volkes in der Politik der römischen Republik*, Stuttgart, 1995.

Id., Die Beeinflussung von Entscheidungen durch "Bestechung": Zur Funktion des ambitus in der römischen Republik, in M. Jehne (Hrsg.), *Demokratie in Rom? : Die Rolle des Volkes in der Politik der römischen Republik*, Stuttgart, 1995, 51-76.

R. Kallet-Marx, *Hegemony to Empire, The Developement of the Roman Imperium in the East from 148 to 62 B.C.*, Berkeley/Los Angeles, 1985.

A. Keaveney, *Sulla : The Last Republican*, Oxford, 2005².

D. Kienast, *Cato der Zensor : Seine Personlichkeit und seine Zeit*, Heidelberg, 1954.

Id., Der augusteische Prinzipat als Rechtsordnung, *ZRG. Rom. Abt.* 104, 1984, 115-141.

W. Kunkel, Magistratische Gewalt und Senatsherrschaft, *ANRW.* 1-2, Berlin, 1972, 3-22.

R. Laurence, Rumour and Communication in Roman Politics, *G.&R.* 41, 1994, 62-73.

J. Leach, *Pompey the Great*, London, 1978.

L. de Libero, *Obstruktion : politische Praktiken im Senat und in der Volksversammlung der ausgehenden römischen Republik (70-49 v. Chr.)*, Stuttgart, 1992.

J. Linderski, Buying the Vote : Electoral Corruption in the Late Republic, *Ancient World* 11, 1985, 87-94.

A. Lintott, Democracy in the Middle Republic, ZSS. 104, 1987, 34-52.
Id., Electoral Bribery in the Roman Republic, JRS. 80, 1990, 1-16.
Id., Political History, CAH. vol. 9, 1994² 46-95.
Id., Violence in Republican Rome, Oxford, 1999². (1st. ed. 1968).
A. Lippold, Consules : Untersuchungen zur Geschichte des römischen Konsulates von 264 bis 201 v. Chr., Bonn, 1963.
F. Marx, Animadversiones criticae, RhM. 39, 1884, 65-72.
Chr. Meier, Res publica amissa : Eine Studie zur Verfassung und Geschichte der späten römischen Republik, Wiesbaden, 1966.
F. Metaxaki-Mitrou, Violence in the contio during the Ciceronian Age, L'antiquité classique 54, 1985, 180-187.
E. Meyer, Römischer Staat und Staatsgedanke, Zürich, 1964³.
G. B. Miles, Livy : Reconstructing Early Rome, Ithaca/London, 1995.
F. Millar, The Roman Republic and the Augustan Revolution, Chapell Hill/London, 2002 (H. H. Cotton/G. M. Rogers (eds.)) に、以下の諸論文を所収。
——The Political Character of Classical Roman Republic, 200-151 B.C., 109-142 (初出は JRS. 74, 1984).
——Politics, Persuation and the People before the Social War (150-90 B.C.), 143-161 (初出は JRS. 76, 1986).
——Popular Politics at Rome in the Late Republic, 91-113 (初出は I. Malkin/Z.W. Rubinsohn (eds.), Leaders and Masses in the Late Republic, Ann Arbor, 1995).
Id., Political Power in Mid-Republican Rome : Curia or Comitium?, in H. H. Cotton/G. M. Rogers (eds.), Rome, the Greek World, and the East, vol. 1, Chapel Hill/London, 2002 (初出は JRS. 79, 1989), 85-108.
Id., The Crowd in Rome in the Late Republic, Ann Arbor, 1998.
Th. Mommsen, Römische Geschichte, Berlin, Bde. 1-3, 1854-1856, Bd. 4, 1885.
Id., Römisches Staatsrecht, Bde. 3, Berlin 1887-1888³ (Nachdruck, 1969, Graz).
H. Mouritsen, Plebs and Politics in the Late Roman Republic, Cambridge, 2001.
F. Münzer, Römische Adelsparteien und Adelsfamilien, Stuttgart, 1920 (Nachdruck, Darmstadt, 1963).
C. Nicolet, Le métier de citoyen dans la Rome républicaine, Paris, 1976.
W. Nippel, Die Plebs urbana und die Rolle der Gewalt in der spaten romischen Republik, in H. Mommsen/W. Schultze (Hrsg.), Vom Elend der Handarbeit, Stuttgart, 1981, 70-92.
Id., Public Order in Ancient Rome, Cambridge, 1995.
H. Nolte (Hrsg.), Patronage und Klientel, Köln/Wien, 1989.
J. Patterson, Politics in the Late Republic, in T. P. Wiseman (ed.), Roman Political Life 90 B.C.-A.D. 69, Exeter, 1985, 21-44.
Id., The City of Rome : Republic to Empire, JRS. 82, 1992, 186-215.
J. -M. Perelli, Il movimento popolare nell'ultimo secolo della repubblica, Torino, 1982.
A. von Premerstein, Vom Werden und Wesen des Principats, München, 1937.

K. A. Raaflaub, Born to be Wolves? Origins of Roman Imperialism, in R. W. Wallace/E. M. Harris (eds.), *Transition to Empire. Essays in Greco-Roman History, 360-146 B.C., in Honor of E. Badian,* Oklahoma, 1996.

J. S. Richardson, *Hispaniae, Spain and the Developement of Roman Imperialism 218-82 B.C.,* Cambridge, 1986.

Id., Imperium Romanum : Empire and the Language of Power, *JRS.* 81, 1991, 1-9.

G. E. Rickman, *The Corn Supply of Ancient Rome,* Oxford, 1980.

R. T. Ridley, The Genesis of a Turning-Point : Gelzer's Nobilität, *Historia* 35, 1986, 475-502.

R. Rilinger, *Der Einfluß des Wahlleiters bei den römischen Konsulwahlen 366 bis 50 v.Chr.,* München, 1976.

Id., Die Ausbildung von Amtswechsel und Amtsfristen als Problem zwischen Machtbesitz und Machtmißbrauch in der Mittleren Republik (342-217 v. Chr.), *Chiron* 8, 1978, 247-312.

G. Rögler, Die lex Villia annalis. Eine Untersuchung zur Verfassungsgeschichte der römischen Republik, *Klio* 40, 1962, 76-123.

M. Rostovtzeff, 'Frumentum', in *RE.,* Bd. 7, col. 126-187.

Id., *Social and Economic History of the Roman Empire,* Oxford, 1957².

R. J. Rowland Jr., The Number of Grain Recipients in the Late Republic, *Acta Antiqua* 13, 1965, 81-83.

R. P. Saller, *Personal Patronage under the Early Empire,* Cambridge, 1982.

U. Schlag, *Regnum in senatu : Das Wirken römischer Staatsmänner von 200-191 v. Chr.,* Stuttgart, 1968.

E. Schmahling, *Die Sittenaufsicht der Censoren,* Stuttgart, 1938.

A. Schulten, *Geschichte von Numantia,* 1933 (reprinted in New York, 1975).

H. H. Scullard, *Roman Politics 220-150B.C.,* Oxford, 1951.

Id., Scipio Aemilianus and Roman Politics, *JRS.* 50, 1960, 59-74.

R. Seager, *Pompey,* Oxford, 1979.

A. N. Sherwin-White, Violence in Roman Politics, *JRS.* 46, 1956, 1-9.

Chr. Simon, Gelzer's "Nobilität der römischen Republik" als "Wendepunkt" : Anmerkungen zu einem Aufsatz von R. T. Ridley, *Historia* 37, 1988, 222-240.

H. Simon, *Roms Krieg in Spanien 154-133 v. Chr.,* Frankfurt a. M., 1962.

J. Suolahti, *The Roman Censors : A Study on Social Structure,* Helsinki, 1963.

D. Stockton, *The Gracchi,* Oxford, 1979.

H. Strasburger, "nobiles", in *RE.,* Bd. 17, 785-791.

Id., Der Scipionenkreis, *Hermes* 94, 1966, 60-72.

G. S. Sumi, *Ceremony and Power : Performing Politics in Rome between Republic and Empire,* Ann Arbor, 2005.

R. Syme, *The Roman Revolution,* Oxford, 1939.

L. R. Taylor, *The Party Politics in the Age of Caesar,* Berkley/Los Angels, 1949.

Id., Forerunners of the Gracchi, *JRS.* 52, 1962, 19-27.

Id., *Roman Voting Assemblies*, Ann Arbor, 1966.
L. Thommen, *Das Volkstribunat der späten römischen Republik*, Stuttgart, 1989.
A. Toynbee, *Hannibal's Legacy*, vol. 1, Oxford, 1965.
J. B. von Ungern-Sternberg, *Untersuchung zum späten römischen Notstandsrecht*, München, 1970.
Id., Die politische und soziale Bedeutung der spätrepublikanischen leges frumentariae, in A. Giovannini (éd.), *Nourrir la plèbe : Actes du colloque tenu à Geneve, les 28 et 29. IX 1989 en hommage à Denis van Berchem*, Basel/Kassel, 1991.
Id., Die Legitimitätskrise der römischen Republik, *HZ*. 266, 1998, 607-624.
P. J. J. Vanderbroeck, Homo novus again, *Chiron* 16, 1986, 239-242.
Id., *Popular Leadership and Collective Behavior in the Late Roman Republic*, Amsterdam, 1987.
P. Veyne, *Le pain et le cirque. Sociologie historique d'un pluralisme politique*, Paris, 1979.
C. Virlouvet, *Famines et émentes à Rome des origines de la République a la mort de Néron*, Rom, 1986.
Id., La plèbe frumentaire à l'époque d'Auguste, in Giovannini (éd.), *Nourrir la plèbe : Actes du colloque tenu à Geneve, les 28 et 29. IX 1989 en hommage à Denis van Berchem*, Basel/Kassel, 1991, 43.
Id., *Tessera Frumentaria : les procédures de distribution du Blé publique à Rome à la fin de la République et au début de l'Empire*, Rome, 1995.
F. W. Walbank, Political Morality and the Friends of Scipio, *JRS*. 55, 1965, 1-16.
Id., *A Historical Commentary on Polybios*, Oxford, 1970.
Id., *Polybios*, Berkley/Los Angeles/London, 1972.
A. Wallace-Hadrill, *Patronage in Ancient Society*, London/New York, 1989.
R. Werner, Das Problem des Imperialismus und die römische Ostpolitik, *ANRW*. I-1, Berlin/N.Y., 1972, 501-563.
Id., Vom Stadtstaat zum Weltreich: Grundzuge der innenpolitischen und sozialen Entwicklung Roms, *Gymnasium* 80, 1973, 209-235, 437-456.
W. Will, *Der römische Mob : Soziale Konflikte in der späten Republik*, Darmstadt, 1991.
P. Willems, *Le sénat de la république Romaine*, t.1, Louvain, 1878-85 (reimp. Darmstadt, 1968).
C. Williamson, *The Laws of the Roman People : Public Law in the Expansion and Decline of the Roman Republic*, Ann Arbor, 2005.
T. P. Wiseman, *New Men in the Roman Senate, 139 B.C.-A.D. 14*, Oxford, 1971.
T. P. Wiseman (ed.), *Roman Political Life 90 B.C.-A.D. 69*, Exeter, 1985.
A. Yakobson, Petitio and Largitio: Popular Participation in the Centuriate Assembly of the Late Republic, *JRS*. 82, 1992, 32-52.
Id., *Elections and Electioneering in Rome*, Stuttgart, 1999.
Z. Yavetz, *Plebs and princeps*, Oxford, 1969.
Id., The Res Gestae and Augustus' Public Image, in F. Millar/E. Seagal (eds.), *Caesar*

Augustus. Seven Aspects, Oxford, 1984, 1-36.
浅香正「ローマ共和政末期の権力構造」『社会経済史大系』1, 弘文堂, 1960, 87-116 頁.
石川勝二「共和政ローマと民主政」『西洋史研究』新輯 24, 1995, 1-22 頁.
岩井経男「ゲルツァー理論の再検討 —— ミラー論文を手がかりとして ——」『北日本文化の継承と変容』弘前大学文学部人文学科特定研究事務局, 1987, 191-202 頁.
同「クリエンテラ論の再検討」長谷川博隆編『古典古代とパトロネジ』名古屋大学出版会, 1992, 147-164 頁.
同「スッラの体制 —— ローマ共和政末期の権力者と不正 ——」『西洋史研究』新輯 24, 1995.
砂田徹「P. クロディウスをめぐる最近の諸研究」『名古屋大学文学部研究論集』107, 1990, 87-102 頁.
同「選挙買収禁止法とローマ共和政末期の政治」『名古屋大学文学部研究論集』113, 1992, 23-40 頁.
同「共和政期ローマの社会・政治構造をめぐる最近の論争について —— ミラーの問題提起 (1984 年) 以降を中心に ——」『史学雑誌』106-8, 1997, 63-86 頁.
同「雄弁家と民衆 —— 帝国形成期ローマの政治文化 ——」『岩波講座世界史』5, 1998, 221-244.
同『共和政ローマとトリブス制：拡大する市民団の編成』北海道大学出版会, 2006 に, 以下の論文を所収.
—— 「都市トリブス再考 ——「トリブスから移す」とは何か ——」, 207-240. (初出は, 『北海道大学文学研究科紀要』108, 2002).
長谷川岳男「ローマ帝国主義研究」『軍事史学』37-1, 2001, 51-74 頁.
長谷川博隆「内乱の一世紀」『岩波講座世界史』2, 1969, 279-316 頁.
同編『古典古代とパトロネジ』名古屋大学出版会, 1992 に, 以下の諸論文を所収.
—— 「パトロネジ研究の現状と問題点」, 1-17 頁.
—— 「クリエンテラ —— パトロネジの底にあるもの」, 187-216 頁.
馬場典明「カトーと『父祖の諸慣習』」『歴史と人間の対話』九州大学出版会, 1982.
同「営利不関与と Plebiscitum Claudianum —— 学説整理を中心に ——」『歴史学・地理学年報』7, 1983, 1-28 頁.
同「ローマ農業の生産性 (上)」『古代文化』49-2, 1997, 16-26 頁.
藤井崇「ポリュビオスとローマ共和政：『歴史』からみた共和政中期のローマ国政」『史林』86-6, 2003, 1-35 頁.
藤澤明寛「ローマ帝国下の穀物供給 —— Cura annonae について ——」『西洋史学論叢』15, 1993, 13-26 頁.
古山正人／本村凌二「地中海世界と古典文明」『岩波講座世界史』4, 岩波書店, 1998, 3-84 頁.
宮嵜 (吉浦) 麻子「ローマ共和政末期の穀物供給政策」『西洋史学』193, 1999, 23-44 頁.
同「アウグストゥス期における都市ローマの穀物供給制度」『古代文化』51-9, 1999, 19-31 頁.
同「ローマ共和政末期の「異例の命令権」—— ガビニウス法 (前 67 年) の検討 ——」

『法政研究』70-4，2004，481-501 頁。
松本宣郎「初期ローマ帝国の支配構造」『ギリシアとローマ：古典古代の比較史的考察』河出書房新社，1988，107-143 頁。
毛利晶「神話とローマの歴史記述」『ギリシアとローマ：古典古代の比較史的考察』河出書房新社，1988，327-358 頁。
同「共和政ローマのイマーギネース・マヨールム：その法的権利に関する考察を中心に」『史学雑誌』112-12，2003，38-61 頁。
本村凌二（鶴間和幸との共著）「帝国と支配——古代の遺産——」『岩波講座世界史』5，岩波書店，1998，40-47 頁。
安井萌「共和政ローマの「ノビリタス」支配」『史学雑誌』105-6，1996，39-65 頁。
同『共和政ローマの寡頭政治体制：ノービリタース支配の研究』ミネルヴァ書房，2005。
弓削達『地中海世界とローマ帝国』岩波書店，1977 頁。
吉浦（宮嵜）麻子「ローマ中期共和政の権力構造(1)」『西洋史学論集』26，1989，43-54 頁。
同「スキーピオ＝アエミリアーヌスのモーレース・マーイオールム」『西洋史学論集』33，1995，44-47 頁。
同「ポンペイウスのクーラ・アノーナエ」『西洋史学論集』31，1993，15-27 頁。
同「ローマ共和政中期の政務職関連諸法——アエリウス・フフィウス法の再検討——」『史淵』134，1997，21-39 頁。
吉村忠典『支配の天才ローマ人』三省堂，1981。
同「パトロネジに関する若干の考察」長谷川博隆編『古典古代とパトロネジ』名古屋大学出版会，1992，165-181 頁。
同『古代ローマ帝国』岩波書店，1998。
同『ローマ帝国の研究』岩波書店，2003 に，以下の諸論文を所収。
―――「ローマの対外関係における自由（libertas）の概念について」，163-196 頁（Zum römischen libertas-Begriff in der Aussenpolitik im zweiten Jahrhundert vor Chr., *AJAH*. 9, 1988 の邦訳）。
―――「帝国という名の国際社会」，3-16 頁（初出は『国際交流』第 16 巻 1 号，1993）。
―――「法的権力と法律外権力のあいだ：古代ローマのパトロキニウムによせて」，197-234 頁（初出は『湘南国際女子短期大学紀要』創刊号，1993）。
―――「公職と「反」公職：古代ローマ共和政期の公職をめぐって」，291-327 頁（初出は『歴史と地理』8/11 月号，2000）。

あとがき

　本書は，2006年度に九州大学に提出し受理されて，文学博士学位認定の根拠とされた筆者の学位請求論文を元としている。冒頭注記に示すように，各章はそれぞれ雑誌論文として初出しているが，学位請求論文としてまとめた際に大幅に加筆・修正した。そして今回，淑徳大学学術出版助成を得て本書を出版するにあたり，さらに若干の手直しをなした。

　筆者は1981年に九州大学文学部に入学したので，学位論文を受理されるまでに25年の歳月を要したことになる。四半世紀とはなんと長い道のりであったことよと我ながら呆れている次第である。その間，筆者の歴史学研究者としての力量も姿勢もどれほど進歩したものかと考えると，恥じ入るばかりである。この年月の中をローマ史研究における筆者自身の問題関心の所在 ―― 権力と社会との位相 ―― に遅々とした歩みながら携わり続けてきたという以上のことは言うべきほどのものもない。とはいえその過程で少しずつ執筆してきた論文を本書にまとめることができ，歩みののろい自分がようやくここまで来られたことに，いささか胸に迫るものを感じている。

　ここに至る道のりは，多くの方々のご指導，ご助力に支えられている。なによりも歴史学のなんたるかさえ知らなかった10代以来，筆者を常に忍耐強くご指導くださった馬場典明先生に御礼を申し上げたい。歴史学研究者としての筆者の全ては先生の教えを受けることによって形成されたものである。

　神寳秀夫先生には，筆者が九州大学助手であった時期以来，親身のご助力を頂いた。厳格・禁欲的な先生の研究姿勢を傍らから見続け，その一方で的確で温かいご助言を事あるごとに頂くことによって筆者は長い非常勤講師時代に研究者としての生き方を辛うじて見失わずに来た。

　西村重雄先生は，ローマ法学の厳密な世界を垣間見させて下さった。また筆者が博士後期課程においてミュンヒェン大学に留学し，ヨーロッパの歴史学界に目を開くことができたのは，偏えに西村先生のご厚意のおかげである。そのミュンヒェン大学では歴史学部のH. H. シュミット教授，法学研究所のD. ネル教授，R.

ヴィットマン教授(いずれも 1990〜1992 年当時)にひとかたならぬお世話になった。思えば本書の主題である食糧供給というテーマは，この 3 人の碩学の合同ゼミにて筆者が "Das Notstandsrecht in der römischen Republik" という題目で，ポンペイウスのクーラ・アノーナエの性格を論じたところから始まったのである。

　最後に夫である宮嵜洋一に謝意を申し述べる。同じ帝国という名で呼ばれながらもさまざまな点でローマ帝国とは大きく異なる清朝中国を専門とする洋一との対話の中から新たな発想を得ることが多々あった。しかしそれ以上に，小さな困難にぶつかってはすぐに挫折しかける筆者にとって最大の支えは，洋一の心遣いと，娘と共に 3 人で営む日々のささやかな温もりである。研究から家事育児に至るまで生活のすべてを分かち合う夫に，よって本書を捧げる。

索 引
(年代は特記しないかぎり，すべて紀元前である。)

法　律

アエリウス＝フフィウス法
　Leges Aelia et Fufia（150年代？）
　166, 170-177, 187, 188, 190-193,
　197, 198, 202, 205, 252
アティニウス法 Lex Atinia（149頃？）
　217
ウィッリウス法 Lex Villia annalis（180年）
　100, 165-170, 175, 176, 186, 193,
　197, 202, 203, 216, 217
オクタウィウス法 Lex Octaivia（90年代
　初？）　87, 105

海賊に関する法 Lex de pirate（101年）
　104, 151, 160
カッシウス法 Lex Cassia（137年）　16,
　102, 212, 213, 223
ガビニウス法 Lex Gabinia
　秘密投票法（139年）　102, 212, 217
　「海賊対策のための」（67年）　104,
　120, 125, 126, 139, 142, 148, 153-
　155, 158
カルプルニウス法 Lex Calpurnia（149年）
　102, 217
クラウディウス法 Lex Claudia（plebisci-
　tum Claudianum）(218年)　11,
　38
クロディウス法 Lex Clodia（58年）
　60, 91, 97, 107, 117, 134, 136,
　166, 171, 173-175
穀物配給（諸）法 Lex de frumentaria
　33, 34, 37, 49, 50, 71, 72, 82,
　83, 86-88, 90, 96-98, 103, 105,
　110, 113, 128, 151, 152, 250

（コーンスル）再選禁止法（151年）

　129, 186-188, 207, 213
奢侈禁止法 Lex Sumptuaria　169, 230
　オッピウス法 Lex Oppia（215年）
　215
　オルキウス法 Lex Orchia（182年）
　100, 216
　ファニウス法 Lex Fannia（169年）
　100, 216
「食糧供給に関する」ユリウス法（紀元1
　世紀初頭？）　57, 107
選挙不正取締法 Lex ambitus
　コルネリウス・バエビウス法（181年）
　216
　コルネリウス・フルウィウス法（159
　年）　216
センプロニウス法
　農地分配法 Lex Sempronia de agrarian
　（133年）　102, 223
　「穀物配給に関する」Lex Sempronia de
　frumentaria（123年）　48, 71-75,
　82-85, 87, 89, 90, 96, 97, 103

テレンティウス＝カッシウス法 Leges
　Terentia et Cassia（73年）　87, 98,
　105

バエビウス法 Lex Baebia　216

マニリウス法 Lex Manilia（66年）　120,
　126, 153

ユリウス法 Lex Iulia（46年）　107
　「穀物配給に関する」　57

リーウィウス法 Lex Livia（90年代初？）

105
リキニウス・セクスティウス法 Leges Lici-

nia et Sextia（367 年）　10，20

地　名

アクティウム　106
アシア　102
アテーナイ　32，47
アフリカ　54，55，106，116，157，
　　194，217，222，242，244
アレクサンドリア　55，56，58
イタリア　16，17，48，61，76，79，
　　91，100，113，116，135，168，207，
　　208，216，230，232
イリュリア　178，179，206，207
インテルカティア　233
エジプト　54，55，114
オスティア　55，63，80，153

ガリア　102，106
　ガリア・ナルボネンシス　102
カルターゴー　100，179，195，196，
　　211，213
キリキア　149，152
クマエ　75
クレタ　125，153
コリントゥス　102，217，228
コルシカ　80

サルディーニア　54-56，77，80，100，
　　106，116，179，180，207，216
シキーリア　54，55，98，100，116，
　　117，152，160，207，231
小アジア　147-150，153

テッサリア　94，102

ヌマンティア　182，195，213，217，
　　223，233

パラティヌス　113
ピケヌム　124
ヒスパーニア　76，94，100，102，104，
　　149，150，155，168，179-190，192，
　　194-196，207，209，210，212，216，
　　217，222，223，230，232，233，242，
　　244
ヒスパーニア・ウルテリオル　181，
　　182，217，232，233
ヒスパーニア・キテリオル　181，
　　182，216，217，232
ビテュニア　147
プテオリ　55，58
ペルガモン　102
ポントゥス　142，147，149

マケドニア　102，168，178，179，192，
　　217，222
ミセヌム　55

ラウェンナ　55
リグリア　207

事　項

アエディーリス（職）aedilis　63，77-
　　82，84，85，95，100，106，121，

128，152，169，175，193，194，205，
222，250

索引

アエディーリス・クルーリス a. curulis
  77, 121, 167, 227
アエディーリス・プレービス a. plebis
  121
「穀物担当の」 a. cerealis 63
アエラリィ aerarii 234, 236, 244,
  245
アカイア同盟 102, 216, 217
アレウァキィ人 Arevacii (族) 182,
  183, 209
イタリア (同盟) (諸) 都市 12, 16,
  68, 104, 127, 198
イマーギネース (権) 20
「異例の命令権 imeprium extra ordinem」
  34, 35, 53, 92, 104, 107, 109,
  111, 114-116, 118-120, 128, 131-
  133, 139-147, 149, 150, 154-157,
  159, 160, 199, 249-252, 255
ウォルスキー人 Volsci 75
エヴェルジェティズム évergétisme
  33, 48, 74, 78, 79
エジプト長官 praefectus Aegypti 54,
  68
円形闘技場 29
大麦 100
「大盤振る舞い larigito」 33, 87, 93,
  95, 96

海外クリエンテーラ 15
凱旋式 159, 179, 180, 182, 185,
  202-207, 212, 216, 222
海賊 55, 56, 79, 96, 104, 115,
  125, 135, 141, 142, 146-155, 157-
  159, 252
解放奴隷 60, 61, 214
革命 15, 98
瑕疵 vitium 174, 175, 182, 208, 216
「瑕疵により選ばれた vitio creati」 174,
  180
寡頭政 14, 30, 31, 49, 73, 81, 93,
  110, 163, 165, 250, 254

(諸)慣習 mos, mores (「父祖の諸慣習」
  も見よ) 26, 73, 158, 163, 164,
  167, 168, 174, 177, 180, 192, 193,
  196, 203, 204, 220, 225, 240, 252
飢饉 47, 51, 55, 64, 75, 77, 95,
  99, 102, 106, 134, 135, 137
騎士 (身分) equites 10-12, 17, 38,
  56, 65, 72, 81, 220, 228, 230,
  234, 239, 244, 247
凶兆 170-173
「凶兆の宣言 obnuntiatio」 170
拒否権 87, 145, 165, 172, 191, 198,
  206, 212, 217
清めの儀式 (ルストラティオー lustratio)
  234-236, 238, 241
組合 57, 76
クリエンテーラ 13-18, 24, 25, 27,
  28, 29, 73, 81, 85
クルーリス職 20, 21
クワエストル (職) quaestor 77, 86,
  100, 106, 115, 121, 152
「オスティア管轄の」 q. Ostiensis 63,
  77, 80
「都市の」 q. urbana 86
群衆 multitudo 112, 126, 135, 137
劇場 29, 91, 112, 119, 214
ケルトイベリア人 celtiberii 182-184,
  210, 216, 223
元首政 2, 14, 16, 18, 80, 249
譴責 nota 220, 225, 228, 234, 236,
  245, 247
原籍 origo 60, 61
ケーンソル (職) censor 102, 135,
  168, 174, 188, 204, 206, 210, 219-
  221, 223-230, 232, 234-236, 238-
  241, 244, 245
ケントゥリア centuria 220, 244
元老院 senatus passim
元老院議員 11, 16, 28, 41, 51, 54,
  56, 77, 106, 119, 122, 125, 136,
  145, 149, 154, 155, 167, 169, 185,

187, 192, 194-196, 205, 214, 215,
220, 222, 227, 228, 230, 239
元老院議員身分　　11, 26, 64, 65
元老院議決 senatus consultum　　65, 88,
91, 98, 101, 104, 105, 107, 112,
120, 165, 211, 217, 232, 241
「元老院議決による穀物分配のための長官
praefecti Fruemnti dandi ex SC」
65
元老院最終議決 senatus consultum ultimum　　102
元老院統治　　35, 37, 109, 118, 120,
125, 129-133, 140-142, 144, 148,
156, 165, 168, 170, 172, 175, 176,
190-193, 197, 198, 204, 224, 229,
248, 252
「元老院の承認 senatus auctoritas」
169, 204
（ローマ）皇帝　　2, 3, 14, 16, 33, 47,
49, 50, 52, 54-57, 62, 65-67, 73,
74, 93, 118, 139, 140, 144, 165,
251, 254, 255
皇帝代理人　　54, 62, 63, 65, 74, 117
港湾（施設）　　49, 62, 79, 80, 100,
149
穀物　　passim
　穀物委員　　135
　穀物価格　　57, 91, 95, 96, 102,
104, 109, 112, 113, 153, 212, 231
　穀物供給　　passim
　穀物供給機構　　74, 82
　穀物供給政策　　35, 37, 52, 71, 85,
93, 151
　穀物供給制度　　34, 47, 49, 50, 57,
71, 86, 90, 97, 110, 249
　穀物供給地（生産地、生産属州）　　54,
55, 76, 99, 116, 117, 134, 151,
160
　穀物供給問題　　32, 33, 35, 110,
119, 128, 129, 131, 132, 139, 155,
156

（穀物）（の）受給（者）　　53, 56, 58-
62, 74, 82-84, 87, 88, 90, 97,
103, 105, 106, 117
（穀物）（の）需要（量）　　53, 54, 91
穀物商人　　57, 75, 77, 117
（穀物）（の）生産（量）　　53, 54, 56,
95, 113
穀物（の、を）施与　　75, 78, 95,
106, 152
穀物倉庫　　55, 97, 99, 103, 134
穀物（の、を）調達　　33, 53, 55,
56, 74, 86, 95, 102, 110, 116,
117, 149, 150, 160
穀物（の、を）配給　　51-53, 56,
59, 61, 63, 64, 84, 87, 91, 104,
110, 117, 160, 250
穀物（の、を）販売　　56, 63, 71,
74, 78, 83, 84, 86, 89, 96
穀物（の、を）備蓄　　55, 56
穀物（の）不足　　75, 80, 91, 96,
99, 105, 109, 113, 126, 128, 129,
132, 134, 231
穀物（の、を）分配　　29, 53, 58,
72, 74, 77-81, 85, 98, 152, 160
（穀物）無料配給　　81, 88, 89, 91,
107, 113, 117, 129
（穀物の、を）輸出　　53, 54, 62
（穀物の、を）輸送　　53, 55, 56, 62,
74, 104, 106
国庫（金）　　72, 74, 76, 78, 83, 84,
86, 87, 91, 93, 96, 112, 115, 118,
141, 229, 231
護民官 tribunus plebis　　58, 80-82, 85-
88, 90, 96, 102, 104, 106, 110,
112, 114, 115, 118, 120, 121, 127,
141, 142, 145, 151, 154, 158, 164,
165, 167, 170, 172, 173, 189-192,
194, 198, 199, 202, 203, 206, 210-
213, 216, 217, 227, 231, 232, 242,
244, 254
小麦　　50, 54, 82, 95, 100

索 引　　　　　　　　　　　　　273

コーンスル consul　　passim
　コーンスル格トリブーヌス tribunus
　　pro consularis　　11
　コーンスル表　　13, 26
　「同僚なきコーンスル consul sine collega」　　132, 157

「最良の人士 optimates」　　95, 110, 160
(ローマ) 市民　　passim
(ローマ) 市民権　　12, 60, 97, 117
(ローマ) 市民団　　27, 59, 61, 76, 83, 87, 97, 163, 194, 200, 205, 213, 220, 221, 225, 235, 240, 241
集会 contio　　27, 76, 83, 84, 112, 145, 154, 155
十分の一税　　80, 83, 100, 102
シュリア戦争　　100, 216
食糧　　47-49, 51, 60, 72, 75, 79
　食糧危機　　47, 51, 52, 55, 56, 63, 64, 70, 109, 111, 113, 114, 119, 126, 132, 149, 150, 152, 155
　食糧供給　　47-50, 62, 63, 65, 74, 75, 151, 152, 258
　食糧供給制度　　47, 49, 50, 151, 152
　食糧供給長官 praefectus annonae　　49, 54, 62, 65, 66, 68, 106
　「食糧供給のための配慮 cura annonae」　　34, 50, 51, 109
　食糧 (の) 不足　　48, 55, 75, 78, 79, 96, 149-151
神官　　113, 218
親近関係 Naheverhältniss　　12
新人 homo novus　　11, 16, 21, 22, 41, 167, 228, 229
神殿　　29, 244
(租) 税 (収) (制)　　48, 49, 54-56, 60, 68, 79, 80, 83, 84, 100, 147
誠実関係 Treuverhältniss　　12, 39
政務職 magistratus　　passim
　政務職経験 (者)　　11, 64, 72, 164, 167, 169, 171, 203

政務職権限　　9, 29, 34, 92, 109, 115, 116, 125, 139, 204, 250, 251
(政務職の) 再選　　135, 167, 174-179, 181, 182, 186-188, 190, 203, 206, 215, 233
政務職 (の) 就任　　116, 135, 164, 165, 167, 168, 170, 174, 176, 177, 180, 181, 186, 188, 190, 193, 197-200, 202-204, 232, 240, 252
政務職 (就任) 階梯　　167, 169, 193, 202-204
政務職就任資格　　164, 165, 193, 198, 216
政務職選挙　　15, 26, 164, 165, 168, 170, 171, 177, 198, 205, 217
(上級) 政務職　　10, 11, 75, 97, 165, 167, 170, 172, 177, 191-203, 208
生来自由人 ingeui　　61
施与 (穀物の, 金銭の)　　48-50, 56, 58, 59, 63, 66, 74, 78-80, 111
セルトリウス戦争　　146
騒乱　　29, 51, 77, 80, 91, 96, 104, 106, 119, 128-130, 132, 133, 137, 149, 150, 153-155, 199, 205, 242
属州 provincia　　54, 65, 74, 79, 80, 83, 106, 113, 116-118, 125, 142-144, 150, 156, 168, 181, 182, 199, 202, 207, 208, 228
(属州) 総督　　112, 116, 118
属州不当搾取法廷　　217
属州民　　16

大土地所有制　　79, 230
ダルマティア人　　178, 179, 216
徴税請負人　　147
(ローマ) 帝国　　1-4, 7, 16, 17, 33, 34, 47, 54, 62, 116, 142, 144, 197-199, 230, 240, 253, 255
(ローマ) 帝政　　1-5, 7, 13-18, 22, 31-34, 36, 47-50, 57, 60-63, 66,

67, 71, 73, 74, 83, 85, 90, 92, 96, 97, 117, 139, 140, 156-158, 213, 246, 250-253, 255
帝国主義　208, 213
統制　47-50, 54, 57, 62, 66, 81, 89, 95, 106
統治階層（層）（身分）　passim
党派 Partei, factio（民衆派，門閥派も見よ）　12-15, 17, 18, 39, 40, 72, 85, 86, 89, 110, 111, 146, 176, 197, 227, 228, 245
独裁官 dictator　11, 51, 52, 104, 106, 144, 215
特権（賦与）　12, 18, 23, 27, 28, 30, 32, 53, 57, 58, 60, 76, 90, 97, 117, 142, 199, 225, 229
トリブス tribus　104, 214, 245

内乱　12, 14-16, 18, 50, 71, 140, 219, 223
農地分配　198, 234
ノービリタース nobilitas　7, 10-14, 16-23, 27-32, 41, 72, 110
ノービレース nobiles　10-12, 14-16, 18, 20, 21, 23, 41

配慮（「食糧供給のための配慮」も見よ）　33-35, 37, 52, 53, 56, 58, 59, 62, 66, 81, 90, 91, 95, 98, 132, 139, 156, 224, 228, 240-243, 249, 253-255
パトリキィ patricii　10, 12, 20, 21, 27, 166, 211, 222
パトロネジ patronage　13, 16, 17, 24, 25, 41
「パンとサーカス」　32, 44
ヒスパーニア戦争　143, 181, 183, 207, 211, 231, 232, 234, 252
ファクティオテーゼ　15, 20, 24, 25
「風紀取締まり regimen morum」　220, 225, 226, 228, 229, 234, 239

フォールム　96, 149, 228
副官　53, 62, 64, 66, 91, 112, 115-117, 141, 145, 155
「父祖の慣習」　15, 212, 229, 238, 241
船主　48, 53, 56, 57, 66
プラエトル praetor　22, 40, 51, 63, 64, 76, 77, 96, 106, 112, 120, 121, 141, 149, 151, 157, 167, 178, 182, 185, 189, 203-205, 212, 215-217, 228, 233
プロコーンスル proconsul　106, 115, 116, 135, 141, 147, 150, 157, 158, 195, 215
平民（プレーブス plebs）　75, 95, 141, 172
平民会　86, 120, 141, 145, 165, 167, 170, 172
　平民会議決　87, 115, 120, 170, 172, 204, 213
暴動　51, 99, 134, 135, 149
暴力　51, 52, 86, 87, 105, 119, 145, 147, 153-155, 173
ポエニ戦争　146, 155, 158, 203, 230
　第一次ポエニ戦争　4
　第二次ポエニ戦争　10, 15, 68, 76, 77, 79, 94, 100, 143, 164, 166-170, 175-177, 179-183, 198, 199, 201-205, 207-208, 210, 215-217, 222, 229, 230, 239, 240, 247, 250-252
　第三次ポエニ戦争　102, 188, 190, 194, 210, 217, 222, 226, 231, 242, 244
保護関係（クリエンテーラ，パトロネジも見よ）　12, 13, 16, 17, 23, 39, 124, 178, 207, 254
募兵　102, 189, 190, 198, 199, 211, 212, 216, 217, 232, 233

マケドニア戦争　100, 179, 204, 217, 226

索　引

ミトリダテース戦争　147, 148, 150, 153, 155, 252
身分闘争　3, 10, 27, 75, 164-166, 190, 211
民会 comitia　9, 15, 25, 27, 28, 30-32, 72, 73, 87, 117, 143, 151, 163, 164, 169-172, 183, 193, 200, 203, 205, 212, 213, 217, 222, 223, 242, 252
　ケントゥリア会 c. centuriata　171
　選挙民会　26, 170, 171, 176, 192
　トリブス会 c. tribute　171
　立法民会　171, 172, 176, 192, 204
　民会議決　15, 87, 91, 115, 120
民衆　25, 29, 30, 44, 51, 52, 58, 59, 72, 73, 75, 82, 85-87, 91, 96, 98, 112, 126, 135, 137, 149, 155, 194, 205
民衆派 populares　50, 72, 85, 86, 88, 93, 96, 98, 110, 111, 119, 120, 128, 131, 145, 146, 148, 151, 152, 154, 159, 160, 191, 223, 224, 254, 255

民主政（論）　5, 27, 31, 32, 73, 163, 251
無条件降伏 deditio　185, 210, 213
命令権（インペリウム imperium）　passim
モディウス modius　53, 54, 56, 60, 68, 82, 87, 95, 100, 103, 105
門閥派 optimates　15, 85-88, 93, 98, 110, 111, 125-127, 131, 145, 151, 254, 255

友誼関係 Freundschaftsverhältnis　39
ユグルタ戦争　104
「良き人士 boni」　72, 87, 91, 112, 126, 137, 155

ラテン人　100
立法（化）　26, 34, 37, 62, 66, 75, 81, 84, 86-88, 106, 113, 120, 130, 131, 135, 164-166, 168-177, 186, 192, 197, 201, 202, 207, 213, 234, 252

人　名

注記
・人名は家名を五十音順に並べている。
・各人の経歴は最終のものではなく，本書において主に取り上げる時期の経歴である。
　　例）dic. 独裁官，M. e. 騎兵マギステル，cen. ケーンソル，cos. コーンスル，praet. プラエトル，aed. アエディーリス，tr. pl. 護民官，quaest. クワエストル，leg. 副官
・ただし，周知されている人物については必ずしもこの表記方法を適用していない。
　　例）オクタウィアーヌスを見よ。

アウグストゥス Augustus（皇帝）　12, 14, 34-36, 47, 49-70, 74, 90, 106, 110, 116, 118, 133, 135, 136, 139, 141, 144, 156, 249-251, 254
アセッルス Ti. Claudius Asellus　226-228, 234, 236, 238, 244, 247
アッティクス Ti. Pomponius Attticus　111, 113, 115, 126
アッピアノス Appianos　26, 37, 44, 194, 209, 211, 213, 232, 233

アフラニウス L. Aflanius (cos. 60) 112, 122-124
アルビヌス
　A. Postumius Albinus (cen. 174/173) 226
　Sp. Postumius Albinus (cos. 148) 194
アントニウス
　M. Antonius (praet. 102)　　151, 159
　M. Antoius (praet. 74)　　141, 150-153, 155, 159
　C. Antonius (cos. 63)　　123
　M. Antonius　　106
ウァティア P. Servilius Vatia Isauricus (cos. 79)　124, 126, 152
ウァレリウス・マクシムス Valerius Maximus　221, 234-238, 240
ウァロー M. Terentius Varo Lucullus (cos. 73)　105, 123
ウィリアトゥス Viriathus　217, 233
ウェッレース C. Verres (praet. 74) 152, 160
ウェレイウス Velleius Paterculus　154, 228
オクタウィアーヌス C. Iulius Caesar Octavianus　106, 140
オクタウィウス
　M. Octavius (tr. pl. 133)　　213
　M. Octavius (tr. pl. 100?)　87, 105
　Cn. Octavius (cos. 76)　　123
　M. Octavius (cos. 75)　　123
オレステース Cn. Aufidius Orestes (cos. 71)　　123

カエサル
　L. Iulius Caesar (cos. 64)　107, 123
　C. Iulius Caesar (cos. 59)　58, 60, 63, 106, 109, 117, 122, 125, 129, 132, 133, 136, 154
カエピオー
　Q. Servilius Caepio (cos. 142)　217
　Cn. Servilius Caepio (ccos. 141)　227
　Q. Servilius Caepio (quaest. 100?)　36, 86, 87
カッシウス・ディオ Cassius Dio　36, 37, 44, 52, 53, 56, 59, 63, 115, 116
カティリーナ L. Sergius Catilina (praet. 68)　104
カトー
　M. Porcius Cato (大カトー) (cen. 184/183)　167, 168, 170, 186-190, 193, 195-197, 203-205, 210, 213, 214, 216, 222, 224, 229, 232, 239, 245
　M. Porcius Cato (小カトー) (praet. 54) 80, 88, 98, 105, 125
カトゥルス Q. Lutatius Catulus (cos. 78) 124, 145, 153, 154
ガビニウス A. Gabinius (tr.pl. 67) 115, 122, 124, 141, 144-148, 153-155, 158
ガルス P. Sulpicius Galus　226, 234, 244
ガルバ
　Ser. Sulpicius Galba (aed. 189)　77
　L. Sulpicius Galba (praet. 151)　185, 209, 210, 217
　P. Sulpicius Galba Maximus (dic. 203) 215
キケロー
　Marcus Tullius Cicero (cos. 63) passim.
　Q. Tullius Cicero (leg. 57)　117
クラウディウス Claudius (皇帝) 55, 57, 65, 67, 68, 74
グラックス
　Ti. Sempronius Gracchus (cos. 215) 203
　Ti. Sempronius Graccus (cos. 163) 179, 180, 182, 184-186, 188, 190, 191, 199, 204, 207, 209, 210, 222,

226
Ti. Sempronius Gracchus（tr.pl. 133/132）　12, 21, 102, 211-214, 217, 223, 227, 232, 241, 242
C. Sempronius Graccus　12, 71, 72, 75, 81-84, 87, 93, 96, 97, 102, 110, 111, 151, 244, 250
クラッスス
　C. Licinius Crassus（tr.pl. 145）　212
　M. Licinius Crassus（cos. 70）　104, 123, 152
　P. Licinius Crassus Dives Mucianus（cos. 133）　227
グラブリオ M. Acilius Glabrio（cos. 67）123, 147
クリアティウス C. Curiatius（tr.pl. 138）96, 102, 212
クリオー C. Scribonius Curio（cos. 76）123
クロディウス
　P. Clodius Pulcher（tr.pl. 58） passim.
　Sex. Clodius Pulcher　99, 134
ゲッリウス A. Gellius　220, 221
ゲミヌス C. Servilius Geminus（dic. 202）215, 216
ゲルマニクス Germanicus　55
ケントー C. Claudius Centho（dic. 213）215
コッタ
　C. Aurelius Cotta（cos. 75）　123
　M. Aurelius Cotta（cos. 74）　123
　L. Aurelius Cotta（cos. 65）　123

サケルドゥス C. Licinius Sacerdus　226, 244
サリナトル M. Livius Salinator（dic. 207）215
サトゥルニヌス L. Appuleius Saturninus（tr.pl. 100?）　84, 86, 87, 96, 98, 99

シラヌス D. Iulius Silanus（cos. 62）123
スエトニウス C. Suetonius Tranquillus　36, 44, 54, 56, 58, 59, 64
スキーピオ
　P. Cornelius Scipio Africanus（cos. 205）168, 169, 178, 199, 203, 204, 214-216, 222
　P. Cornelius Scipio Aemilianus（cos. 147）　35, 102, 169, 175, 178, 188, 189, 192-194, 196, 199, 200, 206, 209, 212, 217, 219-221, 223, 224, 232, 236, 240, 241, 253
　P. Cornelius Scipio Nasica（cos. 155）96, 174, 177-181, 186, 189, 190, 195, 206, 208, 211, 214, 216, 222
スッラ L. Cornelius Sulla（dic. 82）86-88, 97, 104, 151, 152, 157, 205
スパルタクス Spartacus　104
セイウス M. Seius（aed. 74）　95, 152, 160
セスティウス P. Sestius（tr.pl. 57）127, 173
セッラヌス Sex. Atiius Serranus Gavianus（tr.pl. 57）　121
セルトリウス Q. Sertorius　149, 157

タキトゥス P. Cornelius Tacitus　36, 44
ティベリウス Tiberius（皇帝）　63, 237, 238
トゥッルス L. Volcatius Tullus（cos. 66）123
トラヤヌス Trajanus（皇帝）　55
トルクァトゥス
　L. Manlius Torquatus（dic. 208）　215
　L. Manlius Torquatus（cos. 65）　123
ドルスス M. Livius Drusus（tr.pl. 91）104, 105
トレベッリウス L. Trebellius（tr.pl. 67）145

ネロ（皇帝）　54, 55, 68
ノビリオル Q. Fulvius Nobilior（cos. 153）182, 216, 226, 245

パウルス
　L. Aemilius Paullus（cos. 216）　203
　L. Aemilius Paullus（cos. 168）　179, 204, 220, 222, 226, 233
パエトゥス P. Aelius Paetus（M.e. 202）216
ピーソー
　C. Calpurunius Piso（cos. 67）　123, 125, 145
　L. Calpurnius Piso Caesonius（cos. 58）122
　L. Calpurnius Piso Frugi（cos. 133）83, 145
　M. Pulius Piso Frugi Calpurnianus（cos. 61）　123
ビブルス M. Calpurnius Bibulus（cos. 59）123, 125
フィグルス
　C. Marcius Figulus（cos. 156）　174, 177-181, 186, 205, 208, 214, 216
　C. Marcius Figulus（cos. 64）　123
フィリップス Q. Marcius Philippus（cos. 169）　204, 226
フィロー L. Veturius Philo（M.e. 205）215
フラックス
　Q. Fulvius Flaccus（cos. 224, praet. 215）　76, 203, 215
　Q. Fulvius Flaccus（cen. 174/173）226
フラミニヌス T. Quinctius Flamininus（cos. 198）　203, 204, 226
プルケル
　P. Claudius Pulcher（aed. 189）　77
　C. Claudius Pulcher（cens. 169/168）226, 232, 247
　Ap. Claudius Pulcher（cos. 143）211, 212, 224, 226
　Ap. Claudius Pulcher（cos. 79）　124
　Ap. Claudius Pulcher（praet. 57）　121
プルタルコス Plutarchos　113, 116, 117, 120, 125, 154, 221
ブルートゥス D. Iunius Brutus（cos. 77）123, 125
ベスティア L. Calpurnius Bestia（aed. 57）121
ポプリコラ L. Gellius Populicola（cos. 72）123, 125
ポリュビオス Polybios　4, 37, 42, 183-185, 187, 188, 209, 221, 223, 228, 231, 243
ホルタルス Q. Hortensius Hortalus（cos. 69）　92, 123, 152
ポンペイウス
　Q. Pompeius（cos. 142）　227, 233, 236
　Gn. Pompeius Magnus（cos. 70）passim.
　Sex Pompeius Magnus　106

マクシムス
　Q. Fabius Maximus（aed. 299）　175
　Q. Fabius Maximus（dic. 217）　215
　Q. Fabius Maximus（cos. 209）　203, 215
　Q. Fabius Maximus Aemilianus（cos. 145）　232, 233
　Q. Fabius Maximus Servilianus（cos. 142）　210, 227, 233
　Q. Fabius Maximus（praet. 124?）　94
マニリウス C. Manilius（tr.pl. 66）　115, 142, 154
マリウス C. Marius（cos. 100）　96, 102, 103, 151, 154, 160
マルケッルス
　M. Claudius Marcellus（cos. 208）175, 203, 226
　M. Claudius Marcellus（cos. 153）

102, 175, 177, 180-190, 192-196, 200, 204, 207, 209, 210, 213, 214, 216, 226
ミトリダテース Mithridates　142, 147, 149, 150, 154, 157
ミロー T. Annius Milo（tr.pl. 57）　127, 132
ムレーナー L. Licinius Murena（cos. 62）　123
ムンミウス L. Mummius（cens. 142/141）　226, 227-229, 236, 245, 247, 250
メッサラ M. Valerius Messala Niger（cos. 61）　112, 122-124
メッシウス C. Messius（tr.pl. 57）　112, 118, 135
メテッルス
　Q. Caecilius Metellus（aed. 129）　84, 102
　L. Caecilius Metellus Calvus（cos. 142）　227
　Q. Caecilius Metellus Creticus（cos. 69）　123, 125, 153
　Q. Caecilius Metellus Celer（cos. 60）　123
　Q. Caecilius Metellus Macedonicus（cos. 143）　210, 227, 233, 241
　Q. Caecilius Metellus Nepos（cos. 57）　107, 120
　Q. Caecilius Metellus Pius Scipio（aed. 57）　121

ラエナース
　B. Popilius Laenas（cos. 158）　204
　M. Popilius Laenas（cos. 129）　210
ラエリウス C. Laelius（cos. 140）　102, 212, 227, 233, 234, 244
リーウィウス Ti. Livius　36, 37, 78, 165, 169, 183, 194, 210, 211, 213, 219
ルクッルス
　L. Licinius Lucullus（cos. 151）　185, 190, 210, 212, 216
　L. Licinius Lucullus（cos. 74）　122, 147, 148, 150, 152, 153, 155, 159
ルフス
　L. Caecilius Rufus（praet. 57）　113
　Q. Numerius Rufus（tr.pl. 57）　113
レクス Q. Marcius Rex（cos. 58）　123
レピドゥス
　M. Aemilius Lepidus（cos. 175）　204
　M. Aemilius Lepidus（cos. 78）　86, 105, 116, 124, 152, 157
　M'. Aemilius Lepidus（cos. 66）　123, 125
　M'. Aemilius Lepidus Livianus（cos. 77）　124
レントゥルス
　Cn. Cornelius Lentulus Clodianus（cos. 72）　123
　P. Cornelius Lentulus Spinther（cos. 57）　107, 113
　P. Cornelius Lentulus Sura（cos. 71）　116
ロンギヌス C. Cassius Longinus（cos. 73）　105, 123

〈執筆者紹介〉

宮嵜麻子（みやざき・あさこ）
1962 年　佐賀県生まれ。
1985 年　九州大学文学部史学科卒業。
1992 年　九州大学大学院文学研究科後期博士課程中退。
　　　　同大学文学部，助手などを経て，
現　在　淑徳大学国際コミュニケーション学部准教授。

ローマ帝国の食糧供給と政治
── 共和政から帝政へ ──

2011 年 3 月 31 日 初版発行

著　者　宮　嵜　麻　子
発行者　五十川　直　行
発行所　（財）九州大学出版会
　　　　〒812-0053 福岡市東区箱崎 7-1-146
　　　　　　　　　　　　　　九州大学構内
　　　　電話　092-641-0515（直通）
　　　　振替　01710-6-3677
　　　　印刷・製本／大同印刷㈱

Ⓒ 2011 Printed in Japan　　　　　ISBN978-4-7985-0043-0